平话金融丛书

我国经济转型期
货币政策效果

基于货币需求决定的视角

杨小勇◎著

CHINA'S ECONOMIC TRANSFORMATION
PERIOD EFFECT OF MONETARY POLICY
Based on the Research of
Monetary Demand

经济管理出版社
ECONOMY & MANAGEMENT PUBLISHING HOUSE

图书在版编目（CIP）数据

我国经济转型期货币政策效果——基于货币需求决定的视角／杨小勇著. —北京：经济管理出版社，2016.12

ISBN 978-7-5096-4806-3

Ⅰ.①我… Ⅱ.①杨… Ⅲ.①货币政策—研究—中国 Ⅳ.①F822.0

中国版本图书馆 CIP 数据核字（2016）第 307823 号

组稿编辑：王光艳
责任编辑：许　兵
责任印制：高　娅
责任校对：张晓燕

出版发行：经济管理出版社
　　　　　（北京市海淀区北蜂窝 8 号中雅大厦 A 座 11 层　100038）
网　　址：www.E-mp.com.cn
电　　话：（010）51915602
印　　刷：北京晨旭印刷厂
经　　销：新华书店
开　　本：720mm×1000mm／16
印　　张：15
字　　数：269 千字
版　　次：2019 年 3 月第 1 版　2019 年 3 月第 1 次印刷
书　　号：ISBN 978-7-5096-4806-3
定　　价：58.00 元

·版权所有　翻印必究·

凡购本社图书，如有印装错误，由本社读者服务部负责调换。
联系地址：北京阜外月坛北小街 2 号
电话：（010）68022974　　邮编：100836

目 录

绪　论 ·· 1

第一章　文献研究 ·· 5

第一节　货币需求理论研究综述 ·· 5
一、马克思的货币需求理论 ·· 5
二、西方货币需求理论 ·· 7
三、我国货币需求研究综述 ·· 14

第二节　货币政策研究综述 ·· 18
一、国外对于货币政策的研究和进展 ······································ 19
二、国内货币政策研究综述 ·· 24

第三节　本章小结 ·· 28

第二章　货币需求决定的理论研究 ·· 29

第一节　交易性货币需求的决定 ·· 29
一、关于交易性货币需求的基本思想 ······································ 29
二、新的交易性货币需求模型的构建 ······································ 31

第二节　预防性货币需求的决定 ·· 34
一、关于预防性货币需求的基本思想 ······································ 34
二、新的预防性货币需求模型的构建 ······································ 36
三、新的预防性货币需求模型的现实指导意义 ························· 39

第三节　投机性货币需求的决定 ·· 41
一、关于投机性货币需求的基本思想 ······································ 41
二、新的投机性货币需求模型的构建 ······································ 43
三、新的投机性货币需求模型的现实指导意义 ························· 46

第四节　货币总需求的决定 ······················· 48
　一、模型构建 ······································· 48
　二、模型分析 ······································· 49
第五节　本章小结 ······································· 53

第三章　货币政策理论分析 ························· 54

第一节　货币政策的目标 ··························· 54
　一、货币政策的最终目标 ························· 54
　二、货币政策的中间目标 ························· 62
第二节　货币政策的工具 ··························· 68
　一、货币政策工具的一般解释 ················· 68
　二、影响货币政策工具选用的因素 ·········· 69
　三、我国货币政策工具发挥作用的制约因素 ······ 70
第三节　货币政策传导机制 ························· 71
　一、货币政策传导机制的一般解释及种类 ······ 71
　二、我国货币政策传导机制的演变及效率评价 ······ 73
　三、完善我国货币政策传导机制的设想 ······ 74
第四节　本章小结 ······································· 76

第四章　货币需求决定的实证研究 ················· 78

第一节　国内外实证研究的现状 ················· 78
第二节　数据的选取与检验 ························· 80
　一、单位根检验 ··································· 80
　二、协整关系检验 ······························· 83
第三节　中国经济转型期交易性货币需求的决定及实证分析 ······ 100
　一、模型设定和简介 ······························· 100
　二、数据资料说明 ······························· 101
　三、数据检验与分析 ······························· 103
　四、实证结果 ······································· 105
第四节　中国经济转型期预防性货币需求的决定及实证分析 ······ 116

一、模型的设定与变量的选取 …………………………………… 116
　　二、模型检验与分析 ……………………………………………… 117
　　三、结论 …………………………………………………………… 119
　第五节　中国经济转型期投机性货币需求的决定及实证分析 …… 135
　　一、投机性需求的决定模型及计量模型的确定 ………………… 135
　　二、数据资料的说明 ……………………………………………… 136
　　三、数据检验与分析 ……………………………………………… 137
　　四、实证结果的分析 ……………………………………………… 139
　第六节　中国经济转型期货币总需求的决定及实证分析 ………… 155
　　一、计量模型的设定 ……………………………………………… 155
　　二、模型检验与分析 ……………………………………………… 156
　　三、实证结果与分析 ……………………………………………… 157
　　四、运用决定货币总需求有关变量的趋势图进行的实证分析 …… 167
　第七节　本章小结 …………………………………………………… 171

第五章　中国经济转型期货币需求的构成 ………………………… 172
　第一节　货币需求的构成与经济发展水平的关系 ………………… 172
　第二节　货币需求的构成与收入分配状况的关系 ………………… 174
　第三节　中国经济转型期货币需求的总体构成及其演变规律 …… 175
　第四节　中国经济转型期东、西部货币需求构成的差异分析 …… 178
　第五节　本章小结 …………………………………………………… 178

第六章　中国经济转型期货币政策效果的演变及东、西部差异 ………………………………………………………………… 180
　第一节　货币政策效果与货币需求构成的关系 …………………… 180
　　一、货币政策效果 ………………………………………………… 180
　　二、货币政策效果与货币需求构成的关系 ……………………… 182
　第二节　中国经济转型期货币政策的总体效果分析 ……………… 184
　　一、选用数据年份的说明 ………………………………………… 184
　　二、对所选数量指标的简要说明 ………………………………… 186

三、GDP 和利率的格兰杰因果关系检验 ……………………… 188
　　四、中国经济转型期货币政策的总体效果 …………………… 189
　第三节　中国经济转型期货币政策效果的东、西部差异 ……… 192
　　一、中国经济转型期货币政策效果东、西部差异的基本判断 …… 192
　　二、我国货币政策效果东、西部差异的实证分析 ……………… 193
　第四节　本章小结 ………………………………………………… 204

第七章　中国经济转型期货币政策建议 …………………………… 206
　第一节　基于中国经济转型期货币政策整体效果的政策建议 ………… 206
　第二节　基于中国经济转型期货币政策效果存在东、西部差异的
　　　　　政策建议 ………………………………………………… 208
　　一、充分发挥货币政策在实施西部大开发战略中的作用 ……… 208
　　二、对我国东、西部实行差别性货币政策 ……………………… 209
　　三、提高货币政策在西部地区的效果的保障措施 ……………… 216
　第三节　本章小结 ………………………………………………… 222

参考文献 …………………………………………………………… 224

后记 ………………………………………………………………… 232

绪 论

一、问题的提出

1992年党的十四大明确提出我国经济体制改革的方向是建立社会主义市场经济体制，以此为起点，到党的十八届三中全会提出的发挥市场在调节资源配置中的决定性作用，更好发挥政府作用的市场经济体制改革取得决定性成果的目标时间2020年，共28年，我们将这28年界定为本书特指的"经济转型期"。

建立完善的社会主义市场经济体制的重要一环是建立完善的宏观调控体系，宏观调控最强有力的手段之一是货币政策，制定货币政策所依据的理论是有关货币理论，其中最重要的又是货币需求理论，所以，建立科学的货币需求理论，尤其是建立能反映中国经济转型时期经济运行规律的货币需求理论，是时代赋予中国经济学者的使命。笔者试图在该领域做一些思考。经过思考，认为需要回答以下问题：第一，已有的货币需求理论对中国转型时期经济运行的解释力如何？第二，货币需求理论能否以及怎样解释货币政策及其效果？第三，货币政策效果与货币需求以及货币需求构成是什么关系？通过对这些问题的思考发现：货币政策的效果与货币需求的构成有关，货币需求的构成与社会公众收入阶层的构成有关，收入阶层的构成与经济发展水平有关，我国自1992年进行社会主义市场经济体制改革以来，经济发展水平经历了一个快速提高的过程，货币政策效果应该随之发生变化，同时，由于我国东、西部经济发展水平存在很大差距，所以，同样的货币政策在我国东、西部的效果也应该存在差异。

西方学者关于货币需求的构成及其决定的有关研究成果都存在缺陷，国内学者只是对我国的货币总需求进行研究，没有按照西方主流经济学对货币需求构成的划分对我国的交易性货币需求、预防性货币需求和投机性货币需求的决定以及三种货币需求的比例关系分别进行研究。而解决这些问题恰恰非常重要，因为在我国进行社会主义市场经济体制改革以来，三种货币需求的确存在，且它们的结构在不断变化，而同样的货币政策在货币需求构成不同的情况下会有不同的效果。

关于货币政策的效果，国内已有研究大多只是对我国货币政策在特定时期的总体效果进行研究，对我国进行社会主义市场经济体制改革以来货币政策效果的动态演变研究很少，对同样的货币政策在我国东、西部效果的差异研究也很少。

本书试图构建一个货币需求决定——货币政策效果的理论框架，然后运用该框架分析我国进行社会主义市场经济体制改革以来货币政策效果的动态演变规律和我国货币政策效果的东西部差异，然后提出相应的政策建议。

二、研究意义

(一) 本研究具有重要的理论价值

一方面，本研究将对已有交易性货币需求模型、预防性货币需求模型、投机性货币需求模型和货币总需求模型存在的缺陷进行改进，建立对现实解释力更强的交易性货币需求模型、预防性货币需求模型、投机性货币需求模型和货币总需求模型，然后引入中国宏观经济有关变量，对我国经济转型期的交易性货币需求、预防性货币需求、投机性货币需求和货币总需求的决定进行实证研究。因而，完成本研究将对促进货币需求理论的发展做出一定贡献。另一方面，本研究将对三种货币需求的相互关系、各自所占比重及其演变规律进行研究，在此基础上，揭示货币需求构成与货币政策效果的关系，这是前人尚未做过的工作，因而，完成本研究丰富了现代宏观经济学的内容，也将对促进现代宏观经济学的发展和创新做出一定的贡献。

(二) 本研究还具有重要的现实意义

本研究在对已有货币需求理论进行发展并揭示货币需求构成与货币政策效果关系的基础上，对我国进行社会主义市场经济体制改革以来货币政策效果的动态演变进行研究，同时，对同样的货币政策在我国东西部效果的差异进行比较分析，然后提出提高我国货币政策有效性的政策建议以及对我国东、中、西部实行差别性货币政策的政策建议及相应配套措施，并提出增强我国货币政策在西部地区效果的保障措施，具有很强的现实指导意义，对促进我国经济平稳快速发展以及对顺利实现西部大开发的目标、促进区域经济协调发展将产生较大推动作用。

三、研究思路

第一，从理论上对鲍莫尔模型、惠伦模型、托宾模型进行改进，从而建立更为科学的交易性货币需求模型、预防性货币需求模型、投机性货币需求模型以及货币总需求模型。

第二，对货币政策的目标、工具以及传导机制进行理论研究。

第三，引入中国处于经济转型期的历史背景和有关变量，对中国经济转型期的交易性货币需求、预防性货币需求、投机性货币需求以及货币总需求的决定进行实证分析。

第四，揭示我国三种货币需求的比例结构及其演变规律，以及该比例结构和演变规律与我国货币政策效果的逻辑关联。

第五，对我国进行社会主义市场经济体制改革以来货币政策效果的演变进行动态研究。

第六，对我国经济转型期同样的货币政策在我国东、西部的效果差异进行对比研究。

第七，借鉴增强货币政策区域效果的国际经验，提出提高我国货币政策有效性的政策建议，并结合西部地区的实际，提出对我国东、中、西部实行差别性货币政策的政策建议和相应配套措施，并提出增强我国货币政策在西部地区效果的保障措施。

四、研究方法

第一，唯物辩证方法——从运动、发展、联系、相对的多维视角，研究三种货币需求的演变规律、比例结构的演变规律、货币需求结构与货币政策效果的关系。

第二，系统分析方法——从体制、制度、区域、收入阶层、金融条件等的系统角度，研究三种货币需求的决定以及系统内各因素相互作用、影响、联系的规律。

第三，规范研究和实证研究相结合的方法——对一般市场经济条件下三种货币需求、货币总需求的决定以及对应的货币政策效果进行规范研究，对中国经济转型期三种货币需求、货币总需求的决定以及对应的货币政策效果进行实证研究。

第四，定性分析与定量分析相结合的方法——分别对三种货币需求、货币总需求的决定以及对应的货币政策效果首先进行定性分析，然后构建数理模型进行定量分析。

第五，比较分析方法——对中国经济转型期货币政策的总体效果进行时间序列的纵向比较分析，以观察货币政策效果的演变规律和趋势；再从区域角度，对中国经济转型期货币政策效果在东、西部的差异进行横向比较分析。

第六，间接分析与直接调研相结合的方法——本书需要的有关统计数据，可通过在图书馆和互联网查阅有关统计年鉴获取，同时收集国内外发表的研究资料和成果，进行间接综合分析。但有些数据需要亲自去有关省会城市找有关部门获取，所以直接调研仍是完成本研究不可缺少的环节。

第一章 文献研究

第一节 货币需求理论研究综述

一、马克思的货币需求理论

马克思的货币需求理论集中反映在《资本论》第一卷第一篇第三章"货币或商品流通"中。马克思在这一章论述货币流通手段职能时给出了一个商品流通中所需货币量的公式：$\frac{商品价格总额}{同名货币的流通次数}=$执行流通手段职能的货币量，马克思对这一公式的解释是："在一定时期内，一个国家的流通过程包括两个方面：一方面是许多分散的、同时发生的和空间上并行的卖（或买）或局部形态变化，其中同一些货币只能变换位置一次或只流通一次；另一方面是许多部分互相平行，部分互相交错的具有多少不等环节形态变化系列，其中同一些货币流通的次数多少不等。但是，从流通中的全部同名货币的总流通次数中可以得出每个货币的平均流通次数或货币流通的平均速度。例如，在每天流通过程开始时进入流通的货币量，当然由同时地和空间上并行地流通着的商品价格总额来决定。但在过程之内，可以说每一货币都对另一货币承担责任。如果一个货币加快流通速度，另一个货币就会放慢流通速度，甚至完全退出流通领域，因为流通领域只能吸收这样一个金量，这个金量乘以它的单个元素的平均流通次数，等于待实现的价格总额。因此，货币的流通次数增加，流通的货币量就会减少。货币的流通次数减少，货币量就会增加。"从马克思的这些论述中可以发现：马克思考察的货币需要量是指充当商品流通媒介或工具的货币需要量，而不是指经济社会全部的货币需要量。此外，这里的货币是金币。

在纸币取代金币的信用货币制度下，货币流通规律就转化为纸币流通规律。关于纸币流通规律，马克思指出："只要这些纸币确实是代替同名的金额来流通，它们的运动就只反映货币流通本身的规律。纸币流通的特殊规律只能从纸币是金的代表这种关系中产生。这一规律简单来说就是：纸币的发行限于它象征地代表的金（或银）的实际流通数量。诚然，流通领域所吸收的金量经常变动，时常高于或低于一定的平均水平。但是，一个国家的流通手段量决不会降到一定的由经验确定的最低限量以下。这个最低限量不断变动它的组成部分，就是说，不断由另外的金块组成，这种情况当然丝毫不会影响这个量的大小和它在流通领域内的不断流动。因此，这个最低限量可以由纸做的象征来代替。但是，如果今天一切流通渠道中的纸币已达到这些渠道所能吸收货币的饱和程度，那么明天这些渠道就会因商品流通的波动而发生泛滥。一切限度都消失了。不过，如果纸币超过了自己的限度，即超过了能够流通的同名金币量，那么，撇开有信用扫地的危险不说，它在商品世界仍然只是代表商品世界的内在规律所决定的那个金量，即它所能代表的那个金量。例如，如果一定的纸票量按其名称代表 2 盎司金，而实际是代表 1 盎司金，……同一价值，原来用 1 镑的价格来表现，现在要用 2 镑的价格来表现了。"① 从马克思的这些论述可以推论出：纸币的需要量取决于纸币的发行量所代表的金币量，纸币发行量越大，单位纸币所代表的金币量越小，用纸币表现的商品价格越高，执行一定量商品流通所需要的纸币量越大。

马克思随后在考察了货币的支付手段职能后认为，在货币产生了支付手段后，执行商品流通所需要的货币量会发生变化：要从商品流通中所需货币量的公式 $\dfrac{商品价格总额}{同名货币的流通次数}$ 的分子中减去赊销商品价格总额，加上到期支付总额，减去彼此抵销的支付，将分母改为"同一货币交替地时而作为流通手段、时而作为支付手段执行职能的流通次数"②。马克思关于货币产生了支付手段后执行商品流通所需要的货币量的理论，适用于马克思生活时代的科技水平所决定的信用条件。在当下，随着芯片技术和互联网技术在金融领域的渗透，产生了电子货币、手机支付，执行商品流通所需要的货币量会进一步发生变化，除了要从商品流通中所需货币量的公式 $\dfrac{商品价格总额}{同名货币的流通次数}$ 的分子中减去赊销商品价格总额，加上

---

① 马克思. 资本论（第一卷）[M]. 人民出版社，2004：150.
② 马克思. 资本论（第一卷）[M]. 人民出版社，2004：163.

到期支付总额，减去彼此抵销的支付，还应在此基础上进一步从分子中减去电子货币交易额和手机支付额。

此外，马克思的货币需求理论关于商品流通所需货币量，只是全社会货币总需求量的一部分，在现实中，还有大量的货币需求量不是用于执行商品流通的，比如凯恩斯的货币需求理论中论述的预防性货币需求和投机性货币需求在现实中的确是普遍存在的。

二、西方货币需求理论

对货币的研究，西方经济学家秉持了对一般商品的研究方法，即以供求规律为基础，从货币的均衡与失衡中探求货币对经济的影响。在货币供给方面，多数西方经济学家都把货币供给当成经济的外生变量，其供给量主要受政府政策的影响，因而并没有太多分歧。而货币需求则是人们"愿意"持有多少货币，涉及人的行为和心理因素，模糊性较强，很难进行直接、准确的计量，因此，在货币需求方面西方存在诸多理论。这些理论主要研究货币持有者保持货币的动机、决定货币需求的因素、各种因素的相对重要性及货币需求对物价、产出等实际变量的影响，是货币理论的核心内容之一，在现代西方经济理论中占有十分重要的地位。其中以费雪的交易方程式、剑桥方程式、凯恩斯学派货币需求理论和弗里德曼的新货币数量说尤为突出。[1]

（一）交易方程式（费雪方程）

费雪方程公式表述为 $MV=PQ$。在公式中，M 表示一定时期流通中货币的平均数量；V 表示一定时期单位货币的平均周转次数，即货币流通速度；P 表示商品和劳务价格的加权平均数；Q 表示商品和劳务的交易数量。费雪认为：P 的值取决于 M、V、Q 三个变量的相互作用，M 是由模型以外的因素决定的；V 由于制定因素在短期不变，可视为常数；Q 对产出水平常常保持固定的比例，也大体上不变，因此，P 的值特别取决于 M 数量的变化。这样，交易方程式就转化为货币数量论。他认为，流通中的货币数量对物价具有决定性作用，而全社会一定时期一定物价水平下的总交易量与所需要的名义货币量之间也存在着一个比例关系 $1/V$。费雪认为，人们持有货币的目的在于交易，这样，货币数量论揭示了对于

---

[1] 陆凯旋，甄永红. 西方货币需求理论的比较分析 [J]. 审计与经济研究，2002 (3)：62-65.

既定的名义总收入下人们所持的货币数量,它反映的是货币需求数量论,又称现金交易数量论。可见,费雪交易方程式中的货币需求数量也是指用于商品和劳务交易的货币需求量,不是社会经济中的货币总需求量,这点与马克思的商品流通中所需要的货币量基本相同。

(二) 剑桥方程式

剑桥学派创始人马歇尔在《货币、信用与商业》一书中认为:货币流通速度决定于人们的持币时间和持币量,而人们的持币时间和持币量又决定于人们的财产和收入中多大一部分以货币形态贮存起来。人们以货币形态贮存起来的财产和收入是"人们愿意保持的备用购买力",这部分购买力的高低决定于以货币形态保持的实物价值。庇古以此为依据,于1917年在《经济学季刊》上发表《货币的价值》一文,提出了剑桥方程式。剑桥方程式公式表述为 $M = KPY$,其中:Y 表示总收入;P 表示价格水平;K 表示以货币形式持有的财富占名义总收入的比例;M 表示名义货币需求。这一理论认为货币需求是一种资产选择行为,它与人们的财富或名义收入之间保持一定的比率,并假设整个经济中的货币供求会自动趋于均衡。

剑桥方程式中的名义货币需求 M 不再是仅用于商品和劳务交易的货币需要量,其内涵要比费雪交易方程式中的货币需求量大。

(三) 凯恩斯的货币需求理论

凯恩斯在《就业、利息和货币通论》中认为,人们的货币需求行为取决于三种动机,即交易动机、预防动机和投机动机,相应的货币需求则由交易性货币需求、预防性货币需求、投机性货币需求构成。

交易性货币需求是由于人们取得收入和进行支出在时间上不同步,人们为应对日常交易需要而必须在手头保存的货币。交易性货币需求主要取决于收入,收入越高,交易数量越大,交易性货币需求量就越大。交易性货币需求主要取决于收入,收入越高,交易数量越大,交易性货币需求量就越大。

预防性货币需求是由于人们未来收入和支出具有不确定性,人们为了预防未来收入延迟(或减少)和未来支出增加而必须在手头保存的货币。预防性货币需求也主要取决于收入,收入越高,预防性货币需求量就越大。

由于交易性货币需求和预防性货币需求都取决于收入,如果用 M_1 表示交易性货币需求和预防性货币需求之和,用 y 表示收入,则两种货币需求量与收入的关系可表示为：$M_1 = M_1(y)$。

投机性货币需求是由于证券市场证券收益和市场利率具有不确定性，从而证券价格具有不确定性，人们为博取证券价格差额，等待投机时机而在手头保存的货币。投机性货币需求取决于利率，与利率成反比。如果用 M_2 表示投机性货币需求，用 r 表示利率，则二者的关系可表示为：$M_2 = M_2(r)$。

货币总需求是交易性货币需求、预防性货币需求、投机性货币需求三者之和，由于交易性货币需求和预防性货币需求都取决于收入，投机性货币需求取决于利率，因而货币总需求函数可以表示为：$M_d = M_1(y) + M_2(r)$。

凯恩斯将货币需求区分为交易性货币需求、预防性货币需求、投机性货币需求是符合市场经济实际的，但是关于交易性货币需求、预防性货币需求、投机性货币需求分别如何决定，凯恩斯的分析过于简单，对现实的解释力不强。

（四）鲍莫尔、惠伦、托宾对凯恩斯货币需求理论的修正

西方主流经济学关于货币需求的构成至今仍然沿用凯恩斯的观点，认为货币需求由交易性货币需求、预防性货币需求、投机性货币需求构成，但这三部分货币需求分别如何决定，鲍莫尔、惠伦和托宾分别对凯恩斯的观点进行了修正，并建立了鲍莫尔模型、惠伦模型、托宾模型。然而，这三种模型仍有不足之处。

1. 鲍莫尔模型

凯恩斯认为，交易性货币需求由收入水平决定，是收入的递增函数。凯恩斯提出的交易性货币需求只取决于收入水平，不受利息率影响的观点，与现实情况不相符。因而在20世纪40年代，汉森对这一观点提出了质疑，他认为当利率上升到相当高度时，货币的交易性余额也会具有利率弹性。但进一步将交易性货币需求与利息率的关系以数学公式表达的学者是鲍莫尔和托宾。

鲍莫尔认为，交易性货币需求与利率有关，"凯恩斯贬低利率对现金的交易需求的影响可能是错误的"。如果企业或个人的经济行为都以收益最大化为目标，则在货币收入取得和支出之间的时间间隔内，没有必要让所有用于交易的货币都以现金形式持有，而应将暂时不用的现金转化为生息资产的形式，到用时再变现。只要利息收入超过变现手续费就有利可图。并且利息率越高，生息资产的吸引力就越强，人们就会把现金持有额压到更低的限度。如果利率不高，变现成本大于利息收入，人们就会将其收入全部以现金形式持有。

鲍莫尔在具体分析时作了三点假定：第一，人们都是有规律地每隔一段时间取得一定收入，支出则是连续和均匀的。第二，生息资产一律采取短期政府债券

的形式，因为这种形式最安全。第三，每次出售债券与前一次出售的时间间隔及每次的出售量 k 都相等。

鲍莫尔认为：保存任何存货都有成本。现金存货的成本有两项：一是将债券变现时所必须支付的手续费 b。设每次变现额为 k，而支出总额为 y，则在一个支出期间内，全部手续费为 $b\cdot\dfrac{y}{k}$。二是持有现金而牺牲的利息（机会成本）。设利率为 r，由于设每次变现额为 k，则在支出期间的平均交易余额为 $\dfrac{k}{2}$，从而利息成本为 $r\cdot\dfrac{k}{2}$。

鲍莫尔进一步认为：若保持较多的交易余额，则所需变现次数少，手续费降低，但牺牲的利息多。反之，持有较少的交易余额，利息成本低，但手续费增加。所以必须选择适当的 k，使总成本最小。若以 c 代表现金存货的总成本，则有：

$$c = b\cdot\dfrac{y}{k} + r\cdot\dfrac{k}{2}$$

由此可得满足成本最小的条件为：

$$k = \sqrt{\dfrac{2by}{r}}$$

即每次变现量为 $\sqrt{\dfrac{2by}{r}}$，平均手持现金余额为 $\dfrac{1}{2}\sqrt{\dfrac{2by}{r}}$，若考虑物价因素，则实际平均交易余额为：

$$\dfrac{M}{P} = \dfrac{1}{2}\sqrt{\dfrac{2by}{r}} \quad \text{或改写为} \quad M = \dfrac{1}{\sqrt{2}}b^{0.5}y^{0.5}r^{-0.5}P$$

这就是著名的"平方根公式"。它表明：在交易量或手续费增加时，最适度现金存货余额将增加；而当利率上升时，这一余额会下降，从而将利率与交易性余额联结了起来。

能够认识到利息率对交易性货币需求有影响是鲍莫尔比凯恩斯进步之处。鲍莫尔模型不仅为凯恩斯主义的以利率作为货币政策的传导机制的理论进一步提供了证明，而且向货币政策的制定者指出，货币政策如果不能够影响利率，那么它的作用就不大。

但是，鲍莫尔的交易性货币需求理论存在明显不足之处：一方面，按照鲍莫尔模型，交易性货币需求在任何情况下都与利息率存在稳定的函数关系，这与现实是不相符的，比如，对于生活在贫困状态的人们来说，其交易性货币需求是不会受利息率影响的。另一方面，鲍莫尔没有将交易性货币需求与预防性货币需求、投机性货币需求联系起来分析，没有分析交易性货币需求在货币总需求量中所占比重的变化规律，也没有对交易性货币需求的变化进行动态分析。而解决这些问题对货币政策的制定具有重要指导意义，也是分析货币政策效果的重要依据。

2. 惠伦模型

凯恩斯认为，预防性货币需求和交易性货币需求一样，也由收入水平决定，是收入的递增函数。凯恩斯提出的预防性货币需求只取决于收入水平、不受利息率影响的观点，与现实情况不相符。因而在1966年，惠伦、米勒和奥尔先后发表文章，论证了预防动机的货币需求也同样为利率的减函数。比较有代表性的是惠伦模型。

惠伦（E. Whalen）认为，谨慎性或预防性货币需求来自事物的不确定性。由于每一个人都无法保证他在今后某一时期内的货币收入与支出完全一致，不能排除实际生活中发生不测之事时对货币突然需要的可能，故人们实际持有的货币总是大于预计的净支出需要量。此超出部分即预防性货币需求。

惠伦进一步指出，影响预防性货币需求的因素有三个：一是非流动性成本（一般指将非现金资产转换成现金的手续费）；二是持有预防性现金余额的机会成本（主要指利息）；三是收入和支出的状况。如果人们为预防不测持有较多的货币，就减少了预期的非流动性成本，但同时却增加了持有预防性现金余额的机会成本；反之，如果他持有较少的预防性现金余额，减少了机会成本，却提高了非流动性成本。因此，人们必然选择一个适当的预防性现金余额，以使这种成本之和下降到最低限度。

惠伦假设：如果一定时期内净支出（即支出减去收入）大于预防性现金持有量 M，公司就要将其他资产变现，费用为 b，设净支出大于预防性现金持有量的概率为 P，那么预期的非流动性成本为 $b \times P$；设利率为 r，则持有预防性现金余额的机会成本为 $r \times M$。预期总成本为：

$$c = r \times M + b \times P$$

关于净支出大于预防性现金持有量的概率 P 的确定，惠伦假设企业和家庭都是风险回避者，因而在估计概率 P 时作最保守的估计，于是取 $P = Q^2/M^2$，其中 Q 为净支出的标准差，代入上式得：

$$c = r \cdot M + b \cdot P = r \cdot M + b \frac{Q^2}{M^2}$$

满足总成本 c 最小的条件为：

$$\frac{dc}{dM} = r - \frac{2bQ^2}{M^3} = 0$$

得 $M = \sqrt[3]{\frac{2bQ^2}{r}}$ 或写作 $M = \alpha Q^{\frac{2}{3}} b^{\frac{1}{3}} r^{-\frac{1}{3}}$，其中 $\alpha = \sqrt[3]{2}$。

这就是惠伦模型，也称"立方根定律"。它表明，最适度的预防性现金余额同净支出方差 Q^2、非流动性成本 b 正相关，与利率 r 负相关。

能够认识到利息率对预防性货币需求有影响是惠伦比凯恩斯进步之处。但惠伦的预防性货币需求理论存在明显不足之处：第一，惠伦模型模糊了预防性货币需求与人们收入水平之间的正向变化关系；第二，按照惠伦模型，预防性货币需求在任何情况下都与利息率存在稳定的函数关系，这与现实情况不相符，比如，对于生活在贫困状态的人们来说，根本无法产生预防性货币需求，因而利息率不会对其预防性货币需求产生影响；第三，惠伦没有将预防性货币需求与交易性货币需求、投机性货币需求联系起来分析，没有分析预防性货币需求在货币总需求量中所占比重的变化规律，也没有对预防性货币需求的变化进行动态分析，而解决这些问题对增强模型对实际经济运行情况的解释力非常重要。

3. 托宾模型

凯恩斯认为，投机性货币需求由市场利率决定，是利率的递减函数。按照凯恩斯的理论，每个投资者心目中都有一个未来正常的利率值，这样，假设当前市场利率低于正常利率值，投资者认为将来利率上升会引起债券价格下跌，他们显然会卖出债券而持有货币，以便未来债券价格下降用货币购买债券；反之，假如当前利率高于投资者心目中的正常值，则投资者预计未来利率下降将引起债券价格上升，投资者会在当前以货币购买债券。但是该理论中投资者关于未来利率的预期，是静态的和确定的，与现实瞬息万变的证券投资市场上的动态和不确定性显然是不符合的。因此，托宾在 1958 年发表的一篇文章中否定了凯恩斯关于货币需求投机动机的理论，从投资者基于"风险"的考虑，在微观的资产选择理论框架内，推倒出了和凯恩斯相同的结论，即个人和厂商出于投资动机的货币需求与利率的高低成反方向变化。托宾的资产选择理论假设人们都是风险规避者，他的观点说明，即使是投资者的预期和证券市场上所发生的情形完全一样，投资者还是愿意用货币的形式保留一笔安全资产，以减少他们全部资产中的风险，财富中以货币形式保持的部分所占的比重越大,由债券价格波动所造成的全部资产价值变动的百分数就越少。也就是说,投资者是通过变动他们资产中货币与债券的比率来权衡风险和报酬的,这也是由不确定性来决定的。

托宾模型明确肯定了不确定性对货币需求的重要作用,而且也能解释现金与其他风险资产同时持有,即资产分散的现象。这是托宾模型比凯恩斯的投机性货币需求理论的进步之处。但是,托宾模型也存在明显的不足之处:第一,托宾在其模型中与凯恩斯一样都忽略了人们收入水平对投机性货币需求的影响,事实上,当人们的交易性货币需求和预防性货币需求的满足水平达到一定的高度后,人们收入水平的变化就会对投机性货币需求产生重要的影响,也就是说,应该将交易性货币需求、预防性货币需求和投机性货币需求三者联系起来分析;第二,托宾模型只包括两种资产,即货币和公债,而不包括其他金融资产;第三,由于信息和其他交易费用的存在,分散化投资策略事实上只能由一些庞大的投资基金或少数富人采取,而其他普通投资者难以运用;第四,托宾模型忽略了价格波动因素,把现金视为一种"安全性资产",事实上,由于通货膨胀的存在,现金并不"安全"。

(五) 弗里德曼的货币需求理论

现代货币主义学派的代表人物弗里德曼在1956年发表的著名论文《货币数量论:一种新的阐述》中,提出了一种有别于凯恩斯的新货币需求理论。弗里德曼认为,货币的需求取决于三种主要因素:各种形式持有的总财富、货币和其他形式资产的价格和收益率、财富所有者的偏好。他采纳了凯恩斯对公众货币需求动机和影响因素的分析方法,但他不像主流经济学那样将货币总需求分为三部分,也不再研究人们具体的持币动机,而是把货币看作一种资产,采用微观经济理论更加深入细致地发展了微观货币需求理论,建立了一个抽象的货币需求函数。在这个函数中,实际货币余额的需求与实际的永久性收入呈同方向变动,与债券利率、股票收益率和非人力财富对人力财富之比成反方向变动。弗里德曼将货币视为一种资产,将恒久性收入作为影响货币需求的主要因素,从而将货币理论纳入了资产组合选择理论的框架。在货币需求函数中,他首先设置了预期物价变动率这一独立变量,确定了预期因素在货币理论中的地位。在一般均衡的资产组合中特别强调货币量在经济中的枢纽作用,并严格地将名义量与实际量加以区分。他强调实证研究的重要性,改正了以往学者们在经济理论尤其是在货币理论中侧重抽象演绎的缺陷,使货币理论更向可操作的货币政策靠拢。

弗里德曼从理论上推进了凯恩斯的货币需求函数，且更具实证性。但是这一理论也存在不足之处：第一，弗里德曼的理论虽然恢复了货币数量的重要性，但遗弃了交易速度，并不是货币数量论的完整表述。第二，该理论认为，货币需求在一段时间内是稳定的，货币失衡是由政府货币供给导致，因此倡导政府推行稳定与经济增长相适应的"单一货币规则"，区别于凯恩斯代表的"相机抉择"政策理论。但是随着金融工具的不断创新和人们生活习惯的改变，货币需求变得非常不稳定，货币需求的波动会随着金融工具创新而逐步扩大，该理论并未考虑这些因素。第三，弗里德曼认为货币需求的利率弹性较低，即利率变动对货币需求并不敏感，显然，这与现实相距更远。

三、我国货币需求研究综述

近年来，我国在货币需求的研究上取得了大量的成果，代表性的成果有："中国的货币需求——理论与实证的考察"（邓乐平，1990），"中国货币需求分析"（戴国强，1995），"中国货币需求的微观基础研究"（杜巨澜，1998），"中国货币需求函数的实证分析"（谢富胜、戴春平，2000），等等。

（一）对我国货币需求函数的研究

近二十年来，大量的研究采用协整和误差修正模型对各国货币需求函数进行了分析，该模型逐渐被证明是在货币需求函数的估计方面最成功的模型。近年来，国内也有一些研究应用这种方法分析了中国的货币需求函数，如汪红驹（2002）利用1978~2000年的年度数据对货币需求函数进行了估计，结果说明M_1实际余额与实际GDP、一年期定期存款利率存在协整关系，M_2实际余额与实际GDP、通货膨胀率和一年期定期存款利率之间存在协整关系，但是M_1和M_2的短期动态模型并不稳定。这些研究基本上都肯定了我国长期货币需求函数的存在，只是在是否存在稳定的动态模型问题上还存在分歧。

此外，国内学者围绕我国的货币需求函数进行了深入探讨和实证分析，相关研究成果数不胜数。姜波克等（2003）[1]认为，在对中国问题的研究中，证券市场发展使仍被广泛采用的货币数量论的缺陷日益暴露，他们在考虑证券市场因素以及有机综合交易、安全和投机三种动机的条件下，设计出了新货币需求函数，

---

[1] 姜波克，陈华. 证券市场和货币需求：一个新货币需求函数的探讨 [J]. 世界经济文汇，2003(1).

运用我国1995年第1季度到2001年第4季度的数据对该货币需求函数进行了实证研究发现，实证结果与理论预测具有很高的吻合度，该货币需求函数能够很好地反映我国的货币需求规律。

徐江彬等（2015）① 利用数据对弗里德曼提出的回归方程最小二乘法进行估计以及相关的检验分析后发现，在我国收入、利率对货币需求的影响是显著的，其相关系数也较大，但是货币需求的收入弹性以及利率弹性却非常小，这说明在我国货币政策的执行效果不佳。

易行健（2006）② 利用中国1994~2004年的季度数据估计了包含人民币有效汇率与国外利率的货币需求函数，研究结论显示，人民币有效汇率指数的上升通过货币替代效应与资本流动效应，显著减少中国经济主体对狭义货币与广义货币的持有。

伍戈（2009）③ 对1994~2008年的广义货币需求、物价、产出、利率、汇率以及股票价格之间的有机联系进行了实证考察。研究结果表明，当期的通货膨胀对实际货币需求有着十分显著的负相关影响。货币需求对利率并不敏感，这反映出利率没有完全市场化的事实。汇率的变化率并没有显著地影响货币需求，但是2005年以来的人民币升值预期确实引致了更多的货币需求。股票价格对货币需求的影响不明显。他综合认为，实物资产目前仍是中国居民资产组合中十分重要的组成部分，只要适当地考虑资产替代并利用科学的计量方法，依然可以得到相当稳定的广义货币需求函数。这与易行健的研究结论是相反的。

徐长生等（2015）④ 认为，改革开放以来我国 M2/GDP 比率持续上升，现已高达 2.0 左右，居世界前列，这种中国特色的高货币化现象被称为"中国货币之谜"。我国货币化率的上升主要是由准货币（定期存款）快速上升造成的，居民资产性货币需求的上升是造成这一现象的基本原因。不断上升的储蓄率提升了我国经济主体的资产规模；金融抑制从融资约束和投资限制两个渠道加强了经济主体对资产性货币需求的偏好。正是由于资产性货币需求或准货币占 GDP 的比率不断上升，我国偏高的 M2/GDP 比率并未对通胀产生很大压力，但将对房价、股价等资产价格产生越来越大的压力，可能引致资产泡沫化。

---

① 徐江彬，王晓洁. 弗里德曼货币需求函数在中国的实证研究 [J]. 金融教育研究，2015（11）.
② 易行健. 经济开放条件下的货币需求函数：中国的经验 [J]. 世界经济，2006（4）.
③ 伍戈. 中国的货币需求与资产替代：1994~2008 [J]. 经济研究，2009（3）.
④ 徐长生，马克. "中国货币之谜"：基于货币需求视角的解释 [J]. 经济学家，2015（8）.

蒋瑛琨等（2005）①认为，目前国内对货币需求研究结果的差异主要表现在样本区间选取的不同以及是否将货币化变量纳入货币需求函数的研究中。他们利用协整理论和误差修正模型估计了两个阶段（1978~1993年和1994~2004年）的中国静态和动态货币需求函数。实证结果表明，M_1、M_2与收入、利率、价格预期、货币化程度变量之间存在长期稳定的协整关系。货币化程度的引入有助于建立更为精确合理的货币需求函数。第一阶段M_1和M_2的短期动态方程比较稳定，而第二阶段稳定性较差。中国选择货币供应量作为货币政策中介目标是不得已的选择，M_1比M_2更适合作为货币政策的中介目标。

（二）金融创新对我国货币需求函数的影响研究

在关于金融创新对货币需求函数的影响方面，以1999年为转折点，此前我国学者对货币需求的研究鲜有涉及金融创新，之后相关理论研究和实证研究呈增多之势，尤以近十年为甚。

胡新智（2004）②认为，金融创新对货币需求的影响表现为：减弱了对货币的需求并使货币结构发生变化，降低了货币需求的稳定性，使货币需求的利率弹性下降，加快了货币流通速度；金融创新还通过资产价格影响货币需求。金融创新通过对货币需求的广泛影响，进而对传统的货币政策传导机制也会产生较大冲击，使其功能减弱或失灵。这一切都对货币政策的制定形成了新的挑战。

崔晓蕾（2008）③认为，新的金融工具出现对货币供给和货币需求有较大影响，金融创新改变了传统的货币需求结构，降低了货币需求的稳定性和利率弹性，并且使货币流通速度变得不可测度，这对央行的货币政策制定和实施效果产生了影响。

庞家兰等（2009）④指出，金融创新在货币需求函数估计中有重要影响，认为在对我国的货币需求模型的估计中，未纳入金融创新因素的模型同样出现了"货币失踪"的现象，而在加入金融创新的因素后，则大大改善了这一现象。研究表明，收入与货币需求成正比，而利率变化与货币需求成反比，金融创新的深化减少了货币需求，金融创新因素的加入对于提高模型可靠性起到了积极作用。

---

① 蒋瑛琨，赵振全，刘燕武. 中国货币需求函数的实证分析——基于两阶段（1978~1993、1994~2004）的动态检验 [J]. 中国软科学，2005（2）.
② 胡新智. 论金融创新与货币需求的影响 [J]. 上海金融，2004（1）.
③ 崔晓蕾. 论金融创新对货币需求的影响 [J]. 上海金融，2008（9）.
④ 庞家兰，李伟林. 中国货币需求函数研究的文献综述 [J]. 理论探讨，2009（5）.

李楠等（2014）[①] 在分析互联网技术推动中国支付体系发展的基础上，将支付变革影响因素引入经典货币分析模型，从货币供给、货币需求和货币政策传导机制三个角度分析中国支付体系的升级对中国货币体系产生的影响。他们的研究发现，互联网技术在支付体系中的持续渗透与应用，将通过放大基础货币的乘数效应，扩大货币供给；通过降低交易成本、降低现金转换成本、提高资金利率等方式，削弱企业对于货币总量的需求；对于货币政策的传导，支付体系的金融创新将削弱货币收缩政策对于企业投资的影响，但会放大货币扩张政策对于企业投资的刺激。

杜浩然等（2016）[②] 运用 ARDL 模型，考虑中国金融自由化程度提高背景下的金融创新和资本市场发展等因素，运用 1993~2013 年的季度数据，对中国的货币需求函数进行估计，并比较了 Divisia 货币总量和简单加总货币量的差异。结果显示，金融创新显著增加了中国货币需求，与金融抑制等因素一起，推动着中国货币总量的高位运行。相对于简单加总货币量而言，Divisia 货币总量的需求函数更具有稳定特性，因此可作为货币政策框架下的盯住目标。

（三）对于我国货币需求构成的分类研究

国内学者对于货币需求构成的具体研究鲜有涉及，笔者曾分别撰文对于交易性货币需求、预防性货币需求和投机性货币需求进行了论述，并对货币政策效果和货币构成的关系进行了探讨。除此之外，相关研究主要涉及如下几方面。

付岱山等（2004）[③] 分析了佣金非固定情况下交易性货币需求的变化以及佣金套现时从套现金额中一次性扣缴对交易性货币需求的影响，认为佣金的变动状况和佣金支付方式对最佳套现金额，进而对交易性货币需求都有严重的影响。因此，在预测货币需求和制定货币政策时应仔细分析佣金变化规律和支付特点，充分考虑佣金变化对货币政策的影响，这样才能保证货币政策的有效实施。

段军山（2005）[④] 对交易性货币需求理论发展演变的脉络进行了考察，并从持有货币的交易动机这个角度对持有货币交易动机微观基础的四种模型进行了分

[①] 李楠，黄旭，谢尔曼. 支付体系变革对中国货币体系的影响 [J]. 金融论坛，2014 (11).
[②] 杜浩然，黄桂田. 金融创新、资本市场与中国的货币需求——基于 1993~2013 年季度数据与 Divisia 货币总量的经验分析 [J]. 经济学动态，2016 (2).
[③] 付岱山，李倩，高丽峰. 佣金对交易性货币需求的影响——库存理论研究 [J]. 沈阳工业大学学报，2004 (3).
[④] 段军山. 交易性货币需求理论的发展演变及其启示 [J]. 上海立信会计学院学报，2005 (3).

析，认为应重视从微观角度研究我国的货币需求，强调约束条件下的交易成本和收支的不确定性。

杨龑超等（2014）[①] 使用修正后的交易性货币需求模型，运用回归分析的方法对我国转型期交易性货币需求的决定进行了实证分析，认为只有在人们的收入水平越过温饱线的条件下，利息率才对交易性货币需求产生影响。

陈莹等（2017）[②] 在互联网金融发展的背景下，通过对惠伦模型的修正，建立了第三方互联网支付条件下的货币需求模型，基于理论分析及实证检验，认为：第三方互联网支付快速发展将会替代部分预防性现金需求，且加速不同层次货币间转化，进而减少预防性货币需求；转化成本、机会成本、流动性比率及第三方互联网支付替代率均对预防性货币需求产生显著影响。

第二节　货币政策研究综述

货币政策是宏观经济政策的核心内容，是国家进行宏观调控的两大政策支柱之一。广义的货币政策是指政府、央行以及其他有关部门全部的关于货币方面的规定和所采取的影响货币数量的一切措施，包括建立货币制度的规定；促进金融体系发展、提高运作效率的措施；政府借款、国债管理以及政府税收和财政支出等影响货币供给的政策。狭义上的货币政策是指中央银行为实现既定的目标，运用各种工具调节货币供应量和市场利率等货币变量，进而影响宏观经济运行的各种方针、政策、措施。其内容包括政策目标、政策工具、中介指标、传导机制及政策规则和政策效果等。调节货币总供给的货币政策的三大工具为法定准备金率，公开市场业务和贴现政策。在国内外的实践中，货币政策作为调节经济的一种重要手段得到了广泛的运用，在取得一定效果的同时，也产生了一系列相关问题，国内外学者围绕这些问题进行了研究。

[①] 杨龑超，杨维，李龑玢. 我国转型期交易性货币需求决定的实证分析 [J]. 生产力研究，2014（7）.

[②] 陈莹，李淑锦. 第三方互联网支付对预防性货币需求影响的实证研究 [J]. 金融与经济，2017（3）.

一、国外对于货币政策的研究和进展

真正意义上的货币政策研究始于第一次世界大战之后。20 世纪 30 年代凯恩斯的《就业、利息和货币通论》的出版标志着现代意义上的货币政策理论的问世。伴随着宏观经济理论和作为货币政策理论基础的各种货币理论的发展，货币政策理论的研究不断深化，逐步成为各国宏观调控的主要依据。下文以时间段为线索对国外的货币政策理论和沿革进行了梳理。

（一）凯恩斯的货币政策理论

凯恩斯在 20 世纪 30 年代提出了有效需求不足这一概念，认为国家干预经济是必要的，"相机抉择"的财政政策和货币政策是减少宏观经济波动的有效手段。从货币政策目标上看，凯恩斯的货币政策目标服从于其实现充分就业的总目标，也即消除非自愿失业；从货币政策实施的限度来看，凯恩斯以"半通货膨胀理论"为依据，提出货币政策的实施以达到充分就业为限，在达到充分就业前不会发生真正的通货膨胀；从货币政策的有效性来看，凯恩斯认为由于流动性陷阱的存在和资本边际效率的不稳定，货币政策的作用要小于财政政策；从货币政策的传导机制来看，凯恩斯认为货币政策传导的中心环节是利率，货币政策通过影响利率来影响投资和有效需求，最后影响就业。

同时期的哈耶克提出了新经济自由主义经济学，在政策上反对任何形式的国家干预，但这一理论在应对 20 世纪 30 年代的经济大危机时显得不合时宜。而主张国家干预的凯恩斯理论在"二战"后成为主要国家的官方经济学，尽管这一理论还很不成熟，如货币政策的目标单一、传导机制简单、对货币政策作用的认识不足等，但这丝毫未能动摇凯恩斯在现代货币政策理论研究中的首创地位。其后的货币政策理论研究都是在凯恩斯所做研究的基础上进行的，或是对其增加，或是对其修改，或是对其批判。哈耶克虽然也建立了自己独特的货币理论，但在货币政策理论的研究方面少有建树，只有其保持货币供应量不变的观点后来被弗里德曼采纳，并以保持货币增长率与经济增长率大体一致的面目重新出现。

（二）凯恩斯主义和货币主义对货币政策理论研究的进展

20 世纪五六十年代，西方资本主义国家经济的繁荣也促进了货币政策研究的飞速发展。新剑桥学派和新古典综合派作为货币学派和凯恩斯主义的重要流派，对货币政策的研究分别取得了很大进展。而这一时期以弗里德曼为代表的货币主义也获得巨大的发展。货币政策理论的基本框架在这一时期基本形成。

具体而言，在货币政策的有效性方面，这一时期的凯恩斯主义者较之凯恩斯本人，对货币政策的有效性有了更为肯定的把握。弗里德曼提出了"货币最重要"的命题，认为货币政策是所有宏观调控政策中最重要的经济政策。

在货币政策的操作规则方面，凯恩斯主义者主张"相机抉择"操作规则，而以弗里德曼为代表的货币主义学派怀疑随意性和激进的货币政策，认为应寻求简单固定的政策规则，主张货币当局应按照"单一规则"进行货币政策操作。

在货币政策的最终目标方面，凯恩斯主义者经过不断发展，形成了一个完整的货币政策最终目标体系，即充分就业、经济增长、物价稳定和国际收支平衡。而货币学派主张将稳定通货作为货币政策的唯一目标，认为货币政策应该防止对宏观经济产生货币冲击，使货币数量保持一定的增长，以适应生产率提高的趋势。

在货币政策的中介指标方面，凯恩斯主义者主张以利率作为中介指标，而货币学派则主张以货币供应量作为中介指标。弗里德曼（1969）认为，名义利率为0时可以提供最优的货币数量。

综合来看，这一时期对货币政策理论的研究进一步深化。由于这段时期西方主要国家的经济在凯恩斯主义理论指导下平稳运行，货币学派的货币政策理论并没有受到应有的重视。但货币学派货币政策理论的提出促使人们重新思考凯恩斯主义经济学派的理论，减少了人们对凯恩斯主义货币政策理论的盲目迷信。与此同时，各国积极利用货币政策来调节经济，在实践中验证和发展了货币政策理论。

(三) 理性预期学派与新凯恩斯主义学派对货币政策理论研究的深化

20世纪70年代，随着国际经济形势的变化，一些新的经济学流派得以涌现并对货币政策理论有了进一步的发展和深化。其中理性预期学派和新凯恩斯主义学派的影响最大。这一时期货币政策理论研究的重点集中在货币政策的有效性和货币政策规范的优劣和改进方面。合理预期学派认为，人的经济行为具有前瞻性，因此在制定货币政策时必须考虑货币政策对预期的影响，并以个人的合理预期为出发点，得出了货币中性和货币政策无效性的结论。而新凯恩斯主义学派则修改了凯恩斯的价格和工资刚性理论，构建了货币短期非中性的微观理论基础。

这一时期货币政策的发展主要体现在：首先，在货币政策中介目标的选取方面，新凯恩斯主义者主张将利率和信贷配给量的增长率结合起来作为货币政策的中介指标，这有别于凯恩斯将利率作为货币政策的唯一指标。其次，理性预期学派发展了货币学派的"单一规则"主张。货币学派认为，最优的货币量是按照与经济增长率大体一致的货币供应量增长率提供的货币量。而理性预期学派认为，货币供应量的增长率是多少并不重要，唯一重要的是确定的货币供应量增长率要符合社会公众的预期，并且一经确定，永不变更。最后，在货币政策的有效性方面，新凯恩斯主义经济学派构建了货币非中性的微观理论基础，从而论证了货币政策的有效性。理性预期学派则构建了货币中性的微观理论基础，得出了著名的"货币政策无效论"。

综上，新凯恩斯主义学派和理性预期学派都构建了自己的微观理论基础，作为自己货币政策有效与否主张的理论依据，这就促使货币政策的理论研究深入到微观层面。在货币政策的操作规范方面，由于货币政策的可信度和最优货币政策的动态不一致性问题的提出，使"单一规则"的货币政策规范受到重视。但"单一规则"实施的效果并不令人满意。

（四）相机抉择与最优货币政策

由于认识到货币对实体经济能够产生重大影响，因此，货币政策制定者主张利用货币政策来微调经济，使经济更加平稳地增长。但随着理性预期的引入，经济学家发现：如果货币政策缺乏可信性，货币当局的政策意图由于会被社会公众认识，利用货币政策调节经济只能达到次优的结果。此后，对货币政策规则和相机抉择的研究就一直是货币理论与政策研究的重点。

货币政策的相机抉择也称为积极的货币政策，是指政策制定者对当前经济状况的变化反应积极，即所谓的"逆经济风向而动"。它的灵活性特点使之至今仍被许多国家的中央银行采用。凯恩斯学派认为，相机抉择政策是有效的、正确的货币政策，优于单一规则的货币政策。但弗里德曼认为，通过这种政策只能在很有限的时期内限定利息率和失业率，其结果是弊大于利，很难得到预期的效果。

货币政策规则是为了实现最优经济目标而需要坚持的相关货币政策安排，分为工具规则和目标规则两种类型。目标规则依赖于模型的设定，而工具规则是更易于实施的简单规则，包括弗里德曼（1959）的不变货币增长规则、泰勒（1993）的名义利率规则。经济学家普遍认为，如果相信行为人是前瞻性的，规则较相机抉择就有相当明显的优势。最优、时间一致和前瞻性的货币政策规则不仅可以指导货币当局制定出切实可行的货币政策，促进经济的平稳发展，而且可以提高货币政策的有效性、可信性和透明度。同时，货币政策规则也为评价货币政策提供了一个客观的基本框架，使人们能够比较各种货币政策的实施效果及其对社会福利的影响。

通货膨胀目标制被新西兰于1990年首先采用，并取得了巨大的成功，此后，通货膨胀目标制作为一种货币政策策略备受学术界关注。不少西方学者认为，在货币政策实践中，宣布一个明确的政策目标是近年来的一大进展，通货膨胀目标制保证了可以比较灵活地选择最优化目标函数的政策工具，同时又避免了通货膨胀倾向。因而这一政策框架被不少国家和地区采用。

（五）"新共识"货币政策理论

20世纪70年代末到90年代初，西方国家的货币政策在应对经济波动和通货膨胀过程中，逐渐形成了一系列赢得广泛共识的基本原则，被统称为"新共识"货币政策框架。这一框架被概括为新凯恩斯主义菲利普斯曲线、动态IS曲线和泰勒规则三个部分。主流经济学家对"新共识"的表述有所不同，但基本内容大同小异，主要包括四个方面[①]：①在价格黏性存在的前提下，货币政策不仅对真实经济有影响，而且有时还会持续较长时间；②即使存在价格调整成本，长期内通货膨胀和真实经济活动之间也不存在替代关系；③降低通货膨胀能够提高交易效率，减少相对价格扭曲，从而提升社会福利；④政策可信性对货币政策效果有重大影响。

"新共识"货币政策理论是西方发达国家在特定经济发展阶段下宏观经济学理论与政策实践相结合的产物，理论上它植根于凯恩斯主义宏观经济学和新古典宏观经济学的融合，实践层面上是对凯恩斯主义和货币主义政策框架的扬弃。自20世纪70年代以来，价格稳定已经成为货币政策最重要的最终目标；相机抉择逐渐被政策规则取代；政策规则的中间目标经历了从货币数量、名义汇率等向通货膨胀预测值的变化；政策工具由传统的存款准备金政策、再贴现政策和公开市场业务"三大法宝"变为货币市场基准利率。而由于货币需求的不稳定性，货币数量目标也逐渐为各国中央银行所放弃。

但2008年由次贷危机引发的全球金融危机使"新共识"货币政策理论的诸多缺陷和不足暴露出来。全球金融危机事实上对货币政策的首要目标是维护价格稳定，其主要工具是对经常性的短期政策利率这一观念发起了挑战，许多经济学

---

① 范志勇. 货币政策理论反思及中国政策框架转型 [M]. 中国社会科学出版社，2016：5.

家认为这一理论的缺陷主要缘于三个方面①：一是宏观经济学理论的缺陷；二是政策实践与经济发展阶段的脱节；三是货币政策实际操作过程中存在的技术性困难。

（六）全球金融危机后非常规货币政策的兴起

2008年全球金融危机后，常规性的宽松政策在刺激经济回稳中未能及时有效地发挥作用，这促使主流经济学家开始反思危机前货币主义的"新共识"货币政策，并围绕货币政策框架的改进进行了新的探讨。在此背景下，非常规货币政策理论兴起并迅速发展。理论界讨论对货币政策框架的改进主要包括对政策目标、政策工具的调整与创新以及将金融监管纳入货币政策框架的讨论。

在政策目标方面，相对于通货膨胀盯住制，学术界提出路径依赖盯住制（价格水平盯住制或者名义GDP盯住制）因产出波动较小，更适合作为盯住目标，认为其是经济面临零利率下限约束时最优的货币政策规则。此外，还有学者提出了将经济活动盯住制作为货币政策目标，认为在经济危机发生后，发达国家产出缺口与通胀之间存在弱相关性，如果这种弱相关性可以得到持续，那么用经济活动盯住制就不存在问题。反之，就并非最优的选择。

在货币政策工具方面，危机后以美国为首的发达国家一方面对传统的货币政策工具进行了改良，越来越多地使用了前瞻指引政策。另一方面美联储采用了非常规的数量型货币政策工具：量化宽松政策（QE）和另一非常规货币政策操作工具：扭曲操作（Operation Twist），这是在美国多次QE效果递减的情况下政策工具的新尝试。此外，为了应对危机爆发后金融机构"惜贷"的局面，发达国家开始针对特定行业采用结构性货币政策工具，如定期证券借贷便利（Term Security Lending Facility，TSLF）、定期资产支持证券贷款工具（Term Asset Lending Facility，TALF）及英国融资换贷款计划（Funding for Lending Scheme，FLS）等，并提出要加强宏观审慎监管。

就具体运用而言，非常规货币政策主要采取四种形式：①央行给商业银行和金融机构提供流动性支持；②通过对政府有价证券和资产的购买以降低家庭的借贷成本；③央行通过量化宽松政策扩张资产负债表；④通过预期管理政策保证长期政策利率处于低位。

---

① 范志勇. 货币政策理论反思及中国政策框架转型［M］. 中国社会科学出版社，2016：11.

二、国内货币政策研究综述

随着货币政策在我国经济宏观调控中的作用愈发重要，国内学术界在借鉴国外研究成果的基础上对我国的货币政策进行了多方位的研究和探索。研究成果主要集中在对我国货币政策的目标、工具和传导机制的研究，对我国货币政策有效性的研究，对货币政策与经济周期关系的研究，以及经济新常态下货币政策工具的创新研究，等等。

（一）对货币政策传导机制的研究

货币政策传导机制是指中央银行通过调整货币政策工具，借助一系列中介目标和中间渠道，最终影响经济运行指标的变化。现实中，传导渠道的选择对货币政策实施效果的影响至关重要。张成思（2011）[①]根据全球新型金融危机与货币政策之间的紧密联系，提出货币政策的金融市场传导渠道，并基于全景分析视角，将金融市场传导渠道与其他传统渠道共同纳入全景分析中的综合传导体系内，从而形成了一个完备的货币政策传导机制的综合理论分析框架，为新形势下我国货币政策的现实选择提供新的理论基础。苏飞（2012）[②]用2001年1月至2010年12月期间的样本，构建了我国结构因子向量自回归模型，模型包含133个国内外宏观经济变量，尝试探讨情绪因子对我国货币政策传导效果的影响。实证结果显示，市场预期对我国货币政策传导效果具有一定影响。在考虑情绪因子的情况下，紧缩性货币政策对通货膨胀因子及货币因子具有抑制效果，而人民币实际汇率受利率上升冲击呈升值趋势。袁振兴等（2013）[③]通过对现有研究文献进行梳理，论述了货币政策影响企业融资行为的传导机制，发现在我国现阶段，信贷渠道是货币政策传导机制中的主导形式，受到企业规模、产权性质、银行资产组合行为、信息透明度和费用黏性等因素的影响，这些因素以不同的形式影响着传导机制作用发挥的效果与速度。张远（2016）[④]认为，我国经济目前正处在从要素驱动型转向创新驱动型的过程中，转型是在经济发展的"新常态"下进

[①] 张成思. 货币政策传导机制：理论发展与现实选择 [J]. 金融评论，2011（1）.
[②] 苏飞. 市场预期在我国货币政策传导机制中的作用研究——基于结构因子向量自回归模型 [J]. 国际金融研究，2012（8）.
[③] 袁振兴，许静令. 货币政策影响企业融资的传导机制及其影响因素——一个国内研究文献的综述 [J]. 石家庄经济学院学报，2013（12）.
[④] 张远. 创新驱动经济增长模式对我国货币政策提出结构性要求 [J]. 上海金融，2016（5）.

行的，由于创新驱动型经济发展不同于传统要素型增长，要求货币政策的调控模式发生转变，从传统注重总量向部分行业和企业转换，要求更加注重货币工具的结构性和价格与利率的作用。

当前世界经济金融局势缺乏稳定性，包括美国在内的发达国家以及中国在内的新兴市场经济都面临通货膨胀风险。因此，如何在当前复杂的全球经济格局下，及时有效地运用货币政策工具，增强货币政策传导机制的有效性，并且在货币政策框架内制定科学的主权财富基金投资组合策略，进一步运用宏观审慎的监管框架，实现宏观金融和微观金融的双重稳定，这些都是需要深入研究和亟须解决的重大问题。

（二）对货币政策有效性的研究

货币政策的有效性是指政府实施相关的货币政策后达到的对经济预期的刺激程度。我国学者由于对强调的重点不同，对货币政策有效性的界定存在不同程度的差异，但基本上认可货币政策是否有效主要取决于三个条件：①货币能否系统地影响产出；②货币与产出之间是否存在稳定联系；③货币当局能否如其所愿地控制货币。国内学者从不同角度构建模型对货币政策有效性进行了大量的实证研究。

李春琦（2000）[①] 通过比较美国联邦储备委员会有效实施货币政策的成功经验，从微观、宏观、操作技术三个方面提出了提高我国货币政策有效性的八点政策建议。周英章等（2002）[②] 运用协整与基于向量自回归模型的格兰杰因果检验和预测方差分解等时间序列分析方法，对中国1993~2001年的货币政策传导机制进行实证分析，结果表明，中国的货币政策是通过信用渠道和货币渠道的共同传导发挥作用的，信用渠道占主导地位。方先明等（2006）[③] 基于货币数量论的理论分析框架，参照和修正Kumhof（2004）的理论模型，进而构建起自己的理论模型，通过实证检验发现，中国的外汇储备具有明显的通货膨胀效应，央行的货币冲销政策在总体上是有效的，但在货币冲销弹性方面还不尽人意。

马勇等（2014）[④] 通过构建开放条件下的新凯恩斯宏观经济模型，为考察经

---

① 李春琦. 增强货币政策有效性的几点建议 [J]. 福建论坛（经济社会版），2000（6）.
② 周英章，蒋振声. 货币渠道、信用渠道与货币政策有效性——中国1993~2001年的实证分析和政策含义 [J]. 金融研究，2002（9）.
③ 方先明，裴平，张宜浩. 外汇储备增加的通货膨胀效应和货币冲销政策的有效性——基于中国统计数据的实证检验 [J]. 金融研究，2006（7）.
④ 马勇，陈雨露. 经济开放度与货币政策有效性：微观基础与实证分析 [J]. 经济研究，2014（3）.

济开放度和货币政策有效性之间的动态关系提供了一个基于一般均衡框架的微观基础，通过模拟分析得出了货币政策有效性随经济开放度提高而下降的基本结论，通过对我国 1992~2012 年季度数据的实证分析验证了这一结论。谭华清等（2016）① 基于凯恩斯的流动性偏好理论，讨论了转型经济货币政策的有效性。研究认为，在证券市场极度不完善的发展中国家，货币需求的利率弹性非常小，而货币供给的调整则对产出具有明显而直接的影响；随着证券市场的逐步完善，货币需求的利率弹性开始变大，货币供给的变化对产出和价格水平的影响变弱。马德功等（2017）② 使用 2008 年 1 月至 2016 年 6 月的月度数据，对次贷危机以来中国货币当局所实施的货币政策有效性进行了理论与实证分析之后认为：①中国货币当局实施的货币政策传导机制是有效的；②次贷危机以来，中国货币政策目标的实现主要靠频繁变更法定存款准备金率来实现；③次贷危机以来，央行调整货币政策仍以保持宏观经济增长为主要目标，而在稳定物价方面的效果相对较小。

上述研究大都是从宏观和整体上对政策变量做出分析。如通过分析利率、通货膨胀率和 GDP 之间的关系，特别是对经济增长和稳定物价这一货币政策目标给予了充分的关注，并根据研究结论给出了相应的政策建议。这对于我国货币政策的制定和运用具有重要的借鉴意义和参考价值，但却忽略了在研究的过程中缺乏对货币政策结构性影响的分析。另外，随着我国金融开放和金融自由化进程的加快，货币政策有效性势必受到诸多复杂外在因素的冲击，找出这些因素对货币政策有效性的作用机制是今后研究的方向。

(三) 对货币政策与经济周期关系的研究

经济周期是指经济运行中周期性出现的经济扩张与经济紧缩交替更迭、循环往复的一种现象，一般经历扩张、高涨、收缩、萧条四个阶段，通常以实际国内生产总值（GDP）及其增长率等指标来衡量经济周期和产出的波动情况。

对于货币政策调控与经济周期之间的关系，理论界一直存在诸多争论。国外理论界在此方面的代表性理论主要有：货币政策与经济周期无关论，即货币中性论，持此种观点的主要有古典学派、现代货币主义学派和理性预期学派等；货币政策与经济周期相关论，即货币非中性论，凯恩斯及其继承者均持此种观点；真

---

① 谭华清，王大中，陈瑞. 经济转型与货币政策有效性实证研究 [J]. 商业研究，2016 (2).
② 马德功，韩喜昆. 后危机时代中国货币政策的有效性研究——基于 2008~2016 年月度数据的实证分析 [J]. 云南师范大学学报（哲学社会科学版），2017 (1).

实经济周期理论的货币—产出反向因果关系论,这代表了货币政策调控与经济周期关系研究的新进展。

较之国外,国内学界对于货币政策和经济周期关系的研究起步较晚,始于20世纪80年代中期,最初是引用和借鉴国外的相关理论来研究我国的改革实践,但进展迅速,成果丰富。对于我国经济周期波动问题较为系统的论述始于宫著铭(1986)[①],他通过对中国和苏联的统计数据分析认为,计划经济在克服经济波动方面,并不比资本主义市场经济更加成功,并对波动原因进行了分析,认为一切经济体制均无法完全克服经济波动,只能减少和减轻经济波动的频率和幅度。此后学术界对于经济周期的研究文章和专著逐渐增多,理论和实证研究均较多,内容也更加全面和深入。

对于货币政策和经济周期之间的关系,刘金全等(2001)[②]认为,中国经济周期的非对称性,主要是由固定资产投资、财政政策和货币政策的非对称性造成的,而价格水平和总需求等因素却保持了比较明显的稳定性。李少斌等(2006)[③]对我国经济周期与货币政策的时间动态一致性问题进行了协整检验、格兰杰因果检验和回归分析,实证研究表明,自20世纪90年代以来,我国货币政策虽能对经济周期现象做出某些反应,但仍存在反应不足、反应过度和滞后性等问题。胡文莲(2012)[④]运用滤波方法分析了我国宏观经济周期波动的主要特征认为,我国的经济波动幅度高于欧美发达国家,货币政策对实体经济调控效果明显,货币中性在中国经济中不成立。刘金全等(2012)[⑤]实证检验发现,我国自1996年以来共出现了3次产出增长率的下降,而这3次产出增长率降低都发生在紧缩性货币政策结束之后。这说明我国货币政策周期与经济周期之间存在密切关联,货币政策操作也存在相机抉择的内生属性,并且M_1同比增速和金融机构新增短期贷款能够更准确地预测在紧缩性货币政策实施之后是否会出现下行经济周期。郭平(2015)[⑥]分析了经济周期波动中货币政策的效力变动情况之后得

---

① 宫著铭.论中国的经济波动[J].数量经济技术经济研究,1986(9).
② 刘金全,范剑青.中国经济周期的非对称性和相关性研究[J].经济研究,2001(5).
③ 李少斌,刘朝阳.我国经济周期现象与货币政策的时间动态不一致性问题研究[J].武汉金融,2006(9).
④ 胡文莲.宏观经济周期波动与货币政策调控关系[J].西部金融,2012(7).
⑤ 刘金全,王雄威.我国货币政策周期与经济周期之间的关联性研究[J].上海经济研究,2012(1).
⑥ 郭平.经济周期波动中的货币政策效力变动——基于39个工业行业数据的实证研究[J].上海金融,2015(2).

出结论：扩张性的货币政策在经济周期波动中的效力变动并不显著，而紧缩性的货币政策在绝大部分行业中都表现出其在经济衰退期的效力要大于经济扩张期。以上研究对我国增强宏观调控的预见性、科学性和有效性方面均有重要的启发和参考价值，但多是局部性和阶段性的分析，缺乏整体系统研究。

综上，国内外对于货币政策和经济周期的关系研究在理论和实证上均存在一定的不足。国外对政策实施的实证分析较少；国内侧重实践和实证研究，理论研究相对缺乏，在实证研究上成果较多，但由于分析时期的不同及分析方法和选取变量的差异，实证结果存在较大差异。

第三节　本章小结

西方主流经济学关于货币需求的构成至今仍然沿用凯恩斯的观点，认为货币需求由交易性货币需求、预防性货币需求、投机性货币需求构成。但是这三部分货币需求分别如何决定，凯恩斯的观点分别被鲍莫尔、惠伦、托宾进行了修正，并建立了鲍莫尔模型、惠伦模型、托宾模型。这些模型比凯恩斯货币需求理论有明显进步之处，但仍存在明显不足：与现实不相符，对现实解释力差。现代货币主义学派代表人物弗里德曼的货币需求理论不像主流经济学那样将货币总需求分为三部分，只是建立了一个抽象的货币需求函数，这与现实相距更远。国内学者只是对我国的货币总需求进行研究，没有按照西方主流经济学对货币需求构成的划分对我国的交易性货币需求、预防性货币需求和投机性货币需求的决定分别进行研究。

关于货币政策的效果，国外已有的研究只是在"有效"与"无效"之间进行判断性理论研究，而对"有效"范围内"效果大小"的决定及其影响因素的研究不够。国内已有研究大多只是对我国货币政策的总体效果进行研究，对同样的货币政策在我国东西部效果差异进行比较分析很少，虽然有些研究认识到了货币政策执行效果地区差别的存在，并认为货币政策执行效果地区差别是货币政策传导机制地区差别引起的，但对货币政策执行效果地区差别的原因解释还不全面。

第二章 货币需求决定的理论研究

第一节 交易性货币需求的决定

一、关于交易性货币需求的基本思想

毫无疑问,交易性货币需求在任何情况下都要受收入的影响,二者成正比例变化。

至于交易性货币需求与利息率的关系,我们认为,既不像凯恩斯所说的那样二者没有任何关系,也不像鲍莫尔模型表示的那样二者始终存在稳定的函数关系。事实上,利息率并不是任何时候都能对交易性货币需求产生影响,它只有在一定的条件下才会对交易性货币需求产生影响,那就是人们的生活水平要越过温饱线。在人们生活水平没有越过温饱线的情况下,不管利息率怎样变化,人们的收入都会被交易性货币需求消化。因为对于生活在贫困状态的人们来说,他们没有能力对利息率的变化做出反应。比如,在利息率很低的情况下,他们不可能将储蓄转化为现期消费或投资,因为他们根本没有储蓄,他们也不可能通过贷款来增加现期消费或投资,因为他们没有获取贷款的信用;而在利息率很高的情况下,他们也不可能将其收入的一部分转化为储蓄,因为其收入连现期最一般的消费水平都不能维持。

当人们生活水平越过了温饱线之后,随着人们收入的进一步增加,收入增量是否继续全部用于现期消费,形成交易性货币需求,就要看利息率的高低了。当利息率很低时,边际消费倾向相对较高,交易性货币需求增速较快;反之,当利息率很高时,边际消费倾向相对较低,交易性货币需求增速较慢。显然,当人们

的生活水平越过了温饱线之后，利息率就会对交易性货币需求产生影响，二者呈负相关。但利息率对交易性货币需求的影响力度又取决于收入水平的高低。对于刚刚越过温饱线的人们来说，由于其收入水平仍然较低，利息率对其交易性货币需求的影响力度很小。然后，随着人们收入水平的提高，利息率对其交易性货币需求的影响力度越来越大，这是一个永无止境的变化过程。

考察交易性货币需求的变化规律必须联系其与预防性货币需求、投机性货币需求的相互关系。人们对其拥有的有限货币收入安排是有先后顺序的，这就是：人们对其有限货币收入首先用于交易动机，当交易性货币需求满足水平达到一定高度之后，随着人们货币收入的进一步增加，才会产生预防性货币需求。当人们交易性货币需求和预防性货币需求满足水平都达到一定高度之后，随着人们货币收入的再进一步增加，人们才会产生投机性货币需求。

另外，构成货币总需求的交易性货币需求、预防性货币需求、投机性货币需求三者之间有一个比例结构的问题，三者分别占货币总需求量的比重存在此消彼长的依存关系，它是随着经济的发展而不断变化的。在经济发展水平很落后，人们收入水平非常低下的时候，交易性货币需求占的比重非常大，预防性货币需求和投机性货币需求占的比重非常小。因为在人们收入水平非常低下的时候，尤其当人们生活水平处在温饱线以下的时候，其收入在应付了日常交易需要之后就所剩无几了。此时，即使人们希望持有货币用于预防动机和投机动机，但对大多数人来说只能是主观欲望，而无法将其转变为现实。

随着经济的发展和人们收入水平的提高，人们就能产生预防性货币需求，并使它占货币总需求的比重趋于提高。因为当人们收入水平提高后，其货币收入在满足了交易性货币需求后还有剩余，这就使人们希望持有用于预防动机的货币的主观欲望能够转变为现实。

当经济的发展水平达到一定高度后，当人们交易性货币需求和预防性货币需求都得到较高程度满足时，人们收入的进一步增加就会产生投机性货币需求，而且其所占比重也是趋于提高的。因为此时，消费领域由于受边际效用递减规律影响，生产领域由于受边际效率递减规律影响，富裕起来的人们的新增收入再全部投入消费领域消费所能获取的效用增量或再投资于生产领域所能获取的收益增量都可能很小。因而人们必然会利用由于资本市场利息率和证券收益的不确定性所决定的证券价格不确定性而将其新增收入一部分投入资本市场等待投机时机，以博取证券价格差额。

二、新的交易性货币需求模型的构建

以上分析表明:随着经济的发展,交易性货币需求量不断增加时,其占货币总需求量的比重是趋于下降的。

(一) 模型建设

根据以上分析,我们做如下假设:

第一,设温饱线对应的收入水平以及温饱线以下的收入水平为 y_0,y 为现实收入水平,在人们生活水平没有实现温饱或刚刚达到温饱线的时期,$y=y_0$。对应 $y=y_0$ 的收入,利息率不会对交易性货币需求产生影响,人们的收入全部用于应付日常交易需要,不会产生预防性货币需求和投机性货币需求,此时交易性货币需求为 $\frac{y_0}{2}$。

在人们生活水平越过了温饱线之后,y_0 为常数,$y>y_0$,此时,利息率的变化开始对交易性货币需求产生影响,但利息率的变化只是引起 $y-y_0$ 的收入部分以或多或少的比例转化为交易性货币需求。于是,我们把交易性货币需求 k 分为自主交易性货币需求 k_0 和引致交易性货币需求 k_1 两个部分。自主交易性货币需求就是交易性货币需求中不随利率变化而变化的部分,$k_0=\frac{y_0}{2}$;引致交易性货币需求就是交易性货币需求中随利率变化而变化的部分。

第二,假定人们有规律地每隔一段时间取得一定收入 y,支出则是连续和均匀的。现将收入 y 分为 y_0 和 $y-y_0$ 两部分,y_0 只以现金形式持有;对 $y-y_0$ 部分可以有现金和生息资产两种持有形式,二者分别所占比重取决于利息率的高低,当利息率较高,以至利息收入超过生息资产变现手续费时,生息资产持有形式所占比重就会很大,现金持有额就会被压到很低的限度;反之,如果利息率较低,使生息资产利息收入小于其变现成本时,人们就会将 $y-y_0$ 的收入全部以现金形式持有。

第三,设每次出售生息资产与前一次出售的时间间隔相等,每次的出售量 s 也相等。

第四,设持有现金的成本有两项:一是将生息资产变现时所必须支付的手续费 b,由于设每次的变现量为 s,而能对利息率做出反应的总支出额为 $y-y_0$,则在一个支出期间内,全部手续费为 $b \cdot \frac{y-y_0}{s}$;二是持有现金而牺牲的利息(机会成本)。由于每次的出售量为 s,则在支出期间的平均交易余额为 $\frac{s}{2}$。设利息率为 r,从而利息成本为 $r \cdot \frac{s}{2}$。若以 c 代表与 $y-y_0$ 对应的收入的现金持有形式的总成本,则有:

$$c = b \cdot \frac{y-y_0}{s} + r \cdot \frac{s}{2}$$

满足成本 c 最小的条件为:

$\frac{dc}{ds} = 0$,则有:

$$\frac{dc}{ds} = -\frac{b(y-y_0)}{s^2} + \frac{r}{2} = 0$$

得 $s = \sqrt{\frac{2b(y-y_0)}{r}}$

即每次生息资产的变现额为 $\sqrt{\frac{2b(y-y_0)}{r}}$

所以,引致交易性货币需求为:

$$k_1 = \frac{s}{2} = \frac{1}{2}\sqrt{\frac{2b(y-y_0)}{r}}$$

交易性货币需求为:

$$k = k_0 + k_1 = \frac{y_0}{2} + \frac{1}{2}\sqrt{\frac{2b(y-y_0)}{r}} = \frac{1}{2}\left[y_0 + \sqrt{\frac{2b(y-y_0)}{r}}\right]$$

如果将物价水平 P 考虑在内,实际交易性货币需求为:

$$\frac{M}{P} = \frac{1}{2}\left[y_0 + \sqrt{\frac{2b(y-y_0)}{r}}\right]$$

可得名义交易性货币需求为:

$$M = \frac{1}{2}\left[y_0 + \sqrt{\frac{2b(y-y_0)}{r}}\right] \cdot P$$

(二) 模型意义

这一模型表明：

第一，名义交易性货币需求与物价水平成正比例变化。物价水平越高，名义交易性货币需求量越大；反之亦然。

第二，在人们生活水平没有越过温饱线时，由于 $y = y_0$，则模型中 $\sqrt{\dfrac{2b(y-y_0)}{r}} = 0$。

因而名义交易性货币需求为：

$$M = \dfrac{y_0}{2} P$$

说明此时名义交易性货币需求由收入水平和物价水平决定，不受利息率影响。此时的交易性货币需求只由自主交易性货币需求构成，不存在引致交易性货币需求。由于利息率无法对交易性货币需求产生影响，因而此时货币政策的效果很差。

第三，当人们生活水平越过了温饱线以后，由于 $y > y_0$，则模型中 $\sqrt{\dfrac{2b(y-y_0)}{r}} > 0$，利息率开始对交易性货币需求产生影响，引致交易性货币需求开始产生。然后随着人们收入水平的进一步提高，$y-y_0$ 的值越来越大，利息率对交易性货币需求的影响力就越来越大，货币政策也将越来越有效。

从静态的角度来看，利息率对交易性货币需求的影响力的大小主要取决于不同收入阶层的构成。如果一个国家贫困型人口和温饱型人口占的比重很大，小康型人口和富裕型人口占的比重很小，就会引起 y_0 占的比重很大，$y-y_0$ 占的比重很小，此时，利息率对交易性货币需求的影响力就很小。反之，如果一个国家贫困型人口和温饱型人口占的比重很小，小康型人口和富裕型人口占的比重很大，就会引起 y_0 占的比重很小，$y-y_0$ 占的比重很大，此时，利息率对交易性货币需求的影响力就较大。

第四，在人们生活水平越过了温饱线从而利息率开始对交易性货币需求产生影响之后，金融业的发达程度随之会对交易性货币需求产生很大影响。即在利息率不变的条件下，金融业越发达，一定的生息资产变现时所必须支付的手续费 b 就越小，人们就会增大生息资产持有量，减少现金持有量，从而引起引致交易性货币需求越小；反之，一国金融业越落后，一定生息资产变现时所必须支付的手

续费 b 就越大,引致交易性货币需求就越大。可见,引致交易性货币需求与金融业发达程度成反比,从而与生息资产变现手续费 b 成正比。

第二节 预防性货币需求的决定

一、关于预防性货币需求的基本思想

我们认为,预防性货币需求既不像凯恩斯所说的那样完全由收入水平决定,并与收入始终存在稳定的递增函数关系,也不像惠伦模型表示的那样与利息率始终存在稳定的递减函数关系。事实上,收入水平和利息率并不是任何时候都能对预防性货币需求产生影响,二者只有在一定条件下才会对预防性货币需求产生影响,那就是人们的收入水平要越过温饱线。在人们收入水平没有越过温饱线的情况下,人们的收入都会被交易性货币需求消化,预防性货币需求始终为零。此时人们收入水平的变化只会引起贫困程度深浅的变化,其有限的收入都会被即期消费掉,从而全部转化成交易性货币需求。因为对于生活在贫困状态的人们来说,人们首先考虑的是如何渡过眼前困难,无法顾及未来,从而无法从本来就很少的收入中安排用于预防动机的货币持有量。而利息率的变化对于生活在贫困状态的人们来说更没有任何实际意义,比如,在利息率很低的情况下,他们不可能将储蓄转化为现期消费并安排一定预防性货币持有量,因为他们根本没有储蓄,他们也不可能通过贷款来增加现期消费并安排预防性货币持有量,因为他们没有获取贷款的信用;而在利息率很高的情况下,他们也不可能通过减少预防性货币持有量来增加储蓄,因为他事先根本就没有预防性货币持有量。

当人们收入水平越过了温饱线之后,随着人们收入的进一步增加,就有可能产生预防性货币需求。但收入增量中有多少收入能转化为预防性货币需求,这必须将预防性货币需求与交易性货币需求和投机性货币需求联系起来进行分析。因为人们对其拥有的有限的货币收入的安排是有先后顺序的,即人们对其有限的货币收入首先用于交易动机,当交易性货币需求的满足水平达到一定高度之后,随着人们货币收入的进一步增加,才会产生预防性货币需求。当人们交易性货币需求和预防性货币需求的满足水平都达到一定高度之后,随着人们货币收入的再进

一步增加，人们才会产生投机性货币需求。所以，当人们收入水平越过温饱线之后，随着人们收入的进一步增加，人们的持币数量将会增加，而持币增量又可分为交易性货币需求增量和预防性货币需求量，而且二者存在一个比例结构问题。对于刚刚越过温饱线的人们来说，交易性货币需求增量所占比重很大，预防性货币需求量所占比重很小。然后，随着人们收入水平的提高，交易性货币需求增量所占比重趋于下降，预防性货币需求量所占比重趋于提高。最后，随着人们收入水平的进一步提高，从人们不断扩大的持币增量中会产生出投机性货币需求量。

我们通过进一步分析可以发现，构成货币总需求量的交易性货币需求、预防性货币需求和投机性货币需求三者之间也有一个比例结构问题，三者分别占货币总需求量的比重存在此消彼长的依存关系，它是随着经济的发展而不断变化的。在经济发展水平很落后，人们收入水平非常低下的时候，交易性货币需求所占比重非常大，预防性货币需求和投机性货币需求所占比重非常小。因为在人们收入水平非常低下的时候，尤其当人们收入水平处在温饱线以下的时候，其收入在应付了日常交易需要之后就所剩无几了。此时，即使人们希望持有货币用于预防动机和投机动机，但对大多数人来说只能是主观欲望，而无法将其转变为现实。

随着经济的发展和人们收入水平的提高，人们就能产生预防性货币需求，并使它占货币总需求的比重趋于提高。因为当人们收入水平提高后，其货币收入在满足了交易性货币需求之后还有剩余，这就使人们希望持有用于预防动机的货币的主观欲望能够转变为现实。

当经济的发展水平达到一定高度后，当人们交易性货币需求和预防性货币需求都得到较高程度满足时，人们收入的进一步增加就会产生投机性货币需求，而且其所占比重也是趋于提高的。因为此时，消费领域由于受边际效用递减规律影响，生产领域由于受边际效率递减规律影响，富裕起来的人们的新增收入再全部投入消费领域消费所能获取的效用增量或再投资于生产领域所能获取的收益增量都可能很小。因而人们会利用由于资本市场利息率和证券收益的不确定性所决定的证券价格不确定性而将其新增收入一部分投入资本市场等待投机时机，以博取证券价格差额。

由于预防性货币需求是在交易性货币需求得到较高程度满足的基础上才能产生，所以建立预防性货币需求模型必须以先建立交易性货币需求模型为基础。我们已经建立的交易性货币需求模型为：

$$M_t = \frac{1}{2}\left[y_0 + \sqrt{\frac{2b_t(y-y_0)}{r}}\right] \cdot P \text{①}$$

在该模型中，M_t 为名义交易性货币需求；y_0 为温饱线对应的收入水平以及温饱线以下的收入水平；y 为现实收入水平；b_t 为将生息资产变现时所必须支付的手续费；r 为利息率；P 为物价水平。

在人们安排了 $y_0 + \sqrt{\frac{2b_t(y-y_0)}{r}}$ 的收入用于交易性货币需求之后，安排用于预防性货币需求的收入就只能从 $y - \left[y_0 + \sqrt{\frac{2b_t(y-y_0)}{r}}\right]$ 中产生。人们安排预防性货币的目的"乃在提防有不虞之支出，或有未能逆睹之有利进货时机"②。也就是说，人们产生预防性货币需求是为了预防一定时期内的支出量大于同期已经准备的交易性货币需求量而造成严重后果的可能性。

二、新的预防性货币需求模型的构建

(一) 模型建设

为建立预防性货币需求模型，现做如下假设：

第一，对于 $y - \left[y_0 + \sqrt{\frac{2b_t(y-y_0)}{r}}\right]$ 的收入可以有现金和生息资产两种持有形式。

第二，设为筹措预防性货币每次出售生息资产与前一次出售的时间间隔相等，每次的出售量亦即预防性货币需要量 K_p 也相等。

第三，设一定时期支出量大于同期已经准备的交易性货币的概率为 g，同时假设企业和家庭都是风险回避者，所以，对概率 g 作最保守的估计，于是取 $g = \frac{Q^2}{M_t^2}$，其中 Q 为支出量的标准差，M_t 为名义交易性货币需求量。

第四，设持有用于预防性货币需求的现金成本有两项：一项是将生息资产变现时所必须支付的手续费 b_p（b_p 与筹措交易性货币而出售生息资产的手续费 b_t 不

---

① 杨小勇，龚晓莺. 再探交易性货币需求的决定 [C]. 复旦学报（社会科学版），2001（6）.
② 凯恩斯. 就业利息和货币通论 [M]. 商务印书馆，1997：167.

相等，因为筹措交易性货币而出售的生息资产的数量与为筹措预防性货币而出售的生息资产的数量不相等），由于设每次的变现量为 K_p，则预期的手续费为 $b_p \cdot \dfrac{y-\left[y_0+\sqrt{\dfrac{2b_t(y-y_0)}{r}}\right]}{K_p} \cdot \dfrac{Q^2}{M_t^2}$，另一项是持有预防性现金余额的机会成本为 $r \cdot K_p$，其中 r 为利息率，则持有预防性现金余额的总成本为：

$$c=b_p \cdot \dfrac{y-\left[y_0+\sqrt{\dfrac{2b_t(y-y_0)}{r}}\right]}{K_p} \cdot \dfrac{Q^2}{M_t^2}+r \cdot K_p$$

满足成本 c 最小的条件为：

$\dfrac{dc}{dK_p}=0$ 则有：

$$\dfrac{dc}{dK_p}=-\dfrac{b_p \cdot \left[y-y_0-\sqrt{\dfrac{2b_t(y-y_0)}{r}}\right] \cdot \dfrac{Q^2}{M_t^2}}{K_p^2}+r=0$$

得预防性货币需求为：

$$K_p=\dfrac{Q}{M_t}\sqrt{\dfrac{b_p}{r} \cdot \sqrt{y-y_0}\left(\sqrt{y-y_0}-\sqrt{\dfrac{2b_t}{r}}\right)}, \qquad y-y_0-\dfrac{2b_t}{r}>0$$

如果将物价水平 P 考虑在内，则有：

$$\dfrac{K_p}{P}=\dfrac{Q}{M_t}\sqrt{\dfrac{b_p}{r} \cdot \sqrt{y-y_0}\left(\sqrt{y-y_0}-\sqrt{\dfrac{2b_t}{r}}\right)}, \qquad y-y_0-\dfrac{2b_t}{r}>0$$

可得名义预防性货币需求为：

$$M_p=\dfrac{Q}{M_t}\sqrt{\dfrac{b_p}{r} \cdot \sqrt{y-y_0}\left(\sqrt{y-y_0}-\sqrt{\dfrac{2b_t}{r}}\right)} \cdot P, \qquad y-y_0-\dfrac{2b_t}{r}>0$$

（二）模型意义

这一模型表明：

第一，预防性货币需求并不是在任何情况下都存在。从模型可以看出，在人们收入水平没有越过温饱线的情况下，由于 $y=y_0$，因而预防性货币需求为零。只有当人们收入水平越过了温饱线之后，由于 $y>y_0$，预防性货币需求才有可能产生，但实际产生与否，取决于利息率 r 和为筹措交易性货币而将生息资产变现的

手续费 b_t 的高低,如果利息率 r 非常高,生息资产变现手续费 b_t 非常低,以至人们收入水平一越过温饱线就满足 $y-y_0-\frac{2b_t}{r}>0$ 的条件时,则人们收入水平一越过温饱线,预防性货币需求就会产生。反之,如果利息率 r 非常低,生息资产变现手续费 b_t 非常高,那么,只有在人们收入水平达到温饱线以上的某种水平以至 $y-y_0-\frac{2b_t}{r}>0$ 时,预防性货币需求才能产生。此时,名义预防性货币需求 M_p 与收入水平 y 也才具有正向变化关系。

第二,在人们收入水平没有越过温饱线的情况下,由于预防性货币需求始终为零,说明此时利息率不会对预防性货币需求产生任何影响,只有当人们收入水平越过温饱线之后,利息率才有可能对预防性货币需求产生影响,但这种影响并不像惠伦模型表示的那样表现为一种稳定的反比例关系。如果在我们建立的模型中,就名义预防性货币需求 M_p 对利息率 r 求一阶偏导,可得:

$$\frac{\partial M_p}{\partial r}=\frac{PQ\sqrt{b_p}\sqrt{y-y_0}}{4M_t r^{\frac{3}{2}}\sqrt{\sqrt{y-y_0}-\sqrt{\frac{2b_t}{r}}}}\left(3\sqrt{\frac{2b_t}{r}}-2\sqrt{y-y_0}\right), \quad y-y_0-\frac{2b_t}{r}>0$$

从这里可以看出,在人们收入水平越过温饱线并且满足 $y-y_0-\frac{2b_t}{r}>0$ 的条件之后,预防性货币需求不会立刻就与利息率 r 具有反向变化关系,只有当人们收入水平 y 进一步提高到一定高度之后,才会出现 $\frac{\partial M_p}{\partial r}<0$,从而预防性货币需求才会与利息率存在反向变化关系。在人们收入水平没有达到这个高度之前,存在 $\frac{\partial M_p}{\partial r}>0$ 的情况,此时,预防性货币需求与利息率具有正向变化关系。这是因为,在人们收入水平没有达到一定高度之前,虽然人们收入水平已经越过温饱线,但人们手头仍不宽裕,此时,利息率的变动对人们手头的持币量虽然有影响,但影响的力度并不大。但在利息率下降后,人们会对手头持有的现金总量的安排做出调整,他们除了将现金持有增量全部作为交易动机持币增量,还要将原来的预防动机持币量的一部分转变为交易动机持币量,从而出现利息率下降引起预防性货币需求也下降的情况。之所以出现这种情况,是由于在利息率下降的情况下,人们预期物价将要上涨,货币将要贬值。而预防动机的货币持有量毕竟只是用于预防,不是用于现期购买,所以在收入本来就非常有限的情况下,不减少预防动机持币量，会带来通货膨胀损失。相反，如果利息率提高，人们会预期物价将要下降，货币将要升值，那么在人们收入非常有限的情况下，人们为了"节约"会尽可能减少交易动机持币量，增大预防动机持币量，从而出现利息率提高引起预防性货币需求也提高的情况。

而当人们收入水平提高到一定高度，以至于预防性货币需求与交易性货币需求都可以得到较高程度满足时，预防性货币需求就开始与利息率具有了反向变化关系，此时，利息率的下降可以使预防性货币需求和交易性货币需求同时增加，利息率的提高可以使二者同时减少。

第三，名义预防性货币需求 M_p 与为筹措预防性货币而出售生息资产的手续费 b_p 呈正向变化关系，与为筹措交易性货币而出售生息资产的手续费 b_t 呈反向变化关系。

第四，在名义交易性货币需求 M_t 不变的条件下，名义预防性货币需求与物价水平 P 成正比。

第五，名义预防性货币需求 M_p 与一定时期支出量的标准差 Q 成正比。支出量标准差 Q 的大小主要取决于一个国家一定时期内的制度环境。如果一个国家一定时期内的制度环境优良，由此决定人们的日常生活平稳有序，则支出量标准差 Q 就很小，从而预防性货币需求量就越小；反之，如果一个国家一定时期内的制度环境很差，使人们的日常生活起伏不定，则支出量标准差 Q 就很大，从而预防性货币需求量就越大。

第六，名义预防性货币需求与名义交易性货币需求成反比，即名义交易性货币需求越大，名义预防性货币需求就越小；反之亦然。

三、新的预防性货币需求模型的现实指导意义

本书建立的新的预防性货币需求模型具有以下现实指导意义：

第一，模型将预防性货币需求与交易性货币需求联系了起来，揭示了二者存在反比例变化关系。由于预防性货币不用于现期购买，只有交易性货币才用于现期购买，因而，如果一定时期预防性货币需求增长太快，产品市场就会出现需求不足，国民经济的增长速度就会下降。我国在20世纪90年代末出现了通货紧缩、市场疲软现象，这在很大程度上是由于预防性货币需求增加[1]造成的。此

---

[1] 万解秋，徐涛. 货币供给的内生性与货币政策的效率 [J]. 经济研究，2001 (3).

时,如果政府希望通过拉动内需使国民经济保持较快的增长速度,其宏观经济政策的着眼点之一就是如何将一部分预防性货币需求转化为交易性货币需求。

第二,由于模型表明,预防性货币需求与一定时期人们支出量标准差成正比,而人们支出量标准差的大小主要取决于一个国家一定时期内的制度环境,所以,要缩小预防性货币需求,扩大交易性货币需求,从而拉动内需,促进国民经济快速增长,必须保持一个稳定、优良的制度环境。我国在20世纪90年代末出现了市场疲软之后,政府及时推出了积极的财政政策和积极的货币政策来拉动内需,但效果不理想,人们仍在继续增加预防性货币持有量。原因是多方面的,最主要的是:一方面,在体制转轨过程中,宏观经济环境不稳定,人们面临的未来不确定性因素增多,加上那几年企业效益不佳,使人们对未来收入的预期下降;另一方面,在1998年,国家在住房分配制度、社会保障制度、教育制度、医疗制度等方面推出了一系列改革措施,使人们对未来支出的预期增大,这在客观上增大了预期的支出量标准差,从而使人们不断增大预防性货币持有量,引起需求不足。

可见,当前中国需要进一步深化市场取向的经济体制改革,尤其要尽快建立适应市场经济要求的完善的社会保障体系,从而创造稳定的宏观经济环境。只有这样,才能确保人们日常生活的平稳有序,人们在一定时期内的支出量标准差才能缩小,从而才能减少预防性货币持有量。

第三,模型表明,在人们收入水平没有越过温饱线的情况下,预防性货币需求为零,利息率的变化对预防性货币需求没有任何影响,说明此时利息率的变化对交易性货币需求也没有任何影响,因而,如果一个国家贫困型人口太多,货币政策就不会十分有效。我国在20世纪90年代末推出的积极货币政策的效果之所以不甚理想,在一定程度上是因为我国还存在大量贫困人口,因为贫困人口无力对利息率变化作出反应。所以,要增强国家运用货币政策调控国民经济的效率,必须加大扶贫力度,尽快使所有人解决温饱,并使他们走上小康和富裕之路。

第四,模型表明,预防性货币需求与利息率既不存在稳定的反向变化关系,也不存在稳定的正向变化关系,而是依人们收入水平的不同存在三种情况:当人们收入水平没有越过温饱线,或已越过温饱线但由于生息资产变现手续费 b_t 太高或利息率 r 太低而不满足 $y-y_0-\dfrac{2b_t}{r}>0$ 的条件时,预防性货币需求为零,它不受利息率的影响;当人们收入水平已经越过温饱线,而且满足 $y-y_0-\dfrac{2b_t}{r}>0$ 的条件,但没有达到一定高度时,预防性货币需求与利息率具有正向变化关系;当人们收入水平达到一定高度之后,预防性货币需求与利息率才具有反向变化关系。这说明,不同收入阶层的人们对一定利息率变化的反应是不一致的,因而,在各种收入阶层并存的情况下,我们无法确切地判断一个国家在一定时期利息率的变化能对该国预防性货币需求的总量产生多大的影响,从而也无法确切判断一个国家利息率的变化能对该国交易性货币需求的总量产生多大的影响。我们只是可以大致地判断:如果一个国家贫困型人口和温饱型人口占的比重很大,小康型人口和富裕型人口占的比重很小,那么既定利息率变化对该国预防性货币需求总量和交易性货币需求总量的影响力就比较小,货币政策的效果就较差。反之,如果一个国家贫困型人口和温饱型人口所占比重很小,小康型人口和富裕型人口所占比重很大,则利息率对预防性货币需求总量和交易性货币需求总量的影响力就较大,货币政策就比较有效。就我国来说,虽然人们生活的总体水平在不断提高,但贫富差距也在不断拉大,各种收入阶层的人口都存在,且处在贫困型和温饱型的人口所占比重还相当大。如 2000 年,我国 45894 万城镇人口的人均可支配收入为 6280 元,而 80739 万农村人口的家庭人均纯收入只有 2253 元。不仅如此,各省、市、自治区之间的农村人均纯收入差距又非常大,如 2000 年,在中国大陆的 31 个省、市、自治区中,农村人均纯收入在 4000 元以上的只有 3 个,3000~4000 元的有 4 个,2000~3000 元的有 10 个,2000 元以下的有 14 个[①]。由于不同收入阶层的人们对一定利息率变化的反应不一致,因而,货币政策在我国目前不可能十分有效,所以,我国作为一个发展中国家不应对货币政策产生太多的依赖,应更多地发挥财政政策、收入政策、产业政策、区域经济政策的作用。

第三节 投机性货币需求的决定

一、关于投机性货币需求的基本思想

我们认为,投机性货币需求除了受利率的影响,而且与交易性货币需求、预

---

① 2001 年《中国统计年鉴》。

防性货币需求一样还受人们收入水平的影响。但是，利率和收入水平不是任何时候都能对投机性货币需求产生影响，只有在一定条件下才会对投机性货币需求产生影响，那就是人们的收入水平要越过温饱线。在人们收入水平没有越过温饱线的情况下，人们的收入都会被交易性货币需求消化，预防性货币需求和投机性货币需求始终为零。此时人们收入水平的变化只会引起贫困程度深浅的变化，其有限的收入都会被即期消费掉，从而全部转化成交易性货币需求。

当人们收入水平越过了温饱线之后，随着人们收入的进一步增加，就有可能产生预防性货币需求。而随着人们收入的再进一步增加，人们手头变得更加宽裕，就有可能产生投机性货币需求。但收入增量中有多少收入能转化为投机性货币需求，这必须将预防性货币需求与交易性货币需求和投机性货币需求三者联系起来分析。因为人们对其拥有的有限货币收入安排是有先后顺序的，即人们对其有限的货币收入首先用于交易动机，当交易性货币需求的满足水平达到一定高度之后，随着人们货币收入的进一步增加，才会产生预防性货币需求。当人们交易性货币需求和预防性货币需求的满足水平都达到一定高度之后，随着人们货币收入的再进一步增加，人们才会产生投机性货币需求。在投机性货币需求产生之后，三种货币需求存在一个比例结构问题。对于刚刚越过温饱线的人们来说，交易性货币需求增量所占比重很大，预防性货币需求量所占比重很小，而投机性货币需求量更小；然后，随着人们收入水平的提高，交易性货币需求增量所占比重趋于下降，预防性货币需求量所占比重趋于提高。最后，随着人们收入水平的再进一步提高，当交易性货币需求和预防性货币需求都达到一定高度后，从人们不断扩大的持币增量中会产生出不断增大的投机性货币需求量。

由于投机性货币需求要在交易性货币需求和预防性货币需求都达到一定高度后才能产生，所以建立投机性货币需求模型必须以先建立交易性货币需求模型和预防性货币需求模型为基础。我们已经建立的名义交易性货币需求模型[①]为：

$$M_t = \frac{1}{2}\left[y_0 + \sqrt{\frac{2b_t(y-y_0)}{r}}\right] \cdot P$$

在该模型中，M_t 为名义交易性货币需求；y_0 为温饱线对应的收入水平以及温饱线以下的收入水平；y 为现实收入水平；b_t 为将生息资产变现时所必须支付的手续费；r 为利息率；P 为物价水平。

---

① 杨小勇，龚晓莺. 再探交易性货币需求的决定 [C]. 复旦学报（社会科学版），2001 (6).

我们已经建立的名义预防性货币需求模型①为：

$$M_P = \frac{Q}{M_t}\sqrt{\frac{b_p}{r} \cdot \sqrt{y-y_0}\left(\sqrt{y-y_0}-\sqrt{\frac{2b_t}{r}}\right)} \cdot P, \qquad y-y_0-\frac{2b_t}{r}>0$$

在该模型中，M_P 为名义预防性货币需求；y_0 为温饱线对应的收入水平以及温饱线以下的收入水平；y 为现实收入水平；b_p 为筹措预防性货币而出售生息资产时所必须支付的手续费；b_t 为筹措交易性货币而出售生息资产时所必须支付的手续费；r 为利息率；P 为物价水平；Q 为支出量的标准差；M_t 为名义交易性货币需求量。

在人们安排了 $y_0+\sqrt{\frac{2b_t(y-y_0)}{r}}+2\frac{Q}{M_t}\sqrt{\frac{b_p}{r} \cdot \sqrt{y-y_0}\left(\sqrt{y-y_0}-\sqrt{\frac{2b_t}{r}}\right)}$ 的收入用于满足交易性货币需求和预防性货币需求之后，用于满足投机性货币需求的收入就只能从 $y-\left[y_0+\sqrt{\frac{2b_t(y-y_0)}{r}}+2\frac{Q}{M_t}\sqrt{\frac{b_p}{r} \cdot \sqrt{y-y_0}\left(\sqrt{y-y_0}-\sqrt{\frac{2b_t}{r}}\right)}\right]$ 产生。

二、新的投机性货币需求模型的构建

(一) 模型建设

为了建立投机性货币需求模型，我们做如下假设：

第一，对于 $y-\left[y_0+\sqrt{\frac{2b_t(y-y_0)}{r}}+2\frac{Q}{M_t}\sqrt{\frac{b_p}{r} \cdot \sqrt{y-y_0}\left(\sqrt{y-y_0}-\sqrt{\frac{2b_t}{r}}\right)}\right]$ 的收入可以有现金和随时可供处置的生息资产两种持有形式。

第二，设为筹措投机性货币每次出售生息资产与前一次出售的时间间隔相等，每次的出售量亦即投机性货币需要量 K_s 也相等。

第三，人们为未来投机之需是持币等待还是持有生息资产，将取决于两种处理方式预期的机会成本或预期效用。而预期的机会成本或预期效用同风险投资的进入时机相关，证券投资时机的不同概率 p 将会影响投资者的风险决策。所以我们用证券投资时机的不同概率 p 来决定投资者是否变现生息资产，同时我们认

---

① 杨小勇，龚晓莺. 再探预防性货币需求的决定 [C]. 复旦学报 (社会科学版)，2002 (6).

为，证券投资时机的不同概率 p 与人们所处国家的政治环境的稳定性以及人们对于风险的偏好程度都呈正相关的关系。

第四，设持有用于预防性货币需求的现金成本有两项：一是投资者手持现金而为此要承担由不确定性引起的机会成本为 $r \cdot K_s$，其中 r 为利息率；二是将生息资产变现时所必须支付的手续费 b_s（由于为筹措投机性货币而将生息资产变现的数量与为筹措交易性货币和预防性货币而将生息资产变现的数量都不相等，故所需的手续费 b_s、b_p 和 b_t 都不相等），则预期的手续费为：

$$b_s \cdot \frac{y - \left[y_0 + \sqrt{\frac{2b_t(y-y_0)}{r}} + \frac{2Q}{M_t}\sqrt{\frac{b_p}{r}} \cdot \sqrt{y-y_0}\left(\sqrt{y-y_0} - \sqrt{\frac{2b_t}{r}}\right)\right]}{K_s} \cdot P$$

则持有投机性现金余额的总成本为：

$$c = b_s \cdot \frac{y - \left[y_0 + \sqrt{\frac{2b_t(y-y_0)}{r}} + \frac{2Q}{M_t}\sqrt{\frac{b_p}{r}} \cdot \sqrt{y-y_0}\left(\sqrt{y-y_0} - \sqrt{\frac{2b_t}{r}}\right)\right]}{K_s} \cdot P + r \cdot k_s$$

满足成本 c 最小的条件为：$\frac{dc}{dK_s} = 0$

则有：

$$\frac{dc}{dK_s} = -\frac{b_s \cdot \left[y - y_0 - \sqrt{\frac{2b_t(y-y_0)}{r}} - \frac{2Q}{M_t}\sqrt{\frac{b_p}{r}} \cdot \sqrt{y-y_0}\left(\sqrt{y-y_0} - \sqrt{\frac{2b_t}{r}}\right)\right] \cdot P}{K_s^2} + r = 0$$

得投机性货币需求为：

$$K_s = \sqrt{\frac{b_s}{r} \cdot p} \cdot \sqrt{y - y_0 - \sqrt{\frac{2b_t(y-y_0)}{r}} - \frac{2Q}{M_t}\sqrt{\frac{b_p}{r}} \cdot \sqrt{y-y_0}\left(\sqrt{y-y_0} - \sqrt{\frac{2b_t}{r}}\right)}$$

如果将物价水平 P 考虑在内，则有：

$$\frac{K_s}{P} = \sqrt{\frac{b_s}{r} \cdot p} \cdot \sqrt{\sqrt{y-y_0} \cdot \left\{\sqrt{y-y_0} - \sqrt{\frac{2b_t}{r}} - \frac{2Q}{M_t}\sqrt{\frac{b_p}{r}}\left[1 - \sqrt{\frac{2b_t}{r \cdot (y-y_0)}}\right]\right\}}$$

令 $K_s = M_s$ 可得名义投机性货币需求为：

$$M_s = \sqrt{\frac{b_s}{r} \cdot p} \cdot \sqrt{\sqrt{y-y_0} \cdot \left\{\sqrt{y-y_0} - \sqrt{\frac{2b_t}{r}} - \frac{2Q}{M_t}\sqrt{\frac{b_p}{r}}\left[1 - \sqrt{\frac{2b_t}{r \cdot (y-y_0)}}\right]\right\}} \cdot P$$

(二) 模型意义

这一模型表明：

第一，投机性货币需求并不是在任何情况下都存在的。从模型可以看出，在人们收入水平没有超过温饱线的情况下，由于 $y=y_0$，因而投机性货币性需求为零。只有当人们收入水平超过温饱线之后，由于 $y>y_0$，投机性货币需求才有可能产生。

第二，从模型中我们可以看到，在人们没有越过温饱线的情况下，由于投机性货币需求始终为零，说明此时利息率不会对投机性货币需求产生任何影响，只有当人们的收入水平越过温饱线后，利息率才有可能对投机性货币需求产生影响，但这种影响也不是一直都是一种反比例的关系。只有当人们的收入达到了一定的高度之后，人们在满足了交易性货币需求和预防性货币需求之后，利息率的变化才会引起投机性货币需求的反向变动。而当人们的收入非常有限时，即使利息率低到极限，但是人们必须支付一些交易性货币需求和预防性货币需求，所以也没有多余的钱拿来投资，所以此时利息率的高低对投机性货币需求并没有什么影响。所以，我们认为只有当人们的收入水平达到了一定的高度之后，以至于三种货币需求量都可以得到较高程度的满足时，投机性货币需求是利率的递减函数。

第三，名义投机性货币需求 M_s 与为筹措投机性货币需求而出售生息资产的手续费 b_s 呈正向变化关系，与为筹措交易性货币需求而出售生息资产的手续费 b_t 和为筹措预防性货币需求而出售生息资产的手续费 b_p 都呈反向变化关系。

第四，名义投机性货币需求 M_s 与证券投资时机的不同概率 p 成正比。证券投资时机的不同概率 p 的大小主要取决于人们所生活的一个国家一定时期内的制度环境。如果一个国家一定时期内的制度环境优良，由此决定人们的日常生活平稳有序，从而预防性货币需求就会减少，而此时证券市场上暗含着许多的投资机会，从而投资时机的概率 p 就会增加，而人们要想增加投资，就必然会使手中的投机性货币需求量增加；反之，如果一个国家一定时期内的制度环境很差，使人们的生活起伏不定，则使预防性货币需求增加，此时由于动荡不安的生活使人们无心投资，从而证券投资时机的不同概率 p 减少，所以人们的投机性货币需求量就越少。同样地，由于人们的风险偏好程度也正向地影响着证券投资时机的不同概率 p，所以从逻辑关系上来看，当人们是风险偏好者的时候，就会觉得证券市场上时时刻刻都充满着投资盈利的机会，从而导致概率 p 增加，使手中的投机性货币需求量越大；而反之，当人们是风险规避者的时候，就会觉得证券市场上风云密布，随时都可能赔钱，从而证券投资时机的不同概率 p 减少，使投机性货币需求量越小。

第五，在名义投机性货币需求 M_s 不变的条件下，名义投机性货币需求与物价水平 p 成正比。

第六，投机性货币需求量在整个货币需求中所占的比重取决于证券投资时机的概率 p，而证券投资时机的不同概率 p 的大小不仅取决于人们所生活的一个国家一定时期内的制度环境，还取决于人们的风险偏好程度。因此导致了名义投机性货币需求与名义预防性货币需求成反比，即名义预防性货币需求越大，名义投机性货币需求就越小；反之亦然。

三、新的投机性货币需求模型的现实指导意义

我们建立的投机性货币需求模型所具的现实指导意义有以下几点：

第一，在模型中我们用 p 来表示证券投资时机的不同概率，从而可以看出，证券投资时机的不同概率 p 与投机性货币需求量 M_s 成正比。这是因为从人们在进行实际投资决策的决策机制上来看，证券投资时机对解释证券投资的多样化和投资需求是非常重要的。一般而言，证券市场上不通证券的获利机会时候差异的，如有些证券投资之后可以期望立即获利，而有些证券投资以后可能经历很长时间才有可能取得期望受益。从而这种差异性就反映了具有不同偏好程度的投资者对证券市场上不通证券投资的概率差异和概率分布，而由于在同一时点上能够获利的证券并非唯一，多样化投资就成为投资者必然的选择，从而就导致了投资者的资产不仅包括货币和公债，同时也包括了其他的金融资产，就产生了多样化的货币需求，从我们前面的解释可以理解，多样化的货币需求是由各种证券获利的主观概率决定的，如果投资者认为某种或某类证券获利的概率较高，投机性货币需求就减少或为零；反之，投机性货币需求将增加。

从 1981 年国家向单位发行五年期国库券 48.66 亿元算起，我国证券市场已有多年的发展历史，也取得了长远的发展。但是我国资本市场起步较晚，金融工具和金融衍生工具的不完善，不能有效地控制金融风险，使投资者面临较大的金融风险。另外，由于我国证券市场不规范、印花税较重、信息披露机制和监管机制不健全、财务造假和庄家效应严重损害了广大散户的投资利益，挫伤了投资积极性，加重了资本市场的非理性和高风险性，使投资者面对较大的资本市场风

险，从而也就降低了证券投资的时机概率。因此，应当尽快建立一个规范的证券市场，提供给投资者一个稳定的投资环境，以及尽可能多的投资机会，创造稳定的宏观经济环境。只有这样，才能降低投资者的投资风险，增加投机性货币需求量。

第二，从模型当中我们可以看出，投机性货币需求和预防性货币需求一样，并不是在任何时候都存在。当人们的收入水平没有超过温饱线的时候，由于 $y=y_0$，因而，投机性货币需求为零，只有当人们的收入水平 $y>y_0$ 时，投机性货币需求才有可能产生。而此时投机性货币需求产生与否，主要取决于一国的综合国力水平和该国宏观环境的稳定性。也就是说，只有当交易性货币需求和预防性货币需求达到了一定的高度后，投机性货币需求才有可能产生。从我们的模型可以推断出：一定时期人们的支出标准差与一个制度环境的稳定优良程度成反比，也就是说，在一个稳定优良的制度环境下，人们的支出标准差是比较小的，因而人们的预防性货币需求量是比较小的，而在一个稳定优良的制度环境下人们的投资机会是比较多的，人们投资时机的概率 p 相应也越大，人们的投机性货币需求量也就越大。因此，我们可以推断出投机性货币需求在某种程度上与预防性货币需求是成反比的。

在我们国家进一步建立市场机制的改革进程中，要尽快建立适应市场要求的完善的金融市场，创造稳定的宏观经济环境。在一个稳定优良的制度环境下有利于吸引居民储蓄流入证券市场，把预防性货币需求转化成投机性货币需求。建立一个规范的证券市场环境，激活证券市场，使资金分流出来，可促使我国居民金融资产形成一个相对稳定的合理结构。实际上，从居民储蓄存款的走势可以发现，居民储蓄与证券市场走势具有相关性。证券市场行情趋旺时，居民储蓄存款呈下降趋势；证券市场行情陷入持续低迷，人们投资股市就显得比较谨慎，居民储蓄存款持续增长，即使央行多次进行降息，储蓄存款仍然得到人们的高度认可。可见，在一个稳定优良的制度环境下，是有利于引导人们把预防性货币需求流向投机性货币需求的。

第三，从我们建立的有关货币需求的三个模型中可以看出，在人们收入水平还没有超过温饱线的情况下，投机性货币需求同预防性货币需求一样都是为零的，此时，利息率的变化对投机性货币需求和预防性货币需求都没有任何的影响。也同样说明，此时利息率的变化对交易性货币需求也没有任何的影响。因而，就如同我们前面所论述的一样，如果一个国家贫困型人口太多，货币政策就不会十分有效。我国在 20 世纪 90 年代末推出的积极的货币政策的效果之所以不甚理想，在一定程度上是因为我国还存在大量的贫困人口，因为贫困人口无力对利息率的变化作出反应。所以，要增强国家运用货币政策调控国民经济的效率，必须加大扶贫力度，尽快使所有的人解决温饱，并使他们走上小康和富裕之路。

第四节　货币总需求的决定

一、模型构建

以 M 表示货币总需求，令 $M = M_t + M_p + M_s$
则有：

$$M = \frac{1}{2}\left[y_0 + \sqrt{\frac{2b_t(y-y_0)}{r}}\right] \cdot P + \frac{Q}{M_t}\sqrt{\frac{b_p}{r}} \cdot \sqrt{y-y_0}\left(\sqrt{y-y_0} - \sqrt{\frac{2b_t}{r}}\right) \cdot P$$
$$+ \sqrt{\frac{b_s}{r}} \cdot p \cdot \sqrt{\sqrt{y-y_0} \cdot \left\{\sqrt{y-y_0} - \sqrt{\frac{2b_t}{r}} - \frac{2Q}{M_t}\sqrt{\frac{b_p}{r}}\left[1 - \sqrt{\frac{2b_t}{r \cdot (y-y_0)}}\right]\right\}} \cdot P$$

为了简化，令 $b_s = b_p = b_t = b$，则：

$$M = \left[\frac{1}{2}y_0 + \sqrt{\frac{b(y-y_0)}{2r}}\right] \cdot P + \frac{Q}{M_t} \cdot P\sqrt{\frac{b(y-y_0)}{r}} \cdot \left(1 - \sqrt{\frac{2b}{r(y-y_0)}}\right)$$
$$+ \sqrt{\frac{b(y-y_0)}{r}} \cdot p \cdot \sqrt{1 - \sqrt{\frac{2b}{r(y-y_0)}} - \frac{2Q}{M_t}\sqrt{\frac{b}{r(y-y_0)}}\left[1 - \sqrt{\frac{2b}{r \cdot (y-y_0)}}\right]} \cdot P$$

$$= \frac{1}{2}y_0 \cdot P + P \cdot \sqrt{\frac{b(y-y_0)}{r}} \cdot \left\{\frac{\sqrt{2}}{2} + \frac{Q}{M_t}\sqrt{1 - \sqrt{\frac{2b}{r(y-y_0)}}} + \sqrt{p}\sqrt{1 - \sqrt{\frac{2b}{r(y-y_0)}} - \frac{2Q}{M_t}\sqrt{\frac{b}{r(y-y_0)}}\left[1 - \sqrt{\frac{2b}{r(y-y_0)}}\right]}\right\}$$

$$= \frac{1}{2}y_0 \cdot P + \sqrt{\frac{b(y-y_0)}{r}} \cdot P\left\{\frac{\sqrt{2}}{2} + \sqrt{\left(1 - \sqrt{\frac{2b}{r(y-y_0)}}\right)\left[p\sqrt{1 - \frac{2Q}{M_t}\sqrt{\frac{b}{r \cdot (y-y_0)-2b}}} + \frac{Q}{M_t}\right]}\right\}$$

将 $M_t = \frac{1}{2}\left[y_0 + \sqrt{\frac{2b(y-y_0)}{r}}\right]$ 代入上式中得：

$$M = \frac{1}{2}y_0 \cdot P + \sqrt{\frac{b(y-y_0)}{r}} \cdot P\frac{\sqrt{2}}{2} + \left\{\left(1-\sqrt{\frac{2b}{r(y-y_0)}}\right)p\sqrt{1-\frac{4Q\sqrt{\frac{b}{r\cdot(y-y_0)-2b}}+2Q}{y_0+\sqrt{\frac{2b(y-y_0)}{r}}}}\right\}$$

如果要把 $\sqrt{\dfrac{b(y-y_0)}{r}}$ 乘进大括号中去,则得到如下:

$$M = \left[\frac{1}{2}y_0 + \sqrt{\frac{b(y-y_0)}{2r}} + \sqrt{\frac{b(y-y_0-\sqrt{2})}{r}} \cdot p \cdot \sqrt{1-\frac{4Q\sqrt{\frac{b}{r\cdot(y-y_0)-2b}}+2Q}{y_0+\sqrt{\frac{2b(y-y_0)}{r}}}}\right] \cdot P$$

$$= \left\{\frac{1}{2}\left[y_0+\sqrt{\frac{2b(y-y_0)}{r}}\right] + \sqrt{\frac{b(y-y_0-\sqrt{2})}{r}} \cdot p \cdot \sqrt{1-\frac{2Q\left[\sqrt{\frac{4b}{r\cdot(y-y_0)-2b}}+1\right]}{y_0+\sqrt{\frac{2b(y-y_0)}{r}}}}\right\} \cdot P$$

其中,y 为现实收入水平;y_0 为温饱线对应的收入水平以及温饱线以下的收入水平;r 为利息率;b 为生息资产变现手续费;Q 为支出量的标准差;p 为证券投资时机的不同概率;P 为物价水平。

二、模型分析

这一模型表明:

只有当 $y-y_0-\sqrt{2} \geq 0$,即当人们的生活水平越过温饱线并且满足 $y-y_0-\sqrt{2} \geq 0$ 的条件之后,货币总需求的方程才能成立。

对上式中各自变量求导数,可用来分析他们对货币总需求的影响。分析结果如下:

当 $y-y_0-\sqrt{2}>0$ 时,求导数的结果如下:

$$\frac{\partial M}{\partial y} = \left\{\sqrt{\frac{b}{2r(y-y_0)}}+\frac{p}{2}\right.$$

$$\frac{\frac{b}{r}\sqrt{1-\frac{2Q\left[\sqrt{\frac{4b}{r(y-y_0)-2b}}+1\right]}{y_0+\sqrt{\frac{2b(y-y_0)}{r}}}}}{} + \frac{Qb(y-y_0-\sqrt{2})}{r} \frac{\left(y_0+\sqrt{\frac{2b(y-y_0)}{r}}\right)\frac{\frac{b}{r(y-y_0)^2}}{2\sqrt{\frac{4b}{r(y-y_0)-2b}}}+\sqrt{\frac{4b}{r(y-y_0)-2b}}\frac{\frac{2b}{r}}{2\sqrt{\frac{2b(y-y_0)}{r}}}}{1-\frac{2Q\left(\sqrt{\frac{4b}{r(y-y_0)-2b}}+1\right)}{y_0+\sqrt{\frac{2b(y-y_0)}{r}}}\left[y_0+\sqrt{\frac{2b(y-y_0)}{r}}\right]}}{\sqrt{\frac{b(y-y_0-\sqrt{2})}{r}}p\sqrt{1-\frac{2Q\left[\sqrt{\frac{4b}{r(y-y_0)-2b}}+1\right]}{y_0+\sqrt{\frac{2b(y-y_0)}{r}}}}}$$

$$(2-1)$$

$$\frac{\partial M}{\partial r}=\left\{\frac{1}{2}\frac{b(y-y_0)}{r^2\sqrt{\frac{2b(y-y_0)}{r}}}-\left[\frac{\sqrt{p}\frac{b(y-y_0-\sqrt{2})}{r^2}\sqrt{1-\frac{2Q\left[\sqrt{\frac{4b}{r(y-y_0)-2b}}+1\right]}{y_0+\sqrt{\frac{2b(y-y_0)}{r}}}}+\frac{b(y-y_0-\sqrt{2})}{r}\frac{Q\frac{\sqrt{\frac{4b}{r(y-y_0)-2b}}+1}{y_0+\sqrt{\frac{2b(y-y_0)}{r}}}}{\sqrt{1-\frac{2Q\left[\sqrt{\frac{4b}{ry-ry_0-2b}}+1\right]}{y_0+\sqrt{\frac{2b(y-y_0)}{r}}}}}}{2\sqrt{\frac{b(y-y_0-\sqrt{2})}{r}}\sqrt{1-\frac{2Q\left[\sqrt{\frac{4b}{r(y-y_0)-2b}}+1\right]}{y_0+\sqrt{\frac{2b(y-y_0)}{r}}}}}\right]\right\}P$$

$$(2-2)$$

$$\frac{\partial M}{\partial b}=\left\{\frac{1}{2}\frac{\sqrt{y-y_0}}{\sqrt{2br}}+\frac{\sqrt{(y-y_0-\sqrt{2})p}}{r}\frac{1+\frac{2Q\left[\sqrt{\frac{4b}{r(y-y_0)-2b}}+1\right]}{y_0+\sqrt{\frac{2b(y-y_0)}{r}}}+\frac{2Q\left[\sqrt{\frac{4b}{r(y-y_0)-2b}}+1\right]}{y_0+\sqrt{\frac{2b(y-y_0)}{r}}}}{2\sqrt{b}\sqrt{1-\frac{2Q\left[\sqrt{\frac{4b}{r(y-y_0)-2b}}+1\right]}{y_0+\sqrt{\frac{2b(y-y_0)}{r}}}}}\right\}P$$

$$(2-3)$$

$$\frac{\partial M}{\partial Q} = \left\{ -\frac{\dfrac{b(y-y_0-\sqrt{2})}{r}\sqrt{p}\sqrt{\dfrac{\dfrac{4b}{\sqrt{r(y-y_0)-2b}}+1}{y_0+\sqrt{\dfrac{2b(y-y_0)}{r}}}}}{2\sqrt{\dfrac{b(y-y_0-\sqrt{2})}{r}}\sqrt{1-\dfrac{2Q\left[\sqrt{\dfrac{4b}{r(y-y_0)-2b}}+1\right]}{y_0+\sqrt{\dfrac{2b(y-y_0)}{r}}}}\sqrt{1-\dfrac{2Q\left[\sqrt{\dfrac{4b}{r(y-y_0)-2b}}+1\right]}{y_0+\sqrt{\dfrac{2b(y-y_0)}{r}}}}} \right\} P \quad (2-4)$$

$$\frac{\partial M}{\partial p} = \left\{ \frac{1}{2}\sqrt{\dfrac{\dfrac{b(y-y_0-\sqrt{2})}{r}\sqrt{1-\dfrac{2Q\left[\sqrt{\dfrac{4b}{r(y-y_0)-2b}}+1\right]}{y_0+\sqrt{\dfrac{2b(y-y_0)}{r}}}}}{p}} \right\} P \quad (2-5)$$

$$\frac{\partial M}{\partial P} = \frac{1}{2}\left[y_0+\sqrt{\dfrac{2b(y-y_0)}{r}}\right] + \sqrt{\dfrac{b(y-y_0-\sqrt{2})}{r}p\sqrt{1-\dfrac{2Q\left[\sqrt{\dfrac{4b}{r(y-y_0)-2b}}+1\right]}{y_0+\sqrt{\dfrac{2b(y-y_0)}{r}}}}} \quad (2-6)$$

第一,由式(2-1)可知,由于 $y-y_0-\sqrt{2}>0$,因此 $\dfrac{\partial M}{\partial y}>0$。即当人们的生活水平越过温饱线并且满足 $y-y_0-\sqrt{2}>0$ 的条件之后,货币总需求与收入水平成正比例变化。随着人们收入水平的提高,货币总需求增加。

第二,由式(2-2)可知,货币总需求与利息率之间的关系取决于收入水平、利息率、手续费、支出量的标准差、证券投资时机的不同概率之间的关系。即求一阶偏导无法判断货币总需求与利息率之间的变化方向。

第三，由式（2-3）可知$\frac{\partial M}{\partial b}>0$，即货币总需求与手续费成正比。货币总需求随手续费的增加而上升；反之亦然。

第四，由式（2-4）可知$\frac{\partial M}{\partial Q}<0$，即货币总需求与支出量的标准差成反比。货币总需求随支出量的标准差的增加而下降；反之亦然。

第五，由式（2-5）可知$\frac{\partial M}{\partial p}>0$，即货币总需求与证券投资时机的不同概率成正比。货币总需求随证券投资时机的不同概率的增加而上升；反之亦然。

第六，由式（2-6）可知$\frac{\partial M}{\partial P}>0$，即货币总需求与物价水平成正比例变化。物价水平越高，货币总需求量越大；反之亦然。

当 $y-y_0-\sqrt{2}=0$ 时，$M=\frac{1}{2}\left[y_0+\sqrt{\frac{2b(y-y_0)}{r}}\right]$，求导数的结果如下：

$$\frac{\partial M}{\partial y}=\sqrt{\frac{b}{8r(y-y_0)}}P \tag{2-7}$$

$$\frac{\partial M}{\partial r}=-\sqrt{\frac{b(y-y_0)}{8r^3}}P \tag{2-8}$$

$$\frac{\partial M}{\partial b}=\sqrt{\frac{y-y_0}{8rb}}P \tag{2-9}$$

$$\frac{\partial M}{\partial P}=\frac{1}{2}\left[y_0+\sqrt{\frac{2b(y-y_0)}{r}}\right] \tag{2-10}$$

当 $y-y_0-\sqrt{2}=0$，即当人们的生活水平刚刚越过温饱线并且满足 $y-y_0-\sqrt{2}=0$ 时，货币总需求只与 y、r、b、P 有关，即与现实收入水平、利息率、手续费以及物价水平有关，而与支出量的标准差、证券投资时机的不同概率无关。

第一，由式（2-7）可知，当人们的生活水平刚越过温饱线并且满足 $y-y_0-\sqrt{2}=0$ 时，货币总需求与收入水平成正比。随着人们收入水平的提高，货币总需求增加。这与 $y-y_0-\sqrt{2}>0$ 时的情况相同，说明在所有的情况下，货币总需求都与收入成正比。

第二，由式（2-8）可知，当人们的生活水平刚越过温饱线并且满足 $y-y_0-$

$\sqrt{2}=0$ 时，$\frac{\partial M}{\partial r}<0$，货币总需求与利息率成反比。也就是说，当人们的收入刚刚越过温饱线时，货币总需求随着利息率的上升而减少。

第三，由式（2-9）可知 $\frac{\partial M}{\partial b}>0$，即货币总需求与手续费成正比。这与 $y-y_0-\sqrt{2}>0$ 时得出的结论相同，也就是说，货币总需求与手续费始终成正比关系，随着手续费的增加，货币总需求增加；反之亦然。

第四，由式（2-10）可知 $\frac{\partial M}{\partial P}>0$，即货币总需求与物价水平成正比例变化。这与 $y-y_0-\sqrt{2}>0$ 时得出的结论相同。货币总需求与手续费始终成正比关系。随着物价水平的上涨，货币总需求增加；反之亦然。

综上所述，货币总需求与收入水平、手续费以及物价水平成正比例变化。而当人们的生活水平刚越过温饱线时，且当 $y-y_0-\sqrt{2}=0$ 时，货币总需求与支出量的标准差、证券投资时机的不同概率无关，而与利息率成反方向变化。当 $y-y_0-\sqrt{2}>0$ 时，货币总需求与利息率之间的关系取决于收入水平、利息率、手续费、支出量的标准差、证券投资时机的不同概率之间的关系。当人们的生活水平越过温饱线且满足 $y-y_0-\sqrt{2}>0$ 时，货币总需求与支出量的标准差成反比，而与证券投资时机的不同概率成正比。

第五节 本章小结

本章对已有交易性货币需求模型、预防性货币需求模型、投机性货币需求模型和货币总需求模型存在的缺陷进行了改进，建立了新的交易性货币需求模型、新的预防性货币需求模型、新的投机性货币需求模型和新的货币总需求模型，论述了这些模型的经济含义和预防性货币需求模型、投机性货币需求模型的现实指导意义。建立的新的交易性货币需求模型、预防性货币需求模型、投机性货币需求模型说明：交易性货币需求和预防性货币需求不仅取决于收入，还受利息率的影响，投机性货币需求不仅取决于利息率，还受收入的影响，但这些影响都要在人们收入水平越过温饱线的条件下才产生。三种货币需求还受体制、制度、金融条件等因素的影响。

第三章

货币政策理论分析

第一节 货币政策的目标

在现代市场经济条件下，货币政策是国家对宏观经济进行调节的重要手段。货币政策的目标分为最终目标和中间目标。

一、货币政策的最终目标

(一) 最终目标的一般解释

最终目标是中央银行实施各种货币政策操作所希望达到的最终目的。当代西方主流经济学认为货币政策的最终目标有四个：经济增长、充分就业、稳定物价、国际收支平衡。

1. 经济增长

货币政策调节经济增长的目标是获得适度的经济增长。即经济增长不是越慢越好，也不是越快越好。经济增长速度太慢会造成社会公众收入增长太慢、贫困人口脱贫速度太慢、就业增长速度慢，甚至造成失业增加，不利于缓解社会矛盾，甚至可能使社会矛盾激化。经济增长速度太快会引发需求过旺、通货膨胀、经济质量下滑、诱发人口资源环境矛盾。所以国家应追求适度的经济增长。国家追求经济增长是为了增强国家经济实力，而追求适度的经济增长是为了确保经济增长的可持续性。衡量经济增长的通行指标是实际国内生产总值（GDP）增长率，但由于国内生产总值是按属地原则统计，它包含外资企业在本国生产的增加值，因而不能反映一国国民的福利水平，为了解决该问题，应采用实际国民生产总值（GNP）增长率来反映经济增长情况。但国民生产总值和国内生产总值共同存在不能反映环境成本的问题，于是学界提出了绿色 GDP 和绿色 GNP 范畴。

关于适度的经济增长的度如何衡量，学界还没有找到具有可操作性的衡量方法。西方微观经济学中的厂商均衡理论揭示了厂商均衡产量即盈利最大化的产量是边际成本与边际收益相等时的产量，借用这里的原理可否得出宏观经济中适度的经济增长是边际成本与边际收益相等时的经济增长？我们的回答是否定的。因为宏观经济系统很复杂，在任何情况下都同时存在边际成本大于边际收益的行业或企业和边际成本小于边际收益的行业或企业，而宏观经济中的 GDP 或 GNP、GDP 增长率或 GNP 增长率是将这两类行业或企业混在一起的，使宏观经济领域的边际成本和边际收益被混沌化，这种被混沌化的边际成本和边际收益不存在有规律性的变动趋势，在理论上和实践上都无法找到二者的交点，即使有交点也可能存在许多交点，在这种情况下，也无法判断哪个交点对应的 GDP 增长率或 GNP 增长率是适度的经济增长率。

我们认为沿着马克思社会总资本扩大再生产实现条件理论（该理论在社会主义市场经济条件下需要拓展）可以发现适度的 GDP 增长率或 GNP 增长率，只要符合社会总资本扩大再生产的实现条件，社会总产品都能得到实现，即都能实现价值补偿和实物补偿，满足这些条件的 GDP 增长率或 GNP 增长率都可以认定为是适度的宏观经济增长率。在现实中，只要经济结构是合理的、资源能实现优化配置的（资源浪费很小）、经济质量是高的（假冒伪劣产品少、单位 GDP 碳排放小、环境成本低）、物价是平稳的、就业率是提高的、国际收支是趋于平衡的、社会公众的收入水平和生活质量是不断提高的，满足这些条件的 GDP 增长率或 GNP 增长率都可以认定为是适度的宏观经济增长率。因而适度的宏观经济增长率不是绝对的，而是相对的。

货币政策在调节经济增长时应与财政政策搭配使用，在财政政策既定的条件下，货币政策应根据用实际 GDP 增长率或 GNP 增长率衡量的宏观经济增长率偏离适度的宏观经济增长率的情况相机采用。当实际宏观经济增长率大于适度的宏观经济增长率时，应采取紧缩的货币政策；当实际宏观经济增长率小于适度的宏观经济增长率时，应采取扩张的货币政策；当实际宏观经济增长率等于适度的宏观经济增长率时，应采取中性的货币政策。

2. 充分就业

充分就业水平不是理想的就业水平。理想的就业水平是指愿意为目前社会最低工资及以上工资水平而工作的社会适龄就业人员都找到工作的就业状态。由于自愿失业现象的存在，理想的就业也不是百分之百的就业率或零失业率，而应从社会适龄就业人员中减去自愿失业。而充分就业还应从理想的就业水平中减去摩擦性失业和结构性失业。总之，如果失业率等于自愿失业率、摩擦性失业率、结构性失业率之和，就意味着实现了充分就业。充分就业水平对应的就业率或失业率不是绝对的、静态的，而是相对的、动态的。充分就业水平对应的就业率随着宏观经济形势的变化而变化，各国政府通常根据不同时期的政治经济形势灵活确定调节就业的货币政策。

充分就业作为货币政策的最终目标之一，一般应在实际就业率小于充分就业水平对应的就业率时就采取扩张的货币政策。即中央银行通过降低再贴现率，或降低存款准备金率，或在证券市场回购政府公债，扩大货币供应量，使货币市场利率降低，然后使产品市场投资需求和消费需求扩大，进而使生产性企业扩大生产规模，进而使企业扩大劳动力需求，最终使就业水平朝着充分就业的水平提高。

基于充分就业这一最终目标的扩张货币政策必然带来经济增长率的提高，如果推出扩张货币政策起初的经济增长率低于适度的经济增长率，那么就使货币政策的充分就业目标与经济增长目标统一起来了。如果推出扩张的货币政策起初的经济增长率高于适度的经济增长率，就使货币政策的充分就业目标与经济增长目标不统一了，此时该推出什么样的货币政策就需进行利弊权衡了。

3. 稳定物价

货币政策稳定物价的目标并不是指要防止物价水平上下波动，而是指要将物价水平的波动控制在不妨碍宏观经济健康发展的范围内。物价水平上下波动是市场经济的常态。持续的、整体的物价水平上升表明存在通货膨胀，持续的整体的物价水平下降表明存在通货紧缩，通货膨胀和通货紧缩都不利于经济平稳、健康发展。从历史情况来看，前者常见，后者少见，因此，货币政策稳定物价的目标主要是控制物价上涨。这里的控制物价上涨并不是阻止物价上涨，而是要控制物价上涨的幅度，即要将物价涨幅控制在社会公众能承受、不妨碍宏观经济稳定健康发展的范围内。当物价涨幅超出该范围时，就应采取从紧的货币政策将物价涨幅降下来。从当下各个国家的实践来看，该范围设定在以 CPI 衡量的物价水平低于 3%。只要 CPI 低于 3%，就不必采用货币政策的调整来应对物价上涨。

按照西方经济学的有关原理，通货膨胀和经济增长在一定条件下存在互相影响、互为因果的关系，适度的通货膨胀有利于经济增长，经济快速增长会导致通货膨胀。如果 CPI 很低，且经济增长速度低于适度的经济增长，此时货币政策目标着眼于经济增长,运用扩张的货币政策实现经济增长目标,又使物价涨幅控制在3%以下,那么货币政策的经济增长目标与稳定物价目标不矛盾。但在宏观经济出现"滞胀"局面时,货币政策的经济增长目标与稳定物价目标就产生了矛盾,在这种情况下,要实现经济增长目标需采取扩张的货币政策,要实现稳定物价目标需采取紧缩的货币政策,此时货币政策的取向又需进行利弊权衡,在一般情况下,货币政策应着眼于控制物价而采取从紧的货币政策,而经济增长问题应通过采取力度较大的扩张的财政政策来解决。

4. 国际收支平衡

国际收支账户主要由经常项目、资本项目和平衡项目构成,国际收支平衡主要是指经常账户和资本账户收支平衡。国际收支平衡只是货币政策调节国际收支的一个参照点,在现实中,国际收支完全平衡是不可能实现的,国际收支的常态是不平衡,结余或者赤字,顺差或者逆差。货币政策的国际收支平衡目标实际是要使国际收支趋向于平衡,不要让国际收支长期顺差太大,也不要让国际收支长期逆差太大。国际收支长期顺差太大或长期逆差太大都会对宏观经济健康发展造成不利影响。国际收支长期顺差太大会形成长期巨额外汇储备,这些巨额外汇储备面临外汇储备币种贬值而缩水的风险。国际收支长期逆差太大,会造成国内收入外流,引起经济增长速度下降。货币政策调节国际收支的一般做法是:国际收支长期顺差太大时,应采取紧缩的货币政策;国际收支长期逆差太大时,应采取扩张的货币政策。

(二) 我国理论界关于货币政策最终目标的多种观点

我国理论界关于货币政策最终是什么的问题主要有三种观点。

第一种观点是单一目标论。这种观点认为,在四大货币政策目标中,只能选择稳定货币(物价)作为货币政策的唯一最终目标。其理由是:四大政策目标之间在很多情况下会存在矛盾,比如在稳定物价与充分就业和经济增长之间可能存在以下矛盾:为了实现充分就业和获得较高的增长速度,需要采取扩张的货币政策,以松动银根,增加货币供应量,促使利率下降,进而使投资增长,从而扩大就业和加速经济增长。但这样会导致产品市场投资需求和消费需求扩张,引发物价上涨,通货膨胀。而要抑制通货膨胀,需要采取紧缩的货币政策,但这样会使货币供给减少,利率提高,导致产品市场投资需求和消费需求收缩,进而导致失业增加,经济下滑。

在对外开放经济领域,货币政策的充分就业目标和经济增长目标与国际收支平衡目标也存在矛盾。因为为了实现货币政策增加就业和经济增长的目标需实行扩张的货币政策，但扩张的货币政策会带来物价上涨，导致出口减少，进口增加，使国际收支出现逆差。如果此时为实现国际收支平衡而采取紧缩的货币政策，有可能引起失业增加和经济衰退，妨碍货币政策的充分就业目标和经济增长目标的实现。由于货币政策各种目标之间存在矛盾，不容易同时实现，不如实行稳定货币（物价）这一单一目标。

第二种观点是双重目标论。认为货币政策应有货币稳定和经济发展的双重目标，因为货币稳定和经济发展存在相互依存、相互促进、相互制约的关系：货币稳定是经济发展的前提，经济发展是货币稳定的基础。只有货币稳定，经济才能平稳健康发展；只有经济平稳健康发展，货币才能保持持久稳定。因此，中央银行在制定货币政策时要兼顾两大目标。

第三种观点是多重目标论。这种观点认为货币信贷活动涉及国民经济各方面，总是直接或间接地影响国民经济生产、流通、分配和消费的全过程。因此，货币政策的制定不能只考虑货币稳定、经济发展等一两个目标，而应同时考虑促进就业和国际收支平衡等多个目标。[①]

我们认为：货币政策应着眼宏观经济长远、健康发展而兼顾多重目标，不能顾此失彼，但在特定时期应根据宏观经济情况具体问题具体分析，即要根据宏观经济存在的问题有所侧重。比如当宏观经济出现严重经济衰退、失业率很高等问题时，必须突出货币政策的经济增长目标和就业目标，从而必须采取扩张的货币政策，此时应允许一定通货膨胀的存在；如果宏观经济出现严重的通货膨胀问题时，必须突出货币政策的稳定物价目标，从而必须采取从紧的货币政策，此时应允许付出一定的经济增长率下降的代价。

(三) 西方国家货币政策最终目标选择及启示

1. 西方国家货币政策目标选择

西方主要国家货币政策最终目标的选择经历了一个演变过程，在不同的时期均有不同的侧重，其政策效果也各不相同。

西方国家货币政策最终目标的演变历史大致经历了单目标（以充分就业为主）、多目标（充分就业、经济增长、物价稳定、国际收支平衡），再到单目标（以稳定物价为主）的发展过程。[②]

---

① 姚志宏. 我国货币政策目标分析 [J]. 甘肃农业, 2006 (4): 183.
② 于辉. 西方国家货币政策最终目标选取及启示 [J]. 经济咨询, 2006 (5).

（1）美国。在20世纪50年代以前，美国货币政策的重点是稳定物价，促进经济均衡增长。到20世纪五六十年代，美国出现了生产力严重过剩、失业率偏高的问题，为了降低偏高的失业率，阻止失业问题继续恶化，就将充分就业作为货币政策的主要目标。到20世纪70年代中期，美国宏观经济出现了严重的通货膨胀问题，对宏观经济产生了十分不利的影响，于是又将货币政策的主要目标转变为抑制通货膨胀。进入20世纪90年代后，美联储逐渐将"控制通货膨胀，实现无通货膨胀的经济增长"作为货币政策唯一的最终目标。在2008年全球金融危机后，奥巴马政府持续推出定量宽松货币政策，其最终目标是摆脱金融危机，促进经济复苏，实现经济增长。在2017年特朗普上任，推出了加息的货币政策，其最终目标又回归到控制通货膨胀，防止美元贬值，实现宏观经济长期稳定经济增长。

（2）英国。在20世纪五六十年代的大部分时期，由于当时英国在世界贸易中的竞争能力较弱，国际收支问题限制了充分就业的实现，因此，其货币政策的最终目标集中于增加就业，同时兼顾国际收支平衡。这段时期的货币政策解决了就业问题却出现了通货膨胀问题，由于货币当局认为通货膨胀的危害不如失业的危害大，就没有针对通货膨胀进行货币政策的调整。但是到了20世纪60年代末，出现了日趋严重的世界性的通货膨胀问题，以至大多数国家逐渐将通货膨胀看作是必须解决的严重问题，有的甚至担心高通货膨胀率可能会导致现行的货币与金融制度的崩溃，因此纷纷将稳定物价作为货币政策的首要目标。于是，英国在20世纪70年代中叶也将货币政策最终目标改为"稳定币值"。[1] 20世纪70年代中叶至今，英国政府一直把控制通货膨胀作为货币政策的主要目标，甚至是第一位的目标，为了减缓通货膨胀压力，宁可承受更高的失业率。这种货币政策取得了很好的成效，进入20世纪80年代以后，英国经济开始持续稳定的增长，整个80年代国内生产总值平均增长率达到3%左右的水平，这是20世纪60年代以来所未有过的。可见英国以控制通货膨胀作为首要目标的货币政策是见效的。[2] 自2008年全球金融危机以来，英国以实现经济平稳增长为目标采取了数量宽松货币政策，取得了较好效果。

（3）日本。日本在"二战"结束至1968年这段时间，货币政策的最终目标是多重的，主要包括经济持续增长、物价稳定和国际收支平衡。这三个目标之间没有发生严重的冲突，取得了较好的效果。主要原因是稳定物价为国际收支平衡

---

[1] 周铭. 中国虚拟经济发展对货币政策的影响研究 [D]. 河海大学, 2007.
[2] 于辉. 西方国家货币政策最终目标选取及启示 [J]. 经济咨询, 2006 (5).

提供了有利条件,而且由于受益于布雷顿森林体系,国际收支平衡又为经济持续增长创造了良好的国际经济环境。但是从 1969 年开始,受日益严重的世界性通货膨胀的影响,日本国内物价在国际收支顺差的情况下也开始上涨,这时三个目标之间已存在矛盾,货币政策面临着眼物价稳定这一对内目标还是重视平衡国际收支这一对外目标的选择。在这种情况下,日本银行选择了将稳定物价作为货币政策的最终目标,从而实行了紧缩的货币政策,结果导致经济增长减速。同时,由于从 1971 年开始,美国停止美元与黄金的兑换,布雷顿森林体系瓦解,日本被迫实行浮动汇率制度,导致日本国际收支顺差扩大,使货币供应量迅速增加,货币供应量增加又刺激了名义总需求,破坏了国内物价的稳定,导致了 1973~1975 年的恶性通货膨胀。日本银行对这段历史进行了反省,通过反省认识到:只有物价稳定才是经济持续增长的前提,应将稳定国内物价作为货币政策的最终目标,而国际收支的平衡可通过汇率调节来实现。基于这种认识,从 1975 年,日本银行一直以"稳定货币币值"作为货币政策的优先目标,并取得了很好的效果。但是,在 20 世纪 80 年代,日本银行在监控什么样的价格指标问题上发生了偏差,致使经济泡沫破灭,经济严重衰退。此后,日本银行根据宏观经济情况,以稳定物价作为货币政策的优先目标,同时密切注视外汇变动对经济景气和物价预期的影响,采取有弹性的货币政策,但收效甚微,日本经济进入"失去的 20 年"。2008 年全球金融危机后,日本采取力度较大的扩张的货币政策,其最终目标是物价稳定、摆脱通货紧缩、金融稳定、实现经济增长,取得了一定的成效。

2. 启示

从上述几个国家货币政策最终目标的选择,可以获得如下几点启示:[①]

(1) 货币政策最终目标的选择和完善需要一个长期的过程。西方国家货币政策最终目标的选择经历了一个长期演变与调整完善的过程,美国、英国、日本都是如此。我国真正把货币政策作为宏观调控的重要手段是从 1992 年党的十四大召开才开始的,十四大将我国经济体制改革的目标确定为社会主义市场经济体制,为此,必须建立完善的宏观调控体系,货币政策与财政政策是宏观调控的最重要的手段。从十四大召开到现在,我国运用货币政策调控社会主义市场经济已有 20 多年时间,我国货币政策最终目标的选择和完善既需要总结过去的经验,也需要经历一个继续实践探索的过程。

---

① 于辉. 西方国家货币政策最终目标选取及启示 [J]. 经济咨询, 2006 (5).

（2）要根据特定时期国家宏观经济形势和宏观经济存在的问题确定货币政策最终目标。上述几个国家货币政策最终目标的选择和运用都紧紧服务于当时社会经济状况及亟待解决的社会经济重大问题。这一点对我国也有借鉴作用。我国今后在进行货币政策最终目标的选择和运用时，也要精准把握我国宏观经济存在的问题以及这些问题的主次，然后有的放矢地进行货币政策最终目标的选择和运用。

（3）把"反通货膨胀、稳定货币"作为货币政策最终目标之一。从上述几个国家货币政策最终目标选择来看，虽然各国所选择的目标有侧重点和顺序上的差异，但无一例外都将"反通货膨胀、稳定货币"作为货币政策最终目标之一，这说明各国在"反通货膨胀、稳定货币"战略上形成共识。我国在进行货币政策最终目标选择时也应时刻关注物价水平，只要通货膨胀达到一定程度，就应将反通货膨胀作为货币政策最终目标之一。

（4）货币政策四大最终目标之间存在矛盾。从以上几个国家货币政策实践来看，货币政策四大最终目标之间存在矛盾。主要表现在：稳定物价目标与充分就业目标之间存在矛盾；稳定物价目标与经济增长目标之间存在矛盾；充分就业、经济增长目标与国际收支平衡目标之间存在矛盾。当进行货币政策最终目标选择遇到这些矛盾时，应进行矛盾主次分析和进行利弊权衡。

（四）本书关于我国货币政策最终目标选择的观点

第一，综观国内外对货币政策最终目标选择的不同观点和实践，货币政策最终目标都是在经济增长、充分就业、稳定物价、国际收支平衡四大目标可能的排列组合范围内进行选择。货币政策最终目标的选择能否超出此范围，货币政策能否在更大的范围内有所作为，本书的观点是肯定的。党中央提出了全面建成小康社会和实现中华民族伟大复兴的目标，我国的货币政策应该而且能够为实现这些目标有所作为，而前述四大目标是无法涵盖这些目标的。

第二，借鉴国外货币政策最终目标选择的实践经验，货币政策最终目标选择要根据经济社会发展的情况和需要适时进行调整，根据我国当前经济社会的情况，我们主张在未来较长一段时期将我国货币政策的最终目标确定为"实现人民群众日益增长的美好生活"。

第三，到目前为止，国内外关于货币政策的理论和实践都不约而同地将货币政策职能确定为只调节总量，不调节结构。本书认为，货币政策不仅要调节总量，而且应该调节结构。对货币政策赋予调节结构的职能，是"实现人民群众日益增长的美好生活"的必然要求，因为妨碍人民群众美好生活实现的障碍是发展的不平衡和不充分，其中的发展不平衡就是结构有问题，如区域结构问题、城乡结构问题、产业结构问题等。为实现人民群众日益增长的美好生活的需要，对东部发达地区应根据宏观经济形势和要求采取相应的调节总量的货币政策，对西部落后地区应实行相对宽松的调节区域结构的有利于贫困人口脱贫致富的货币政策。对城市应根据宏观经济形势和要求采取相应的调节总量的货币政策，对农村应实行相对宽松的调节城乡结构的有利于农村人口脱贫致富的货币政策。对不同的产业也应实行差别性的货币政策，对传统的成熟的产业应根据宏观经济形势和要求采取相应的调节总量的货币政策，对有利于产业结构优化和升级以及实现可持续发展的新兴产业，应实行相对宽松的调节结构的货币政策。

二、货币政策的中间目标

（一）货币政策中间目标选择的标准

货币政策中间目标是介于货币政策工具与货币政策最终目标之间的金融变量的目标，是保证最终目标得以实现的战术目标。目前为理论所推崇和为实践所运用的中间目标主要有信贷规模、货币供应量等数量指标的目标以及利率和汇率等价格指标的目标。但是能够被普遍认可、运用较多的主要有利率和货币供给量。

根据有关货币政策的一般理论，进行货币政策中间目标选择时必须考虑三个标准：其一，可测性，即中间目标的内涵和外延较为明确、稳定，不仅中央银行能据此作出分析、预测和判断，社会其他微观经济主体如居民和企业等都能据此作出预测、判断，中央银行也能及时、准确地获取有关中间目标的资料；其二，可控性，即中央银行在操作货币政策工具时，能准确地掌控中间目标参数的变动情况；其三，相关性，即中央银行选择的中间目标与货币政策最终目标存在手段与目的的密切关联性。同时，中央银行还必须根据特定的经济金融环境的变化对中间目标进行适时调整。因为中央银行置身的经济体制背景等经济金融环境不同，货币政策作用的机制和成效就不同，中央银行为实现其不同的货币政策目标所采取的货币政策的工具和力度就不同。在金融自由化和经济全球化的趋势下，货币供应量与国内经济活动的紧密联系日趋松散，而且货币当局对货币供应量的控制也越来越困难（即可控性下降）。在此背景下，仅以前述"三性"标准来确定货币政策中间目标已变得不切实际。事实上，各国的货币政策实践表明，货币政策中间目标的灵活性、透明度及可信赖度已经成为各国货币政策中间目标选择的关键要素。①

(二) 西方国家货币政策中间目标选择的进展及评价

西方国家货币政策中间目标的选择可清楚地分为三个阶段：20世纪50~60年代，各国货币政策中间目标不尽相同，但主要是利率；70~80年代，各国货币政策中间目标大体一致，即都以货币供应量作为中间目标；进入90年代以来，各国大都抛弃了对货币供应量的监控，转向以利率作为货币政策中间目标。掀起了20世纪90年代初期以来货币政策中间目标选择的新一轮变革。按照货币政策中间目标选择的灵活性、透明度及可信赖度等关键要素的要求，有的国家试图在既有的框架内寻求解决办法，开始调整调控目标，有的则完全改变了调控目标。

综合来看，20世纪90年代初期以来，货币政策中间目标选择在世界范围内呈现出以下特点：②

其一，数量型目标逐渐被价格型目标取代。货币政策中间目标有数量型目标和价格型目标之分，在20世纪90年代以前，西方主要国家货币政策中间目标是数量型目标和价格型目标交替使用。在20世纪五六十年代，一般采取价格型中间目标，即以利率作为货币政策的中间目标；20世纪七八十年代，一般采取数量型中间目标，即以货币供应量作为货币政策的中间目标。自20世纪90年代末期以来，越来越多的国家采用利率、汇率等价格型中间目标，一些国家即使采用货币数量目标，也注意控制利率、汇率和通货膨胀等价格变量。在工业化国家，除了欧洲中央银行和瑞士国家银行还在强调广义货币增长目标外，大多数央行或者是选择汇率作为主导的货币政策指标或者是使货币政策受金融市场或实体经济的一系列指标的引导。

其二，单一中间目标和双重中间目标并存。在现实中，有的国家单独使用某一种指标作为中间目标，有的国家则综合使用某两种指标组合作为货币政策中间目标，如美国和日本大体上是根据宏观经济具体情况在货币数量与利率之间进行选择。

其三，通货膨胀目标制备受更多国家中央银行的青睐。进入21世纪以来，越来越多的国家认同货币政策首要的、长期的目标是提高价格的稳定性。自从1989年新西兰储备银行首先引入通货膨胀目标制以来，无论是发达国家（加拿

---

① 胡列曲. 发展中大国最优汇率制度动态决定论 [M]. 北京：经济科学出版社，2007.
② 胡列曲. 货币政策中介目标选择的发展与中国实践 [J]. 经济理论与经济管理，2006 (8).

大、新西兰、英国、瑞典、以色列、芬兰、澳大利亚、瑞士等)、发展中国家(智利、巴西、韩国、泰国、南非等),还是转轨国家(捷克、波兰、匈牙利等)纷纷效仿该做法,先后采用了通货膨胀目标,国际货币基金组织也在新兴市场经济国家极力推行这一政策框架。通货膨胀目标制是一种货币政策操作框架,在此框架下中央银行预先设定一个未来特定期间内所要达到的通货膨胀目标,并运用各种货币政策工具来达到该目标。

从战后西方主要国家货币政策中间目标选择的进展可以看出:

美、英、法、德和意大利都曾经比较成功地将货币供应量作为货币政策的中间目标。如美国,20世纪70年代以来,美联储基本上接受了货币主义的"单一规则",把货币供应量作为对宏观经济进行调控的主要手段。然而,从80年代末开始,金融自由化和经济全球化不断兴起,货币当局对货币供应量的控制越来越困难,而全球范围内的金融自由化、金融创新浪潮和大量国际外汇交易使各国货币供应量与国内经济活动的紧密联系日趋松散,从而导致数量型货币政策中介目标的效果不断下降。因此,有的国家试图在既有的框架内寻求解决办法,有的则开始调整货币政策中介目标,有的则被迫改变了货币政策的中介目标。[1]

以美国为例,进入20世纪90年代以来,预算平衡案的通过削弱了财政政策对经济实施宏观调控的作用。货币政策就成为政府对宏观经济进行调控的主要工具。而更为重要的是,自20世纪60年代中期以来,规模日益扩大的金融创新使各种货币替代物大量出现,货币供应量的定义和统计变得日益困难;而70年代以来以离岸金融和跨国银行活动为主导的金融自由化,使国际间资本流动与70年代相比有跳跃性增长,尤其是短期资本流动和外汇交易增长更为迅速,大量美元被国际金融机构当作金融交易的对象,脱离了美国本土对商品和劳务的总需求。正是基于以上变化,美联储对货币政策进行了新的探索。1993年7月,美联储放弃了实行十余年的以调控货币供应量来调控经济运行的货币政策规则,而转向以调整实际利率作为对经济实施宏观调控的主要手段。这也就是现在美国金融界的所谓"泰勒规则"(Taylor Rule)。战后各国货币政策中间目标的演变轨迹揭示了以下规律:特定的货币政策中间目标选择及其运用方式,在很大程度上取决于不同国家的社会、经济、金融状况和背景。各国历史背景、经济发展起点及金融体制不同,中间目标的选择就不同。同一国家,不同的经济发展阶段,金融创新不断进行,中间目标的选择也不应固定在一个模式上。货币政策中间目标的选

---

① 李浩. 西方国家货币政策中间目标的选择及启示 [J]. 统计与决策,2005 (13):105-106.

择必须根据客观市场环境,特别是金融市场化的新变化及时做出调整。①

(三) 我国货币政策中间目标选择的实践

1996年以前,贷款规模一直成为我国货币政策的主要中间目标。随着经济形势的变化和货币政策最终目标的调整,货币政策中间目标也在发生着重大改变,到1996年正式把货币供应量作为中间目标。可我国现行货币供应量指标的可控性、可测性和与国民经济的相关性均已存在着明显问题。货币供应量是否仍适合继续作为我国货币政策的中间目标,利率作为我国货币政策中间目标的可行性等,已是摆在我们面前不得不进行认真审视的一个颇为重要的现实问题。

中国货币供应量目标制始于1993年中国人民银行公布货币供应量指标。但是由于当时还存在着严格的信贷规模控制,因此货币供应量目标并没有被正式用于货币政策。直到经历了20世纪90年代金融失控局面的冲击后,中国人民银行才开始逐步转向真正以货币供应量作为中间目标。1996年,狭义货币M1和广义货币M2正式成为货币政策的调控目标。1998年,商业银行资产负债比例管理取代了信贷规模控制,货币供应量作为货币政策中介目标的地位进一步确立。回顾近年来我国货币总量目标制的绩效,首先,从可控性上来看,数年来中央银行货币供应量目标很少实现过。1996~2004年,狭义货币M1的目标值与实际值均不一致:1999年、2002年及2003年,实际值高于目标值;1997年、1998年、2000年及2001年,实际值低于目标值。广义货币M2则除了1999年,其余年份的实际值与目标值均出现了偏离。其次,从货币供应量与经济总量指标的相关性来看,1986~2004年,货币供应量与通货膨胀率及国内生产总值变化趋势不一致的年份居多。货币供应量与经济总量的高度相关性并未显现出来。不仅如此,进一步分析还会发现,我国货币供应量目标机制的调控效果存在着较为明显的时间非对称性。软着陆时期通货膨胀得到了迅速遏制,通货膨胀率从1994年的24.1%迅速下降到1996年的8.3%;但是1997~2002年启动经济、治理通货紧缩的扩张性货币政策却没有达到预期效果,1997年我国出现了前所未有的经济增速放慢与通货紧缩现象。中央银行对此采取了多种政策进行干预,但收效甚微。物价水平连续20多个月下降,社会需求不旺,私人投资不足。与软着陆时期治理通货膨胀相比,货币政策对通货紧缩的治理效果不明显。在治理通货膨胀与通货紧缩的效果方面,以货币供应量为中间目标的货币政策调控效果表现出了明显的非对

---

① 李浩. 西方国家货币政策中间目标的选择及启示 [J]. 统计与决策, 2005 (13): 105-106.

称性。货币供应量与 GDP 增长及物价变动之间的正相关关系也不明显，有的年份甚至表现出了负相关性。①

针对我国货币政策中间目标选择的实践，学界有不同的评价。

刘锡良（2003）认为，以货币供应量作为货币政策的中间目标，是以完善的市场经济为前提条件的，而中国目前还不具备这样的条件。事实上，信贷传导是中国转型期货币政策运行的基本特征或主要特征，信用配给是一个普遍现象，因而，以信用供给量（包括银行的信用量和其他部门的信用量）作为货币政策的主要观测指标，并辅之以货币供给量指标也许是较好的、更为符合中国实际的选择。从长期来看，货币供应量增长率并不等于实际经济增长率，加上通货膨胀率，经济中似乎出现了"迷失的货币"，这种情况不止在中国存在，在美国早就出现了。那么，货币供应量指标是否还有效呢？出现"迷失的货币"可能是由于以下原因：未被统计的地下经济大量存在；金融上层建筑的膨胀导致金融资产交易本身需要大量货币；中国目前进行的大规模城镇化，土地交易形成的收入没有计入 GDP。

常玉春（2004）研究认为：由于公众预期的变化和利率管制政策在一定程度上阻碍和扭曲了货币政策传导，而证券市场的反常波动又经常造成货币的大量漏损，因此货币供应量作为我国货币政策中介目标的有效性已经打了折扣。②

那么能否借鉴国外的做法，将通货膨胀作为我国货币政策的中间目标呢？对此，胡列曲（2006）认为，我国货币政策中间目标的选择，在借鉴国际经验的同时，必须紧密结合我国的国情。

首先，尽管世界许多国家已经或即将采用通货膨胀目标，但是，从采用这一目标机制所要求具备的制度条件、经济条件与技术条件来看，我国在中央银行独立性、金融体系的稳定与抗风险能力及对通货膨胀的准确预测等诸多方面均存在问题，因此，目前我国尚不具备由货币供应量目标制向通货膨胀目标制全面转变的条件。

其次，世界主要发达国家选择通货膨胀目标制有其特定的国情背景，即经济总量已经达到相当规模，社会福利水平已经较高，物价稳定成为社会各界特别关注的问题，从而要求货币当局赋予通货膨胀目标以优先地位。与这些国家不同，我国尚处于社会主义初级阶段，经济总规模与社会福利水平离社会公众的要求还有较大的距离，保持稳定、快速的经济增长在今后很长一段时期内仍将是我国经

---

① 胡列曲. 货币政策中介目标选择的发展与中国实践 [J]. 经济理论与经济管理，2006（8）.
② 李浩. 西方国家货币政策中间目标的选择及启示 [J]. 统计与决策，2005（13）：105-106.

济发展的主要目标。在此背景下，中国的货币当局就不可能像有些国家那样，将通货膨胀目标居于优先地位。就此而言，货币供应量目标在我国当前的货币政策调控中仍有其存在的必要性。

最后，针对货币供应量目标使用绩效欠佳及其在治理通货膨胀与通货紧缩中效果的非对称性，可以设立货币政策中间目标组合，中间目标组合包括货币供应量、利率、汇率等指标，中央银行可以针对不同经济时期的主要矛盾选择一个指标加以重点调控，同时监测其他指标的变化。比如，货币供应量目标机制对通货膨胀的有效治理，表明了这一时期以货币供应量为主要调控指标的可行性；而货币供应量目标对治理通货紧缩的低效性，则要求这一时期中央银行货币政策中间目标的调控应在更大程度上发挥利率、汇率等中间目标的作用。[1]

（四）本书对我国货币政策中间目标选择的主要观点

第一，在我国，基准利率至今仍由中国人民银行制定，因而还没有完全市场化，这使利率在我国事实上退居成了货币政策工具，而没有成为货币政策的中间目标。所以如果要以利率作为我国货币政策的中间目标，必须实现利率市场化。

第二，在我国，货币供应量也是中国人民银行可以直接左右的指标，加上正如许多学者所分析的那样，货币供应量目标在我国的使用绩效欠佳，所以在当前，以货币供应量作为我国货币政策中间目标也没有多大实际意义。

第三，虽然在国外的货币政策中间目标选择实践中，有些国家将通货膨胀作为货币政策中间目标，但一方面在我国不具备将通货膨胀作为货币政策中间目标的条件，另一方面，通货膨胀目标与传统的四大货币政策最终目标之一的稳定物价目标实际是同一回事，所以，如果将通货膨胀目标作为货币政策中间目标，在理论上混淆了货币政策中间目标与货币政策最终目标的区别。

第四，基于以上原因我们主张将货币需求以及货币需求结构作为我国货币政策可选择的中间目标。当宏观经济体系出现经济过热和通货膨胀时，表明货币需求很旺，这时可考虑通过货币政策工具的运用降低货币需求。从结构的角度来说，货币政策应该调节货币需求的构成，当产品市场出现物价过快上升时，表明交易性货币需求所占比重偏大，货币政策调控的中间目标之一就是将一部分交易性货币需求转化为预防性货币需求和投机性货币需求；当产品市场出现市场疲软、需求不足时，货币政策调控的中间目标之一就是将一部分预防性货币需求和

---

[1] 胡列曲. 货币政策中介目标选择的发展与中国实践 [J]. 经济理论与经济管理，2006 (8).

投机性货币需求转化为交易性货币需求;当证券市场出现严重泡沫时,货币政策调控的中间目标之一就是将一部分投机性货币需求转化为交易性货币需求和预防性货币需求。为了便于监测,统计部门应尽快建立有关货币总需求、交易性货币需求、预防性货币需求、投机性货币需求等统计指标体系。当前可考虑将全社会销售收入除以货币流通速度所得数据作为交易性货币需求量,将商业银行的日平均活期存款量作为预防性货币需求量,将存入证券市场和期货市场的日平均货币量作为投机性货币需求量。

第二节 货币政策的工具

一、货币政策工具的一般解释

货币政策工具是中央银行为了实现货币政策目标所采取的手段。主要划分为直接货币政策工具和间接货币政策工具两类。[①]

直接货币政策工具是中央银行以行政指令的方式或直接分配信贷的方式影响实际经济活动的工具,主要有利率控制、银行信贷控制和中央银行委托贷款管理等,它是原非市场化国家和处在经济转型过程中国家所常用的手段。直接货币政策工具的优点是操作比较简单,直接预算成本比较低,适用于金融市场不发达的经济环境,被广泛运用于计划经济国家和发展中国家。但随着计划经济国家经济体制改革的逐步深入,直接货币政策工具日益显现出资源配置低效的弊端,不适应经济转型和市场经济发展的需要。

间接货币政策工具是通过市场力量来影响金融市场的借贷成本,进而影响实际经济活动的工具。基本工具有公开市场业务、准备金率和中央银行贷款或再贴现率以及选择性货币政策工具,它们是发达市场经济国家在干预经济活动中所经常采用的手段。间接货币政策工具是依靠调节货币市场货币供求来发挥作用,使货币当局在实施货币政策时具有更大的弹性和灵活性,可以进行小幅度和经常性的调整,能对外部冲击做出快捷的反应,有利于及早纠正政策失误和改变政策目

---

① 杨荣华. 我国间接货币政策工具实施中的问题与对策 [J]. 中国乡镇企业会计, 2010 (4): 60.

标，产生更有效的货币政策效果。①

在市场经济为主体的国家，中央银行的货币政策除了中央银行的三大"法宝"，即存款准备金率、再贴现率和公开市场业务等一般性货币政策工具，另外还有其他两种，即选择性的货币政策工具及其他货币政策工具。选择性的货币政策工具和其他货币政策工具种类很多。各国中央银行一般根据本国的实际情况和货币政策的目标加以选择和运用。与一般性的货币政策工具不同，选择性的货币政策工具对货币政策与国家经济的运行的影响不是全局性的，而是局部性的，但也可以作用于货币政策的总体目标。选择性的货币政策工具是指中央银行针对个别部门、个别企业或某些特定用途的信贷所采用的货币政策工具。比如有证券市场信用控制、不动产信用控制和消费信用控制等。

二、影响货币政策工具选用的因素

（一）经济体制

经济体制是生产关系的具体实现形式，大体上有计划经济体制和市场经济体制之分。计划经济体制又可分为指令性计划为主体的计划经济体制和指导性计划为主体的市场经济体制。市场经济体制根据政府和市场在资源配置中所起的作用的大小可分为发挥市场在资源配置中的基础性作用的经济体制和发挥市场在资源配置中的决定性作用的经济体制。不同的经济体制对货币政策的依赖性不一样，货币政策对宏观经济发挥作用的机理和路径不一样，导致对货币政策工具的选用不一样。计划经济体制国家主要选用直接货币政策工具，这是由计划经济体制的本质要求决定的；市场经济体制国家主要选用间接货币政策工具，这是由市场经济体制的本质要求决定的。当然，由于经济体制不是决定货币政策工具选用的唯一因素，经济体制与货币政策工具的具体类型并不具有完全的对应关系。

（二）宏观经济环境

宏观经济环境包括宏观经济发达程度、微观经济主体对宏观经济形势变化和各类市场信号的敏感程度、市场体系的完善程度、各类市场的有效性、金融业的发达程度、货币政策传导机制的完善程度等。宏观经济环境的差异会导致货币政

---

① 刘旭东. 我国现阶段货币政策工具的优化分析 [J]. 北方经贸，2006（5）：93-94.

策工具选用的差异。同样是市场经济体制国家,但由于各国的上述宏观经济环境不同,各种不同的货币政策工具所发挥的作用就不同,这就要求各国从货币政策工具体系中选用的货币政策工具不同。比如对于一个宏观经济环境较好,尤其金融业非常发达、货币政策传导机制很完善的国家,可将基准利率作为货币政策中间目标,而选用公开市场业务、再贴现率、存款准备金率等货币政策工具;而对于一个宏观经济环境较差,尤其金融业不太发达、货币政策传导机制不完善、货币市场效率较低的国家,不宜将基准利率作为货币政策中间目标,而应将基准利率作为货币政策工具来使用,再搭配选用公开市场业务、再贴现率、存款准备金率等工具的一项、两项或三项。

(三)宏观调控目标

具体的货币政策工具运用方向和力度受制于宏观经济形势所决定的宏观调控目标。横向来看,同一货币政策工具由于宏观调控目标的差异在不同国家的具体内容是不同的。比如美国和英国的准备金政策之间存在差异,美国和欧盟之间公开市场业务存在差异。纵向来看,各国中央银行总是根据本国不同时期的宏观调控目标调整特定货币政策工具的具体内容。[①] 一般应根据宏观经济形势和宏观经济存在的问题确定宏观调控的目标,然后根据宏观调控的目标确定货币政策的类型,再根据货币政策的类型确定货币政策工具种类和力度的选用。

三、我国货币政策工具发挥作用的制约因素

由于我国传统的货币政策调控手段已经废除,而间接调控手段还未完全建立起来,在这一经济转型过程中,要注意各种货币政策工具的协调和配合。目前制约我国实现以间接工具为主的货币政策目标的因素主要有:[②]

其一,国有企业混合所有制改革还未最终到位。国有企业混合所有制改革是为了将国有企业改造成适应市场经济要求的微观经济主体,所谓适应市场经济要求,就是国有企业能对各类市场信号、宏观经济形势变化、国家宏观经济政策作出灵敏的反应。要做到这样,必须解决国有企业的产权激励问题。国有企业混合所有制改革是目前找到的解决国有企业产权激励问题的新方法。只有通过国有企业混合所有制改革解决了国有企业的产权激励问题,国有企业才能对各类市场信

---

①② 刘旭东.我国现阶段货币政策工具的优化分析[J].北方经贸,2006(5).

息变化和货币政策变化作出准确及时的反应，货币政策工具的作用才能有效发挥。

其二，非公有制企业融资难。非公有制企业对市场信息反应敏感，本可以对各类市场信息变化和货币政策变化作出准确及时的反应，但国有商业银行对非公有制企业的融资渠道不畅通，存在融资难问题，使非公有制企业对货币政策应有的敏感性被遏制，从而妨碍了货币政策工具运用效率的发挥。

其三，中国人民银行作为我国中央银行应有的独立性和中央银行对银行体系的监管能力没有达到应有高度。中国人民银行自执行中央银行职能以来，长期没有形成名副其实的中央银行，其职责过多，主要的原因是在资金运用上不能保持独立性，总是处于受牵制、受逼迫的被动地位。地方政府对中国人民银行分支行的干预过多，有些部委所属的金融机构不服从中国人民银行的监管，从而削弱了中央银行的金融监管能力。虽然随着我国金融体制改革的深化，中国人民银行作为我国的中央银行应有的独立性不断增强，但相对于完善的市场经济体制对中央银行应有的独立性要求还存在差距。

其四，利率市场化改革滞后于经济体制改革的需要。一个能发挥市场在调节资源配置中决定性作用的完善的市场经济要求利率市场化，可是我国存贷款基准利率仍然没有市场化，存在存贷款利率管制，使货币市场利率与存贷款基准利率之间的关系不顺，货币市场短期利率的变动与货币供求的关系不顺，利率被当作货币政策工具来使用，使利率与再贴现率、法定存款准备金率、公开市场业务三大传统货币政策工具之间存在功能错位现象，导致利率调整滞后于 GDP 增长率和通货膨胀率变化等宏观经济形势的变化，从而降低了货币政策工具有效性的发挥。

第三节　货币政策传导机制

一、货币政策传导机制的一般解释及种类

（一）货币政策传导机制的含义

所谓货币政策的传导机制，是指中央银行通过对货币政策工具的运用引起中

间目标的变动，从而实现中央银行货币政策最终目标的过程。

(二) 货币政策传导机制的种类

货币政策传导机制主要包括两种：一种是货币渠道；另一种是信贷渠道。

1. 货币渠道

货币渠道是指中央银行通过改变货币供给影响利率、汇率、资产价格等变量，进而影响总需求的传导机制。目前具有代表性的货币渠道传导机制有：

（1）利率传导机制，即通过货币政策工具的运用改变货币供给，然后通过货币供给的变化影响实际利率水平，再通过实际利率水平的变化影响总投资，最终导致经济增长率的变化。

（2）汇率传导机制，即通过货币政策工具的运用改变货币供给量，然后通过货币供给的变化影响实际利率水平，再通过利率的变化改变汇率，从而影响净出口。

（3）非货币资产价格传导机制，主要指托宾 q 理论揭示的传导机制，托宾定义的 q 是指企业的市场价值（一般是指它的股票价值）除以其资本的重置成本所得到的值。托宾 q 效应的传导原理是：当货币政策调整使货币供应量 M 上升时，会使利率下降，利率下降会使股票价格上升，股票价格上升会导致更高的 q，这样就会催生更高的投资支出，进而推动经济增长；反之亦然。[①]

2. 信贷渠道

信贷渠道主要指银行信贷配给传导渠道和资产负债表传导渠道，包括两种主要形式：银行贷款途径和资产负债表途径。

（1）银行信贷配给传导渠道是指扩张性货币政策将增加银行储备和银行存款，银行储备和银行存款的增加会导致银行可供贷款数量的增加，进而引起实际贷款数量的上升，实际贷款数量的上升会导致总需求和总产出增加。

（2）资产负债表传导渠道，也称作净资产渠道或广义信用渠道，它是通过企业净值的变化产生作用的，在这种渠道之下，货币政策通过影响借款人的授信能力达到放大货币政策影响力的作用。由于借款人是靠流动资产或可抵押品获得银行信用的，借款人的资产负债表质量越差，意味着其现金流量越小，现金流量越小意味着偿还能力越差，从而获得银行贷款就越困难，因此不得不减少投资，进而产出下降；反之，企业资产负债表质量越好，意味着其现金流量越大，现金

---

① 李琼，王志伟. 货币政策传导机制：货币渠道抑或信贷渠道 [J]. 广东金融学院学报，2006 (6)：22-28.

流量越大意味着偿还能力越强,从而获得银行贷款就越容易,因此就能扩大投资,进而使产出上升。①

二、我国货币政策传导机制的演变及效率评价

在20世纪80年代,虽然我国开始改革开放,但传统的计划经济仍居于主导地位,此时,货币政策主要通过控制现金投放和信贷规模来调节经济,银行信贷渠道在起重要作用。到了90年代,中央银行开始逐渐将货币政策的中间目标由过去的贷款规模转向对货币供应量的调节,并于1998年取消了信贷计划,于是初步建立了"货币政策工具—中间目标—最终目标"的货币政策间接传导机制和"中央银行—金融机构(金融市场)—企业和居民—国民收入"的间接传导体系。因此可以认为,我国货币政策是通过货币渠道与信用渠道共同传导的。信用渠道对于产出的影响更有效,是我国货币政策传导的主要渠道,对物价而言,货币渠道更值得关注。随着我国金融改革推进,政府、金融机构、企业和居民的行为方式、金融市场的发育程度、金融工具的品种和数量都在不断地发生变化。中央银行根据变化的实际,适时作出相应的货币政策调整。从1993年开始,我国宏观经济出现了严重的通货膨胀,对此实行了适度从紧的货币政策,有效地治理了通货膨胀,实现了国民经济"软着陆"。1997年亚洲金融危机以后,中国出现了通货紧缩,对此,我国实行了积极的财政政策和积极的货币政策,在经济结构失衡,而不是货币供应不足的情况下,有效防止了通货紧缩的趋势。从2003年开始,我国的经济又开始热起来,物价开始上涨,通货膨胀压力加大,对此,央行不断出台紧缩性货币政策。持续紧缩性货币政策使通货膨胀压力转化为通货紧缩压力。2005年,仍面临着潜在的通货紧缩和投资增长速度反弹的双重压力,因此,实行稳健的货币政策。2006年上半年,中国外汇储备的规模超越了日本,在世界排名第一。为缓解外汇储备过高的压力,央行采取加息等紧缩的货币政策,但效果却并不明显。中央银行出台的货币政策之多,力度之大,是有目共睹的。2008年上半年,央行继续采取加息等紧缩的货币政策,下半年却由于全球金融危机突然改为频繁调整的力度很大的扩张的货币政策。从2010年开始实行稳健的货币政策一直持续到现在。实践证明,货币政策导向是正确的,运用货币政策工具和出台的信贷政策也是适当的,但是由于种种客观因素的限制,货币政

---

① 殷杰,程瑾. 我国货币政策传导机制研究 [J]. 浙江金融,2007(8):16-17.

策尚未达到其预期效果。

第一，从货币渠道上看，利率非市场化形成机制和经济主体对利率敏感性反应的迟缓制约了利率渠道的作用；资本项目严格管制，人民币汇率盯住美元使汇率渠道丧失了发挥作用的基础，利率与汇率之间无良性互动；资本市场狭小，运作不规范，使资产价格变化对实体经济尤其是投资和消费的影响并不大，对于财富和托宾q效应大打折扣。由于各方面利益的分配和调整，中央银行不能完全独立地根据货币政策的需要自主决定，其结果大大降低了利率机制的有效性，甚至有可能导致与货币政策目标相反的政策效果。

第二，从信用渠道上看，国有商业银行对中小企业，特别是非国有中小企业贷款激励机制和约束机制不对称。一般情况是，对国有大中企业的贷款发放激励机制较强，而对非国有中小企业贷款发放则缺乏积极性，信贷审批过程使中小企业处于不利地位，中小企业难以获得新增贷款。这种经济结构和金融结构的不对称直接影响到货币政策的效果。①

三、完善我国货币政策传导机制的设想

（一）建立复合型货币政策传导机制

我国货币政策传导效率低下除了上述原因之外，还有一个重要原因是货币政策传导渠道单一。目前货币传导渠道从理论到实践，虽然有许多不同的观点和做法，但都大同小异，都可归结为货币供给传导渠道，即以货币供给作为中间目标的渠道。我们主张建立复合型货币政策传导机制，即在现有货币供给传导渠道的基础上，增设货币需求传导渠道。货币需求传导渠道可表示如下：

货币政策工具—货币需求总量、货币需求结构—产品市场价格、货币市场利率—消费、投资、出口—GDP。

建立货币需求传导渠道的依据是：货币政策最终要通过调节微观经济主体的货币支用行为发挥作用，而微观经济主体的货币支用行为的变化在宏观总量上表现为货币需求及其结构的变化。

（二）完善我国货币政策传导机制的措施

第一，增强央行货币政策运作的独立性，保证货币政策的权威性和科学性。

---

① 王渝梅. 对我国货币政策传导机制的分析 [J]. 经济研究导刊, 2007 (3): 60-62.

要在法律上保证中国人民银行的独立性，独立于地方政府，使货币政策在制定和执行过程中不受其干扰。在此基础上，确保货币政策决策程序的规范化、科学化，并适当增强决策的透明度。中央银行应充分利用其分支行掌握当地情况的优势，不仅搞好金融监管，而且要为促进和提高金融服务水平做贡献。可考虑进一步从法规上明确央行分支机构在货币政策传导过程中的地位、权责和作用，督促其充分发挥窗口指导的功能。①

第二，深化国有商业银行改革，增强商业银行对宏观经济形势的敏感性。现代银行业的竞争关键是银行企业制度的竞争。因此必须按照现代企业制度的要求对国有商业银行进行产权制度、公司治理制度、组织制度和管理制度的改革，从而建立起有效的激励机制与监督机制。在此基础上，增强商业银行对宏观经济形势的敏感性，提高金融服务的质量和效率。②

第三，完善货币市场，提高货币市场与其他金融子市场的协同效应。中央银行要在利用好存款准备金率、公开市场业务和再贷款的基础上，进一步合理调控货币供应量，相应增加对中小银行的再贷款。同时应把工作重点转向培育市场机制，并加强监管、规范市场行为；商业银行要与央行形成良性互动，充当好货币政策传递的"二传手"。

第四，进一步提高利率市场化程度。利率市场化是建立起以利率为主的货币政策间接传导机制的前提和基础。提高利率市场化程度既是提高已有的货币供给传导渠道效率的需要，也是发挥我们提出的增设货币需求传导渠道作用的前提条件。提高利率市场化程度在当前的任务就是要使商业银行的各项存贷款利率全部由市场供求自行决定。为此，要建立以中央银行利率为基础，以货币市场利率为中介，由市场供求决定存贷款利率水平的市场利率体系和形成机制。③

第五，完善人民币汇率形成机制，增强汇率杠杆对对外开放领域的经济调节作用。央行应根据国际收支状况调整汇率，放宽汇率波动幅度，增强名义汇率的灵活性，发挥汇率在调节进出口贸易、国际金融、国际投资中的作用。

第六，塑造能对货币政策作出灵敏反应的微观主体。在企业方面，一方面要按照现代企业制度的要求完成国有企业混合所有制改革，增强其对宏观经济形势变化和货币政策变化的敏感性，发挥现代企业制度对提高货币政策有效性的积极作用；另一方面要加大对非公有制企业的信贷扶植力度，建立完善的非公有制企业信用担保体系，开发适合非公有制企业的信贷产品，增强非公有制企业对

---

① 徐彬. 我国货币政策传导机制与货币政策有效性的研究 [D]. 苏州大学硕士学位论文，20050101.
②③ 殷杰，程瑾. 我国货币政策传导机制研究 [J]. 浙江金融，2007（8）：16-17.

货币政策的反应能力。在居民方面，要加快建立完善的社会保障体系，改革收入分配制度，缩小城乡收入差距，缓解社会成员收入水平两极分化趋势，通过全面建成小康社会目标的实现，提高居民对货币政策的反应能力；同时要积极发展居民消费信贷，提高全社会消费倾向，促使居民消费结构的转变在支出上得以平缓地实现；还要引导居民优化金融资产结构，以增强居民收支活动对利率的敏感性。①

第四节　本章小结

综观国内外对货币政策最终目标选择的不同观点和实践，货币政策最终目标都是在经济增长、充分就业、稳定物价、国际收支平衡四大目标可能的排列组合范围内进行选择。我国党中央提出了不断满足人民群众日益增长的美好生活需要的目标，我国的货币政策应该而且能够为实现这些目标有所作为，而前述四大目标是无法涵盖这些目标的。我们主张在未来较长一段时期将我国货币政策的最终目标确定为"不断满足人民群众日益增长的美好生活需要"。

到目前为止，国内外关于货币政策的理论和实践都不约而同地将货币政策职能确定为只调节总量，不调节结构。我们认为，货币政策不仅要调节总量，而且应该调节结构。对货币政策赋予调节结构的职能，是不断满足人民群众日益增长的美好生活需要的需要。为实现这一目标，必须解决发展不平衡问题，为此，对不同的地区实行差别性的货币政策，对东部发达地区根据宏观经济形势和要求采取相应的调节总量的货币政策，对西部落后地区实行相对宽松的调节区域结构的有利于贫困人口脱贫致富的差别性货币政策，同时实行城乡差别性货币政策。

应当将货币需求以及货币需求结构作为我国货币政策可选择的中间目标。当宏观经济体系出现经济过热和通货膨胀时，表明货币需求很旺，这时可考虑通过货币政策工具的运用降低货币需求。从结构的角度来说，货币政策应该调节货币需求的构成，当产品市场出现物价过快上升时，表明交易性货币需求所占比重偏大，货币政策调控的中间目标之一就是将一部分交易性货币需求转化为预防性货币需求和投机性货币需求；当产品市场出现市场疲软，需求不足时，货币政策调

---

① 殷杰，程瑾. 我国货币政策传导机制研究 [J]. 浙江金融，2007（8）：16-17.

控的中间目标之一就是将一部分预防性货币需求和投机性货币需求转化为交易性货币需求；当证券市场出现严重泡沫时，货币政策调控的中间目标之一就是将一部分投机性货币需求转化为交易性货币需求和预防性货币需求。为了便于监测，统计部门应尽快建立有关货币总需求、交易性货币需求、预防性货币需求、投机性货币需求等统计指标体系。当前可考虑将全社会销售收入除以货币流通速度所得数据作为交易性货币需求量，将商业银行的日平均活期存款量作为预防性货币需求量，将存入证券市场和期货市场的日平均货币量作为投机性货币需求量。

应当建立复合型货币政策传导机制，即在现有货币供给传导渠道的基础上，增设货币需求传导渠道。货币需求传导渠道可表示如下：

货币政策工具—货币需求总量、货币需求结构—产品市场价格、货币市场利率—消费、投资、出口—GDP。

第四章
货币需求决定的实证研究

第一节 国内外实证研究的现状

自20世纪中期以来,货币需求实证研究就受到广泛关注,尤其在70年代,很多西方国家包括英、美在内都正式引入了货币总量目标,之后更是成为研究热点。货币需求函数一般是以实际形式出现的,它假定名义货币价格弹性为1,不会因为价格变化而改变实际货币需求余额。而经济理论并没有提供货币需求函数正确合理的数学表达式,不过大家一致认为,线性对数是最合适的函数形式(Darrat, 1986b)。在国外货币需求实证研究中所采用的模型主要包括三个:局部调整模型、缓冲存货模型和误差纠正模型,随着经济环境的变化,其中缓冲存货模型是针对局部调整模型当时那种环境而产生的,误差纠正模型则是在当时所处环境中针对前两种模型的缺陷而产生的。

本书货币需求实证研究的理论模型基础则是凯恩斯货币需求理论,他认为人们对货币的需求出于三个动机,即交易动机、谨慎动机和投机动机,各种动机下的货币需求称为交易性货币需求、谨慎性(预防性)货币需求和投机性货币需求。在凯恩斯学派的货币需求实证研究中,拉托纳(H. A. Latana, 1954, 1960)、布朗芬和迈耶(M. Bronfenbrenner & T. Mayer, 1960)等的研究比较具有代表性。拉托纳通过分析货币与收入之比(M/Y)与长期利率之间的相关性来检验货币需求的利率弹性。在货币学派的货币需求实证研究中,弗里德曼(1959)、布伦纳和梅尔泽(K. Brunner & A. Mehzer, 1964)以及莱德勒(D. E. Laidler, 1966)等的研究比较具有代表性,证实了货币学派货币需求收入弹性大于1的观点;而其他学者的实证研究同时也支持了凯恩斯学派货币需求具有较高利率弹性的观点。但否认凯恩斯的"流动性陷阱"的存在。

而近几年来，对于中国货币需求函数的实证研究越来越受到重视，有不少学者从各个角度进行了这方面的研究。

刘斌、邓述慧和王雪坤（1999）用误差修正模型对中国1980~1994年的季度数据进行了估计，结果说明M1实际余额与实际GDP、预期通货膨胀率和三年期存款利率（包含保值贴补率）存在同积关系；M2实际余额与实际GDP和三年期存款利率（包含保值贴补率）存在同积关系。

吴卫华（2002）用协整检验和误差校正模型对1994年第一季度至2001年第一季度期间中国狭义货币需求函数进行实证分析。结果表明，在样本期内影响中国狭义货币需求的主要因素是实际国内生产总值和通货膨胀预期，同时利率具有一定的弹性。

汪红驹（2002）选取的样本为1979~2000年的年度数据，变量为实际GDP，1年期存款利率、通货膨胀率、M1、M2等几个变量，实证结果说明，M1实际余额与实际GDP和1年期存款利率存在协整关系，M2与实际GDP和1年期存款利率以及通货膨胀率存在协整关系，但是M1和M2货币需求的误差修正模型并不稳定，这给短期货币需求的预测增加了困难，不利于中央银行以货币供应量为中介目标的政策操作。

万光彩、刘莉（2002）选取的样本为1994年第一季度开始到1999年第二季度的季度数据，变量为国内生产总值GDP、股市市值SV、货币存款利率R、价格水平、M1、M2等。通过协整和误差修正模型，得出结论：第一，目前我国各层次的货币需求的收入弹性都小于1，这同1993年以前相比，我国货币需求的收入弹性由大于1变为小于1，并且通过长期方程、短期方程的比较，发现长期弹性大于短期弹性，说明我国目前的持币行为具有规模经济，并与传统货币需求理论相符。第二，在我国公众无其他金融资产可持有的情况下，股票市场已经开始对我国货币需求产生影响，并具有正的收入效应，也就是股票市场的繁荣，会增加公众对货币的需求。第三，名义利率与各层次货币需求之间具有负相关关系。第四，预期的通货膨胀对目前我国货币需求的影响不显著，这与传统的货币需求理论不相符，可能的原因是中国加入WTO的步伐加快并最终实现，公众预期将来价格会进一步下降，因而持观望的态度，从而使虽然通货膨胀大幅度下降，公众并没有增加货币需求。

毛定祥（2003）选取的样本为1991年第一季度至2000年第四季度的季度数据，变量为国内生产总值GDP、股市市值SV、1年期定期存款利率R以及物价水平P（零售物价指数）、M1等。通过采用协整方法和误差修正模型的方法进行实证分析。他认为：20世纪90年代以后，我国货币需求关系已由20世纪80年代的特殊需求关系转变成符合现代货币需求的货币需求关系。利率对货币需求有明显的影响，同时，证券市场对货币需求也有不容忽视的影响，并且这种影响今后还会加大，应当关注我国经济中对货币的投机性需求。

蒋瑛馄、赵振全和刘艳武（2005）用协整理论和误差修正模型估计了两个阶段（1978~1993年和1994~2004年）的中国静态和动态货币需求函数。实证结果表明，M1、M2与收入、利率、价格预期、货币化程度变量之间存在长期稳定的协整关系；货币化程度的引入有助于建立更为精确、合理的货币需求函数；第一阶段M1和M2的短期动态方程比较稳定，而第二阶段稳定性较差。

这些研究基本上都肯定了我国长期货币需求函数的存在，而本章是在对三种货币需求模型进行改进后，以这三种模型为理论基础，然后对我国的货币总需求进行实证分析。

第二节 数据的选取与检验

一、单位根检验

（一）检验方法

一般的稳定性检验要么通过单位根检验（ADF或者PP检验），要么通过稳定性检验（KPSS检验）来完成。但是大多数ADF类检验的功效都很低，它们都倾向于比所能保证的概率更频繁地接受存在单位根的虚拟假设（Gujarati，2003）。特别是，Schwert（1989）发现，如果检测量存在于带有大尺度移动平均项（MA）的ARMA过程中，ADF检验和PP检验都会被严重地扭曲[①]，其中PP检验将会比ADF检验扭曲得更严重，Caner和Killian也在KPSS检验中发现了同样的问题（Caner & Kilian，1999）。因此，Perron和Ng（1996）提出，应该对PP检验进行一定的修改，以便更有效地检验数据的稳定性。

---

① 这时，ADF检验和PP检验会在对立假设成立的情况下拒绝它。

总的来说，ADF 类检验的尺度和功效不够理想，主要有以下四个原因：第一，检验功效取决于样本的容量，数据的时间跨度越大，检验的效果越好。因此，这类检验对于小样本数据的检验效果并不够理想。第二，检验功效受所选取的滞后长度的影响很大。第三，这类检验都是假定存在唯一的一个单位根，即假定所检验的时间序列是一阶差分平稳的。如果所给定时间序列整合了更高阶的差分平稳，则检验的效果会不够理想。第四，这类单位根检验不能捕捉所给定时间序列受到的外部冲击。

因此，考虑到本书所选取数据的特殊性和后面所使用的 ARIMA 模型的要求，本书采用 Ng 和 Perron（2001）改良后的 PP 检验（Modified Efficient PP Tests）来对数据进行平稳性测试。其模型为：

$$\Delta y_t^d = \pi y_{t-1}^d + \sum_{j=1}^{P} \psi_j \Delta y_{t-j}^d + \varepsilon_t \tag{4-1}$$

$$\hat{\lambda}_{AR} = \frac{\hat{\sigma}_P^2}{(1-\hat{\psi}(1))^2} \tag{4-2}$$

$$\overline{MZ_\alpha} = (T^{-1} y_T^d - \hat{\lambda}^2)(2T^{-2} \sum_{t=1}^{T} y_{t-1}^d)^{-1} \tag{4-3}$$

$$\overline{MSB} = (T^{-2} \sum_{t=1}^{T} y_{t-1}^d / \hat{\lambda}^2)^{1/2} \tag{4-4}$$

$$\overline{MZ_t} = \overline{MZ_\alpha} \times \overline{MSB} \tag{4-5}$$

式中，$\hat{\psi}(1) = \sum_{j=1}^{P} \hat{\psi}_j$；$\hat{\sigma}_P^2 = (T-p)^{-1}$ 为式（4-1）通过最小二乘法得到的回归系数。统计量 $\overline{MZ_\alpha}$ 和 $\overline{MZ_t}$ 就是改良后的 PP 统计值 Z_α 和 Z_t。这种方法可以避免 PP 检验在小样本上的谬误，更加适用于本书所选取的数据。

（二）滞后长度的选取

单位根检验时，按照 MAIC 标准（Ng & Perron，2001）选取滞后项步长，其具体标准为：

$$MIC(p) = \ln(\hat{\sigma}_P^2) + \frac{C_T(\tau_{T(P)} + p)}{T - P_{\max}} \tag{4-6}$$

$$\tau_{T(P)} = \frac{\hat{\pi}^2 \sum_{t=P_{\max}+1}^{T} y_{t-1}^d}{\hat{\sigma}_P^2} \tag{4-7}$$

$$\hat{\sigma}_P^2 = \frac{1}{T - p_{max}} \sum_{t=P_{max}+1}^{T} \hat{\varepsilon}_t^2 \qquad (4-8)$$

式中，$C_T = 2$，$P_{max} = \left[12\left(\frac{T}{100}\right)^{1/4}\right]$（Schwert, 1989），在本书中 $P_{max} = 12 \times (24 \div 100)^{1/4} \approx 8$。

（三）检验结果

本书以下实证分析包含的变量有：实际交易性货币需求对数 lnM_t/P，预防性货币需求对数 lnM_p/P，投机性货币需求对数 lnM_s/P，实际收入水平 $ln(y-y_0)$，名义交易性货币需求对数 lnM_t，利率（月平）对数 lnr，生息资产变现手续费对数 lnb_t、lnb_p 和 lnb_s，以及两个总量数据 lnM 和 lnb[①]。检验的样本空间是1992~2015年间的时序数据[②]。经过 MPP 单位根检验结果如下[③]：

表 4-1 单位根检验结果

变量	单整检验				结论
	平稳检验值	一阶检验值	1%临界值	5%临界值	
lnM_t/P	1.11173	-2.29616			不可确定
lnM_p/P	1.3518	-2.29789			不可确定
lnM_s/P	0.94272	-2.31607			不可确定
lnM_t	0.38713	-1.48689			非一阶单整
lnM	1.66175	-2.26191			不可确定
$ln(y-y_0)$	0.60349	-1.01971	-2.58	-1.98	非一阶单整
Lnr	-0.56001	-1.95494			非一阶单整
lnb_t	0.21074	-1.64466			非一阶单整
lnb_p	-0.32224	-2.19389			不可确定
lnb_s	0.17419	-2.16586			不可确定
Lnb	-0.2386	-2.18062			不可确定

---

① 变量的选取标准和具体说明在各章实证模型介绍时进行。
② 原始数据见各节说明。
③ 原始计算结果见附录 4-1。

由表4-1可以看出,在0.01显著性标准下,所有变量均为非一阶单整时间序列;在0.05显著性标准下,仍有部分变量非一阶单整,但是由于所有被解释变量的阶数均不高于解释变量的阶数,因此所有的时间序列均达到了进行协整检验的要求。

二、协整关系检验

(一) 检验方法

协整检验方法是20世纪80年代末到90年代以来经济计量学建模理论的一个重大突破,这一方法有助于分析变量之间的长期均衡关系。它最早由Engle和Granger表述(Engle & Granger, 1987),而Soren Johansen最终将其放入到了VAR模型的框架之中,使我们今天能够更为有效地检验变量间是否存在协整关系。

本章中使用Johansen(1995)表述的VECM模型来进行协整检验,其基本方法如下。

设Y_t为$(n \times 1)$阶向量,D_t为确定值矩阵,则有:

$$Y_t = \Phi D_t + \prod\nolimits_1 Y_{t-1} + \cdots + \prod\nolimits_p Y_{t-P} + \varepsilon_t, \ t = 1, \cdots, T \tag{4-9}$$

当且仅当$\det(I_n - \prod\nolimits_1 z - \cdots - \prod\nolimits_p z^p) = 0$时是稳定的。但如果$Y_t$存在协整关系,即$Y_t$的一个线性组合是一阶平稳的,则原VAR模型就转换为了VECM模型。

$$\Delta Y_t = \Phi D_t + \prod Y_{t-1} + \Gamma_1 \Delta Y_{t-1} + \cdots + \Gamma_{p-1} \Delta Y_{t-p+1} + \varepsilon_t \tag{4-10}$$

式中,$\prod = \prod\nolimits_1 + \cdots + \prod\nolimits_p - I_n$,$\Gamma_k = -\sum\limits_{j=k+1}^{p} \prod\nolimits_j$,$k = 1, \cdots, p-1$。$\prod$又被称为长期冲击矩阵,$\Gamma_k$又被称为短期冲击矩阵。此时,如果$\prod$的值为零,即$\prod = 0$,则说明$Y_t$是一阶单整而非协整的;如果$\prod$的值大于0而小于$n$,即$0 < r(\prod) = r < n$,则说明$Y_t$存在有$r$个线性无关的协整变量和$n-r$个一般的非平稳序列(即单位根)。

(二) 检验结果

根据 Eview® 计算结果①，实际交易性货币需求对数 $\ln\dfrac{M_t}{P}$ 与 $\ln(y-y_0)$、$\ln r$ 和 $\ln b_t$ 之间在5%置信区间上存在协整。

实际预防性货币需求对数 $\ln\dfrac{M_p}{P}$ 与 $\ln(y-y_0)$、$\ln r$、$\ln M_t$ 和 $\ln b_p$ 之间在5%置信区间上存在协整关系，按照 King 等提出的方法（King et al., 1991），判定为 $\ln\dfrac{M_p}{P}$ 与 $\ln(y-y_0)$、$\ln r$ 存在协整。

实际投机性货币需求对数 $\ln\dfrac{M_s}{P}$ 与 $\ln(y-y_0)$、$\ln r$、$\ln M_t$ 和 $\ln b_s$ 之间在5%置信区间存在协整关系，最后判定为 $\ln\dfrac{M_p}{P}$ 与 $\ln(y-y_0)$、$\ln r$ 存在协整。

---

① 原始表格参看附录4-2。

附录4-1 单位根检验原始表格

1. $\ln M_t/P$ 的单位根检验结果

Ng-Perron Modified Unit Root Tests

Null Hypothesis: AMP has a unit root

Exogenous: Constant

Lag length: 0 (Spectral GLS-detrended AR based on SIC, MAXLAG=7)

Sample: 1992-2015

Included observations: 24

		MZa	MZt	MSB	MPT
Ng-Perron test statistics		1.22794	1.35180	1.10087	86.0581
Asymptotic critical values *:	1%	-13.8000	-2.58000	0.17400	1.78000
	5%	-8.10000	-1.98000	0.23300	3.17000
	10%	-5.70000	-1.62000	0.27500	4.45000
*Ng-Perron (2001, Table 1)					
HAC corrected variance (Spectral GLS-detrended AR)					0.028669

2. $\Delta\ln M_t/P$[①] 的单位根检验结果

Ng-Perron Modified Unit Root Tests

Null Hypothesis: DAMT has a unit root

Exogenous: Constant

Lag length: 0 (Spectral GLS-detrended AR based on SIC, MAXLAG=7)

Sample (adjusted): 1993-2015

Included observations: 23 after adjustments

		MZa	MZt	MSB	MPT
Ng-Perron test statistics		-10.6053	-2.29616	0.21651	2.33522
Asymptotic critical values *:	1%	-13.8000	-2.58000	0.17400	1.78000
	5%	-8.10000	-1.98000	0.23300	3.17000
	10%	-5.70000	-1.62000	0.27500	4.45000
*Ng-Perron (2001, Table 1)					
HAC corrected variance (Spectral GLS-detrended AR)					0.009296

---

① Δ 为一阶差分算子,下同。

3. $\ln M_p/P$ 的单位根检验结果

Ng-Perron Modified Unit Root Tests

Null Hypothesis: AMP has a unit root

Exogenous: Constant

Lag length: 0 (Spectral GLS-detrended AR based on SIC, MAXLAG=7)

Sample: 1992-2015

Included observations: 24

		MZa	MZt	MSB	MPT
Ng-Perron test statistics		1.22794	1.35180	1.10087	86.0581
Asymptotic critical values *:	1%	-13.8000	-2.58000	0.17400	1.78000
	5%	-8.10000	-1.98000	0.23300	3.17000
	10%	-5.70000	-1.62000	0.27500	4.45000
*Ng-Perron (2001, Table 1)					
HAC corrected variance (Spectral GLS-detrended AR)					0.028669

4. $\Delta \ln M_p/P$ 的单位根检验结果

Ng-Perron Modified Unit Root Tests

Null Hypothesis: DAMP has a unit root

Exogenous: Constant

Lag length: 0 (Spectral GLS-detrended AR based on SIC, MAXLAG=7)

Sample (adjusted): 1993-2015

Included observations: 23 after adjustments

		MZa	MZt	MSB	MPT
Ng-Perron test statistics		-10.5815	-2.29789	0.21716	2.32403
Asymptotic critical values *:	1%	-13.8000	-2.58000	0.17400	1.78000
	5%	-8.10000	-1.98000	0.23300	3.17000
	10%	-5.70000	-1.62000	0.27500	4.45000
*Ng-Perron (2001, Table 1)					
HAC corrected variance (Spectral GLS-detrended AR)					0.014082

5. $\ln M_s/P$ 的单位根检验结果

Ng-Perron Modified Unit Root Tests

Null Hypothesis：AMS has a unit root

Exogenous：Constant

Lag length：0 （Spectral GLS-detrended AR based on SIC, MAXLAG = 7）

Sample：1992-2015

Included observations：24

		MZa	MZt	MSB	MPT
Ng-Perron test statistics		1.12190	0.94272	0.84029	51.9351
Asymptotic critical values *：	1%	-13.8000	-2.58000	0.17400	1.78000
	5%	-8.10000	-1.98000	0.23300	3.17000
	10%	-5.70000	-1.62000	0.27500	4.45000

* Ng-Perron（2001, Table 1）

HAC corrected variance（Spectral GLS-detrended AR）　　　　　0.135902

6. $\Delta \ln M_s/P$ 的单位根检验结果

Ng-Perron Modified Unit Root Tests

Null Hypothesis：DAMS has a unit root

Exogenous：Constant

Lag length：0 （Spectral GLS-detrended AR based on SIC, MAXLAG = 7）

Sample（adjusted）：1993-2015

Included observations：23 after adjustments

		MZa	MZt	MSB	MPT
Ng-Perron test statistics		-10.7317	-2.31607	0.21582	2.28432
Asymptotic critical values *：	1%	-13.8000	-2.58000	0.17400	1.78000
	5%	-8.10000	-1.98000	0.23300	3.17000
	10%	-5.70000	-1.62000	0.27500	4.45000

* Ng-Perron（2001, Table 1）

HAC corrected variance（Spectral GLS-detrended AR）　　　　　0.089962

7. $\ln(y-y_0)$ 的单位根检验结果

Ng-Perron Modified Unit Root Tests

Null Hypothesis: LNY_ Y0 has a unit root

Exogenous: Constant

Lag length: 6 (Spectral GLS-detrended AR based on SIC, MAXLAG=7)

Sample: 1992-2015

Included observations: 24

		MZa	MZt	MSB	MPT
Ng-Perron test statistics		0.82497	0.60349	0.73154	38.8537
Asymptotic critical values *:	1%	-13.8000	-2.58000	0.17400	1.78000
	5%	-8.10000	-1.98000	0.23300	3.17000
	10%	-5.70000	-1.62000	0.27500	4.45000
*Ng-Perron (2001, Table 1)					
HAC corrected variance (Spectral GLS-detrended AR)					0.074113

8. $\Delta\ln(y-y_0)$ 的单位根检验结果

Ng-Perron Modified Unit Root Tests

Null Hypothesis: DLNY_ Y0 has a unit root

Exogenous: Constant

Lag length: 0 (Spectral GLS-detrended AR based on SIC, MAXLAG=7)

Sample (adjusted): 1993-2015

Included observations: 23 after adjustments

		MZa	MZt	MSB	MPT
Ng-Perron test statistics		-2.90970	-1.01971	0.35045	7.92816
Asymptotic critical values *:	1%	-13.8000	-2.58000	0.17400	1.78000
	5%	-8.10000	-1.98000	0.23300	3.17000
	10%	-5.70000	-1.62000	0.27500	4.45000
*Ng-Perron (2001, Table 1)					
HAC corrected variance (Spectral GLS-detrended AR)					0.001199

9. $\ln M_t$ 的单位根检验结果

Ng-Perron Modified Unit Root Tests

Null Hypothesis: LNMT has a unit root

Exogenous: Constant

Lag length: 1 (Spectral GLS-detrended AR based on SIC, MAXLAG=7)

Sample: 1992-2015

Included observations: 24

		MZa	MZt	MSB	MPT
Ng-Perron test statistics		0.59801	0.38713	0.64736	30.6051
Asymptotic critical values *:	1%	-13.8000	-2.58000	0.17400	1.78000
	5%	-8.10000	-1.98000	0.23300	3.17000
	10%	-5.70000	-1.62000	0.27500	4.45000
* Ng-Perron (2001, Table 1)					
HAC corrected variance (Spectral GLS-detrended AR)					0.050778

10. $\Delta \ln M_t$ 的单位根检验结果

Ng-Perron Modified Unit Root Tests

Null Hypothesis: DLNMT has a unit root

Exogenous: Constant

Lag length: 0 (Spectral GLS-detrended AR based on SIC, MAXLAG=7)

Sample (adjusted): 1993-2015

Included observations: 23 after adjustments

		MZa	MZt	MSB	MPT
Ng-Perron test statistics		-4.88459	-1.48689	0.30441	5.17497
Asymptotic critical values *:	1%	-13.8000	-2.58000	0.17400	1.78000
	5%	-8.10000	-1.98000	0.23300	3.17000
	10%	-5.70000	-1.62000	0.27500	4.45000
* Ng-Perron (2001, Table 1)					
HAC corrected variance (Spectral GLS-detrended AR)					0.001939

11. ln r 的单位根检验结果

Ng-Perron Modified Unit Root Tests

Null Hypothesis：LNR has a unit root

Exogenous：Constant

Lag length：0 (Spectral GLS-detrended AR based on SIC, MAXLAG=7)

Sample：1992-2015

Included observations：24

		MZa	MZt	MSB	MPT
Ng-Perron test statistics		-0.91648	-0.56001	0.61104	20.4127
Asymptotic critical values *：	1%	-13.8000	-2.58000	0.17400	1.78000
	5%	-8.10000	-1.98000	0.23300	3.17000
	10%	-5.70000	-1.62000	0.27500	4.45000
*Ng-Perron（2001，Table 1）					
HAC corrected variance (Spectral GLS-detrended AR)					0.039707

12. Δln r 的单位根检验结果

Ng-Perron Modified Unit Root Tests

Null Hypothesis：DLNR has a unit root

Exogenous：Constant

Lag length：0 (Spectral GLS-detrended AR based on SIC, MAXLAG=7)

Sample (adjusted)：1993-2015

Included observations：23 after adjustments

		MZa	MZt	MSB	MPT
Ng-Perron test statistics		-7.80801	-1.95494	0.25038	3.21273
Asymptotic critical values *：	1%	-13.8000	-2.58000	0.17400	1.78000
	5%	-8.10000	-1.98000	0.23300	3.17000
	10%	-5.70000	-1.62000	0.27500	4.45000
*Ng-Perron（2001，Table 1）					
HAC corrected variance (Spectral GLS-detrended AR)					0.031186

13. $\ln b_t$ 的单位根检验结果

Ng-Perron Modified Unit Root Tests

Null Hypothesis: LNBT has a unit root

Exogenous: Constant

Lag length: 0 (Spectral GLS-detrended AR based on SIC, MAXLAG=7)

Sample: 1992-2015

Included observations: 24

		MZa	MZt	MSB	MPT
Ng-Perron test statistics		0.30666	0.21074	0.68720	31.7912
Asymptotic critical values *:	1%	-13.8000	-2.58000	0.17400	1.78000
	5%	-8.10000	-1.98000	0.23300	3.17000
	10%	-5.70000	-1.62000	0.27500	4.45000
*Ng-Perron (2001, Table 1)					
HAC corrected variance (Spectral GLS-detrended AR)					0.085950

14. $\Delta \ln b_t$ 的单位根检验结果

Ng-Perron Modified Unit Root Tests

Null Hypothesis: DLNBT has a unit root

Exogenous: Constant

Lag length: 1 (Spectral GLS-detrended AR based on SIC, MAXLAG=7)

Sample (adjusted): 1993-2015

Included observations: 23 after adjustments

		MZa	MZt	MSB	MPT
Ng-Perron test statistics		-5.76012	-1.64466	0.28553	4.40190
Asymptotic critical values *:	1%	-13.8000	-2.58000	0.17400	1.78000
	5%	-8.10000	-1.98000	0.23300	3.17000
	10%	-5.70000	-1.62000	0.27500	4.45000
*Ng-Perron (2001, Table 1)					
HAC corrected variance (Spectral GLS-detrended AR)					0.049263

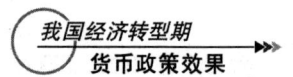

15. $\ln b_p$ 的单位根检验结果

Ng-Perron Modified Unit Root Tests

Null Hypothesis: LNBP has a unit root

Exogenous: Constant

Lag length: 0 (Spectral GLS-detrended AR based on SIC, MAXLAG = 7)

Sample: 1992-2015

Included observations: 24

		MZa	MZt	MSB	MPT
Ng-Perron test statistics		-0.60710	-0.32224	0.53079	18.2188
Asymptotic critical values *:	1%	-13.8000	-2.58000	0.17400	1.78000
	5%	-8.10000	-1.98000	0.23300	3.17000
	10%	-5.70000	-1.62000	0.27500	4.45000
*Ng-Perron (2001, Table 1)					
HAC corrected variance (Spectral GLS-detrended AR)					0.118793

16. $\Delta \ln b_p$ 的单位根检验结果

Ng-Perron Modified Unit Root Tests

Null Hypothesis: DLNBP has a unit root

Exogenous: Constant

Lag length: 0 (Spectral GLS-detrended AR based on SIC, MAXLAG = 7)

Sample (adjusted): 1993-2015

Included observations: 23 after adjustments

		MZa	MZt	MSB	MPT
Ng-Perron test statistics		-10.3202	-2.19389	0.21258	2.66457
Asymptotic critical values *:	1%	-13.8000	-2.58000	0.17400	1.78000
	5%	-8.10000	-1.98000	0.23300	3.17000
	10%	-5.70000	-1.62000	0.27500	4.45000
*Ng-Perron (2001, Table 1)					
HAC corrected variance (Spectral GLS-detrended AR)					0.116261

17. $\ln b_s$ 的单位根的检验结果

Ng-Perron Modified Unit Root Tests

Null Hypothesis: LNBS has a unit root

Exogenous: Constant

Lag length: 1 (Spectral GLS-detrended AR based on SIC, MAXLAG = 7)

Sample: 1992-2015

Included observations: 24

		MZa	MZt	MSB	MPT
Ng-Perron test statistics		0.22748	0.17419	0.76574	37.2295
Asymptotic critical values *:	1%	-13.8000	-2.58000	0.17400	1.78000
	5%	-8.10000	-1.98000	0.23300	3.17000
	10%	-5.70000	-1.62000	0.27500	4.45000
* Ng-Perron (2001, Table 1)						
HAC corrected variance (Spectral GLS-detrended AR)					0.112296

18. $\Delta \ln b_s$ 的单位根的检验结果

Ng-Perron Modified Unit Root Tests

Null Hypothesis: DLNBS has a unit root

Exogenous: Constant

Lag length: 0 (Spectral GLS-detrended AR based on SIC, MAXLAG = 7)

Sample (adjusted): 1993-2015

Included observations: 23 after adjustments

		MZa	MZt	MSB	MPT
Ng-Perron test statistics		-9.52543	-2.16586	0.22738	2.63419
Asymptotic critical values *:	1%	-13.8000	-2.58000	0.17400	1.78000
	5%	-8.10000	-1.98000	0.23300	3.17000
	10%	-5.70000	-1.62000	0.27500	4.45000
* Ng-Perron (2001, Table 1)						
HAC corrected variance (Spectral GLS-detrended AR)					0.108615

19. $\ln\frac{M}{P}$ 的单位根的检验结果

Ng-Perron Modified Unit Root Tests

Null Hypothesis: LNM has a unit root

Exogenous: Constant

Lag length: 0 (Spectral GLS-detrended AR based on SIC, MAXLAG=7)

Sample: 1992-2015

Included observations: 24

		MZa	MZt	MSB	MPT
Ng-Perron test statistics		1.45188	1.66175	1.14455	96.4160
Asymptotic critical values *:	1%	-13.8000	-2.58000	0.17400	1.78000
	5%	-8.10000	-1.98000	0.23300	3.17000
	10%	-5.70000	-1.62000	0.27500	4.45000
*Ng-Perron (2001, Table 1)					
HAC corrected variance (Spectral GLS-detrended AR)					0.051163

20. $\Delta\ln\frac{M}{P}$ 的单位根的检验结果

Ng-Perron Modified Unit Root Tests

Null Hypothesis: DLNM has a unit root

Exogenous: Constant

Lag length: 0 (Spectral GLS-detrended AR based on SIC, MAXLAG=7)

Sample (adjusted): 1993-2015

Included observations: 23 after adjustments

		MZa	MZt	MSB	MPT
Ng-Perron test statistics		-10.2414	-2.26191	0.22086	2.39601
Asymptotic critical values *:	1%	-13.8000	-2.58000	0.17400	1.78000
	5%	-8.10000	-1.98000	0.23300	3.17000
	10%	-5.70000	-1.62000	0.27500	4.45000
*Ng-Perron (2001, Table 1)					
HAC corrected variance (Spectral GLS-detrended AR)					0.017945

21. ln$b$ 的单位根的检验结果

Ng-Perron Modified Unit Root Tests

Null Hypothesis: LNB has a unit root

Exogenous: Constant

Lag length: 0 (Spectral GLS-detrended AR based on SIC, MAXLAG = 7)

Sample: 1992-2015

Included observations: 24

		MZa	MZt	MSB	MPT
Ng-Perron test statistics		-0.43060	-0.23860	0.55412	19.9798
Asymptotic critical values *:	1%	-13.8000	-2.58000	0.17400	1.78000
	5%	-8.10000	-1.98000	0.23300	3.17000
	10%	-5.70000	-1.62000	0.27500	4.45000
*Ng-Perron (2001, Table 1)					
HAC corrected variance (Spectral GLS-detrended AR)					0.107465

22. Δln$b$ 的单位根的检验结果

Ng-Perron Modified Unit Root Tests

Null Hypothesis: DLNB has a unit root

Exogenous: Constant

Lag length: 0 (Spectral GLS-detrended AR based on SIC, MAXLAG = 7)

Sample (adjusted): 1993-2015

Included observations: 23 after adjustments

		MZa	MZt	MSB	MPT
Ng-Perron test statistics		-10.2475	-2.18062	0.21280	2.70055
Asymptotic critical values *:	1%	-13.8000	-2.58000	0.17400	1.78000
	5%	-8.10000	-1.98000	0.23300	3.17000
	10%	-5.70000	-1.62000	0.27500	4.45000
*Ng-Perron (2001, Table 1)					
HAC corrected variance (Spectral GLS-detrended AR)					0.103517

附录4-2　协整检验原始表格

Date: 07/13/18　Time: 15: 33
Sample (adjusted): 1993-2015
Included observations: 23 after adjustments
Trend assumption: Linear deterministic trend
Series: AMT LNY_ Y0 LNR LNBT
Lags interval (in first differences):

Unrestricted Cointegration Rank Test (Trace)

Hypothesized No. of CE (s)	Eigenvalue	Trace Statistic	0.05 Critical Value	Prob. **
None *	0.908355	99.48241	47.85613	0.0000
At most 1 *	0.713041	44.51633	29.79707	0.0005
At most 2 *	0.452409	15.80276	15.49471	0.0449
At most 3	0.081350	1.951558	3.841466	0.1624

Trace test indicates 3 cointegrating eqn (s) at the 0.05 level

* denotes rejection of the hypothesis at the 0.05 level

** MacKinnon-Haug-Michelis (1999) p-values

Unrestricted Cointegration Rank Test (Maximum Eigenvalue)

Hypothesized No. of CE (s)	Eigenvalue	Max-Eigen Statistic	0.05 Critical Value	Prob. **
None *	0.908355	54.96608	27.58434	0.0000
At most 1 *	0.713041	28.71357	21.13162	0.0035
At most 2	0.452409	13.85120	14.26460	0.0580
At most 3	0.081350	1.951558	3.841466	0.1624

Max-eigenvalue test indicates 2 cointegrating eqn (s) at the 0.05 level

* denotes rejection of the hypothesis at the 0.05 level

** MacKinnon-Haug-Michelis (1999) p-values

Date: 07/13/18   Time: 15:36
Sample (adjusted): 1993-2015
Included observations: 23 after adjustments
Trend assumption: Linear deterministic trend
Series: AMP LNR LNY_ Y0 LNMT LNBP
Lags interval (in first differences):

Unrestricted Cointegration Rank Test (Trace)

Hypothesized No. of CE (s)	Eigenvalue	Trace Statistic	0.05 Critical Value	Prob. **
None *	0.912209	95.52267	69.81889	0.0001
At most 1	0.514295	39.56827	47.85613	0.2383
At most 2	0.410812	22.95873	29.79707	0.2481
At most 3	0.350434	10.79150	15.49471	0.2246
At most 4	0.037041	0.868122	3.841466	0.3515

Trace test indicates 1 cointegrating eqn (s) at the 0.05 level
* denotes rejection of the hypothesis at the 0.05 level
** MacKinnon-Haug-Michelis (1999) p-values

Unrestricted Cointegration Rank Test (Maximum Eigenvalue)

Hypothesized No. of CE (s)	Eigenvalue	Max-Eigen Statistic	0.05 Critical Value	Prob. **
None *	0.912209	55.95440	33.87687	0.0000
At most 1	0.514295	16.60954	27.58434	0.6136
At most 2	0.410812	12.16723	21.13162	0.5312
At most 3	0.350434	9.923382	14.26460	0.2170
At most 4	0.037041	0.868122	3.841466	0.3515

Max-eigenvalue test indicates 1 cointegrating eqn (s) at the 0.05 level
* denotes rejection of the hypothesis at the 0.05 level
** MacKinnon-Haug-Michelis (1999) p-values

Date: 07/13/18   Time: 15:38
Sample (adjusted): 1993-2015
Included observations: 23 after adjustments
Trend assumption: Linear deterministic trend
Series: AMS LNY_ Y0 LNR LNMT LNBS
Lags interval (in first differences):

Unrestricted Cointegration Rank Test (Trace)

Hypothesized No. of CE (s)	Eigenvalue	Trace Statistic	0.05 Critical Value	Prob. **
None *	0.879072	102.2611	69.81889	0.0000
At most 1 *	0.783902	53.67225	47.85613	0.0129
At most 2	0.388195	18.43569	29.79707	0.5340
At most 3	0.259825	7.134824	15.49471	0.5620
At most 4	0.009298	0.214844	3.841466	0.6430

Trace test indicates 2 cointegrating eqn (s) at the 0.05 level

* denotes rejection of the hypothesis at the 0.05 level

** MacKinnon-Haug-Michelis (1999) p-values

Unrestricted Cointegration Rank Test (Maximum Eigenvalue)

Hypothesized No. of CE (s)	Eigenvalue	Max-Eigen Statistic	0.05 Critical Value	Prob. **
None *	0.879072	48.58886	33.87687	0.0005
At most 1 *	0.783902	35.23656	27.58434	0.0043
At most 2	0.388195	11.30087	21.13162	0.6173
At most 3	0.259825	6.919980	14.26460	0.4987
At most 4	0.009298	0.214844	3.841466	0.6430

Max-eigenvalue test indicates 2 cointegrating eqn (s) at the 0.05 level

* denotes rejection of the hypothesis at the 0.05 level

** MacKinnon-Haug-Michelis (1999) p-values

Date: 08/08/18   Time: 14: 42

Sample (adjusted): 1993-2015

Included observations: 23 after adjustments

Trend assumption: Linear deterministic trend

Series: LNB LNR LNM LNY_ Y0

Lags interval (in first differences):

Unrestricted Cointegration Rank Test (Trace)

Hypothesized No. of CE (s)	Eigenvalue	Trace Statistic	0.05 Critical Value	Prob. **
None *	0.840366	64.88752	47.85613	0.0006
At most 1	0.432944	22.68542	29.79707	0.2618
At most 2	0.323838	9.637605	15.49471	0.3097
At most 3	0.027323	0.637182	3.841466	0.4247

Trace test indicates 1 cointegrating eqn (s) at the 0.05 level

* denotes rejection of the hypothesis at the 0.05 level

** MacKinnon-Haug-Michelis (1999) p-values

Unrestricted Cointegration Rank Test (Maximum Eigenvalue)

Hypothesized No. of CE (s)	Eigenvalue	Max-Eigen Statistic	0.05 Critical Value	Prob. **
None *	0.840366	42.20210	27.58434	0.0003
At most 1	0.432944	13.04782	21.13162	0.4478
At most 2	0.323838	9.000423	14.26460	0.2861
At most 3	0.027323	0.637182	3.841466	0.4247

Max-eigenvalue test indicates 1 cointegrating eqn (s) at the 0.05 level

* denotes rejection of the hypothesis at the 0.05 level

** MacKinnon-Haug-Michelis (1999) p-values

第三节 中国经济转型期交易性货币需求的决定及实证分析

如前文所述，交易性货币需求既不像凯恩斯所说的，只取决于收入，与利率无关，也不像鲍莫尔模型表示的那样，与利息率始终存在稳定的函数关系。利息率对交易性货币需求的影响是要在一定条件下才会产生的，即在人们的收入水平越过温饱线之后。本章选用修正后的交易性模型对转型期的交易性货币需求进行实证分析，旨在对影响交易性货币需求的因素有一个更加深入的认识。

一、模型设定和简介

为了叙述方便，现在把本书建立的名义交易性货币需求模型复述如下：

$$\frac{M_t}{P}=\frac{1}{2}Y_0+2^{-0.5}b^{0.5}(Y-Y_0)^{0.5}r^{-0.5} \qquad (4-11)$$

式中，Y_0 为温饱线对应的收入水平以及温饱线以下的收入水平；Y 为可支配收入；b 为将生息资产变现时所必须支付的手续费；r 为年利息率；P 代表物价水平。

为了用对数形式表示式（4-11），先将其转化为乘积形式：

$$\frac{M_t}{P}=\omega^{0.5}2^{-0.5}b^{0.5}(Y-Y_0)^{0.5}r^{-0.5} \qquad (4-12)$$

然后，两边取对数，得：

$$\ln\frac{M_t}{P}=\frac{1}{2}\ln\frac{\omega}{2}+\frac{1}{2}\ln b+\frac{1}{2}\ln(Y-Y_0)-\frac{1}{2}\ln r \qquad (4-13)$$

选取以下计量模型对上式进行估计：

$$\ln\frac{M_t}{P}=\alpha+\beta_1\ln b+\beta_2\ln(Y-Y_0)+\beta_3\ln r+\mu \qquad (4-14)$$

式中，α 为常数项；β 为斜率系数；μ 为随机误差或随机干扰项。

由于涉及的数据为时间序列，故采用 ARIMA（Autoregressive integrated moving average）模型，即自回归求积移动平均模型，对上述公式进行拟合。

ARMA 模型由两个特殊模型发展而成，一个是自回归模型或 AR（Autoregressive）模型，其一般形式是：

$(Y_t-\delta) = a_1(Y_{t-1}-\delta) + a_2(Y_{t-2}-\delta) + \cdots + a_p(Y_{t-p}-\delta) + \mu_t$

式中，δ 是 Y 的均值，而 μ_t 是有零均值和恒定方差 σ^2 的不相关随机误差项，即 μ_t 是白噪声，这时 Y_t 是一个 p 阶自回归（pth-order autoregressive）或 $AR(p)$ 过程。

ARMA 模型的另一个特性为移动平均模型或 MA（Moving Average）模型，一个纯粹的 $MA(q)$ 模型意味着变量的一个观测值由当前的和先前的 q 个白噪声的线性组合。一般地，

$Y_t = \mu + \beta_0 \mu_t + \beta_1 \mu_{t-1} + \cdots + \beta_q \mu_{t-q}$

是一个 $MA(q)$ 过程。

在进行上述两个回归分析之前，首先要检验时间序列的平稳性。通常，时间序列是不平稳的，若对不平稳的时间序列进行回归容易造成伪回归的问题，所以必须借助于差分平稳过程。通过将一个时间序列差分 d 次，使其变平稳，然后再进行对数线性回归和用 ARMA（p, q）模型进行自回归求积移动平均回归，即进行 ARIMA（p, d, q）模型回归。

二、数据资料说明

表 4-2　原始数据

年份	交易性货币需要量 M_t（亿元）	温饱线收入水平 Y_0（亿元）	实际收入水平 Y（亿元）	$Y-Y_0$（亿元）	交易手续费 b_t（亿元）	年利息率 r	物价水平 P
1992	2084.94	3555.437	13184.27	9628.84	1.578	0.076	282.0
1993	2714.16	4236.272	16415.31	12179.04	3.277	0.094	305.8
1994	3292.1	5738.418	22407.82	16669.40	4.353	0.110	320.0
1995	3666.79	7443.612	28624.88	21181.27	4.991	0.110	345.1
1996	4208.34	8670.037	34439.25	25769.22	4.746	0.092	377.6
1997	4754.86	8805.138	37950.70	29145.56	2.893	0.072	394.6
1998	5213.31	8479.756	40550.44	32070.68	2.125	0.050	417.8
1999	6336.99	8342.128	43743.03	35400.90	2.270	0.029	452.3
2000	6975.51	8319.411	47044.78	38725.37	3.458	0.023	491.0
2001	7305.55	8481.580	51797.77	43316.19	3.950	0.023	518.8

续表

年份	交易性货币需要量 M_t（亿元）	温饱线收入水平 Y_0（亿元）	实际收入水平 Y（亿元）	$Y-Y_0$（亿元）	交易手续费 b_t（亿元）	年利息率 r	物价水平 P
2002	7923.02	8718.36	58046.64	49328.28	5.081	0.020	552.5
2003	8605.60	9159.61	64525.86	55366.25	4.380	0.020	588.5
2004	8882.80	10730.77	73373.29	62642.52	6.985	0.020	632.3
2005	9749.60	12157.17	83246.58	71089.41	7.676	0.023	681.0
2006	10424.33	12797.78	94786.27	81988.49	10.793	0.025	471.0
2007	11220.41	14682.17	113189.60	98507.47	14.426	0.035	493.6
2008	12307.17	16985.91	131991.10	115005.20	21.259	0.033	522.7
2009	13934.08	17465.94	146322.60	128856.60	18.218	0.033	519.0
2010	15888.01	19316.61	167715.10	148398.50	24.960	0.026	536.1
2011	18525.91	22714.17	196470.10	173755.90	29.198	0.033	565.0
2012	20179.22	25173.23	225698.40	200525.20	27.227	0.031	579.7
2013	21855.51	31718.27	252872.50	221154.30	28.410	0.030	594.8
2014	22725.77	39965.02	280977.10	241012.10	29.053	0.028	606.7
2015	24554.98	50355.92	309487.50	259131.60	29.035	0.025	615.2

（一）交易性货币需要量

按照金融资产的流动性划分货币层次，M0 表示流通中的现金，M1 = M0+商业银行活期存款。大部分经济学教科书将交易性货币需求界定在 M1 层次上，但考虑到我国居民持有旅行者支票和其他支票消费的比例较低，且居民的商业银行活期存款通常是用作预防性货币，所以在此把交易性货币需求界定在 M0 层次上。

（二）实际收入水平

实际收入水平按全国居民可支配收入核算，具体计算是用城镇居民家庭人均可支配收入乘以当年城镇人口数和农村居民家庭人均纯收入乘以当年农村人口数求和得到的。数据均取自中国国家统计局网站。

（三）温饱线收入水平

温饱线收入水平指标采用的是恩格尔系数计算公式中的总支出项。恩格尔系数是国际上通用的衡量居民生活水平高低的一项重要指标，表示为食物支出占总支出的比例，一般随着居民家庭收入和生活水平的提高而下降。联合国粮农组织提出的标准，恩格尔系数在 59% 以上为贫困，我国现行的绝对贫困线标准为 80%，由于本书的分析对象为我国居民，故在本书中采用 80% 的标准来计算温饱线。温饱线收入水平按食物支出额的 80% 计算。食品支出额的计算是通过农村居民家庭平均每人全年生活消费食品支出乘以年底全国人口数得来。

（四）生息资产变现手续费

生息资产变现的手续费采用国债交易手续费来衡量，我国国债交易的手续费为交易金额的 1‰。考虑持有交易性货币的目的主要是进行交易，这里的交易金额用社会零售品的年增加额衡量。

（五）年利息率

年利息率指标，由于各年间的利率有调整，故在回归中采用的利率指标是按月平均额计算得到的。

（六）物价水平

物价水平以 1978 年为基期计算得出。

上述六类指标均为时间序列指标，农村居民家庭平均每人全年生活消费食品支出数据取自宏观经济数据库，其余数据均取自中国国家统计局网站。

三、数据检验与分析

通过 SPSS® 统计软件运算，得到以下结果：

（一）单位根检验

根据本章第二节的检验结果，所有数据在 5% 的置信区间上均不是一阶单整 I(1) 的。

（二）协整检验

根据本章第二节的检验结果，实际交易性货币需求 $\ln \dfrac{M_t}{P}$ 与 $\ln(y-y_0)$、$\ln r$ 和

lnb_t 之间均存在长期协整关系。

(三) ARIMA 估计

如附录 4-3 图 1 所示,原始时间序列图呈趋势上升,表现有非平稳现象。取对数后的自相关图和偏相关图,即 $\ln\frac{M_t}{P}$、lnb_t、lnr 和 $\ln(y-y_0)$ 的 ACF 和 PACF 如附录 4-3 图 2 所示,除 lnb_t 的 ACF 和 PACF 图在 5% 的置信限内没有明显的样式 (即平稳的时间序列) 外,$\ln\frac{M_t}{P}$、$\ln(y-y_0)$、lnr 的自相关 ACF 条形图均表现为衰减的正弦型的波动,即表现出拖尾。同时,$\ln\frac{M_t}{P}$、$\ln(y-y_0)$ 偏相关 PACF 条形图在第一个条 $p=1$ 之后就开始变小,而且没有什么模式,即在 $p=1$ 后截尾,lnr 的 PACF 条形图在第二个条 $p=2$ 之后开始变小,不再具有明显样式,即在 $p=2$ 后截尾。根据博克斯—詹金斯方法论,识别出时间序列 $\ln\frac{M_t}{P}$、$\ln(y-y_0)$、lnr 为非平稳时间序列,故通过对时间序列 $\ln\frac{M_t}{P}$、$\ln(y-y_0)$、lnr 取一次差分使其平稳,取差分后时间序列 $\ln\frac{M_t}{P}$、$\ln(y-y_0)$、lnr 的 ACF 和 PACF 如附录 4-3 图 2 所示,时间序列 $\ln\frac{M_t}{P}$ 在 5% 的置信区间内不再有明显的样式,$\ln\frac{M_t}{P}$、$\ln(y-y_0)$、lnr 在 5% 的置信区间内仍有显著的直至滞后 1 期的尖柱。故选用参数 $p=1$,$d=2$,$q=0$ 来进行 ARIMA 模型拟合估计。

选用 ARIMA (1, 2, 0) 模型,对公式 (4-14) 表达的计量模型进行参数估计和拟合的结果分别如附录 4-3 表 4 和附录 4-3 图 4 所示。从模型统计量来看,模型拟合的平稳 R^2 为 0.263,均方根误差为 0.057,绝对平均误差为 0.031,正态化的 BIC 值为 -5.025。ARIMA 模型参数估计结果显示:常数项 $\alpha=-0.127$,斜率系数 $\eta=-0.102$、$\beta=0.016$、$\gamma=0.101$。从 p 值来看,利率和常数项 t 值的绝对值小于 1,p 值分别为 0.823 和 0.410,其余估计的 p 值均在 20% 范围内显著,故预计利率的斜率系数是有偏误的估计。总体而言,该模型只是基础的试探性分析,主要目的是获得趋势性的参数验证,预测功能较差,仍有待进一步研究。

四、实证结果

从模型拟合的整体趋势来看，模型拟合的平稳 R^2 值不是太高，这主要是由于从 2004 年到 2009 年拟合得有些偏差，尤其是 2008 年全球金融危机，国家财政和货币主体采取了一系列逆向操作政策，倒是经济表现波动剧烈，具体而言，其原因主要有三点：第一，国内宏观经济形势的变化。以邓小平同志 1992 年初南方重要谈话和党的十四大为标志，中国明确了建设社会主义市场经济体制的目标，从而处于从社会主义计划经济体制向社会主义市场经济体制转变的过程中，虽然人们的收入水平在稳步提高，但受住房、医疗、教育、就业等方面改革的影响，人们的边际消费倾向降低。与此对应的是，人们的预防性货币需求大幅增长且稳定性极强，如 1994 年全年新增储蓄 6315.3 亿元，定期储蓄为 4867.7 亿元，几乎是 1993 年的 2 倍。第二，国外政治形势的剧变。1989 年春夏之交的政治风波以后，西方国家开始对中国实行经济制裁，恶劣的外部政治环境延缓了中国现代化建设的步伐，也不可避免地提高了人们的预防性货币需求。以上两点是 1994~1997 年拟合偏差的现实方面的原因。第三，中国股市的低迷。从 2001 年起到 2005 年 5 月止，中国股市经历了长期的低迷，人们的投机性货币需求锐减，流出的资金一部分转化为人们的消费支出，造成了这段时间人们的边际消费倾向提高，也就造成了拟合图中的观测值高于拟合值。

另外，从 ARIMA 模型参数来看，$\alpha = -0.127$ 表示图像的截距；斜率系数 $\eta = -0.102$ 表示生息资产变现支付的手续费和实际交易性货币需求呈反方向变动，即将生息资产变现支付的手续费越高（交易成本越高），人们越会减少对交易性货币的需求，这和实际情形是一致的；斜率系数 $\beta = 0.203$ 表示实际交易性货币需求对 $(Y-Y_0)$ 的收入部分的弹性；$\gamma = 0.016$ 表示实际交易性货币需求的利率弹性。根据宏观经济学理论，收入弹性为正值，而利率弹性应该为负值。一方面，从参数估计来看，收入弹性和预期一致，但是利率弹性却和预计不相符，这也进一步推断出利率的斜率系数即利率弹性可能是有偏误的估计。另一方面，从斜率系数的绝对值大小来看，实际交易性货币需求对 $(Y-Y_0)$ 的收入部分变化要更敏感，对交易手续费 b 值的变化则要小得多。

最后，从模型的残差图来看，模型拟合残差的各阶自相关都在零附近徘徊，从而可以推测模型残差和纯白噪声过程相似。

附录 4-3 原始计算数据说明

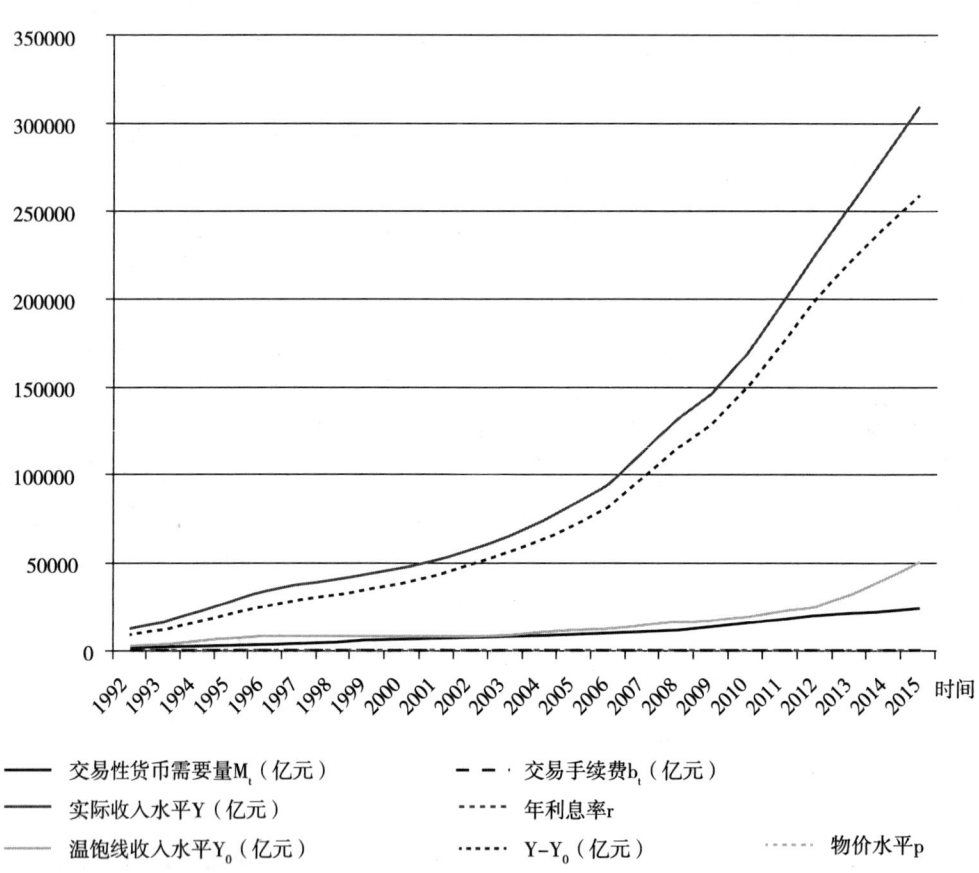

附录 4-3 图 1 原始时间序列图

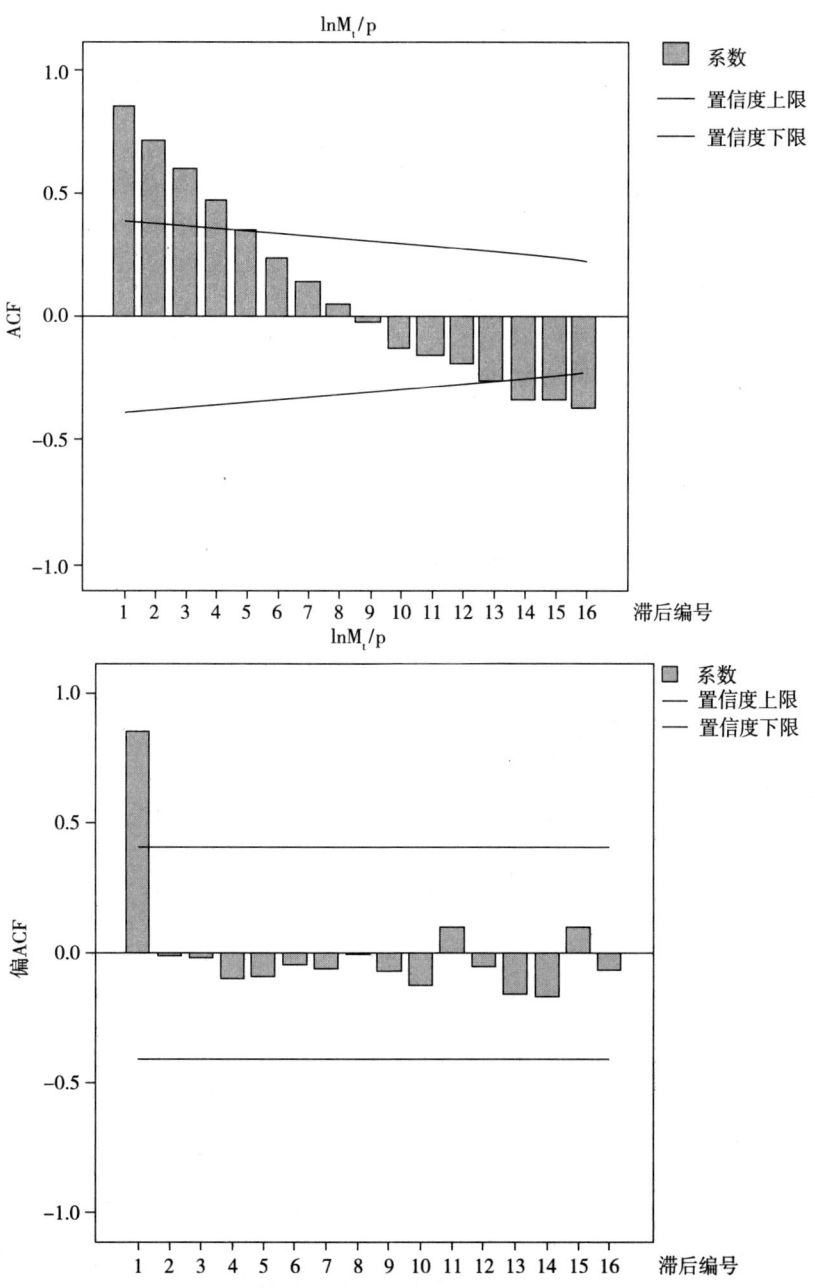

附录4-3 图2 自相关图和偏相关图

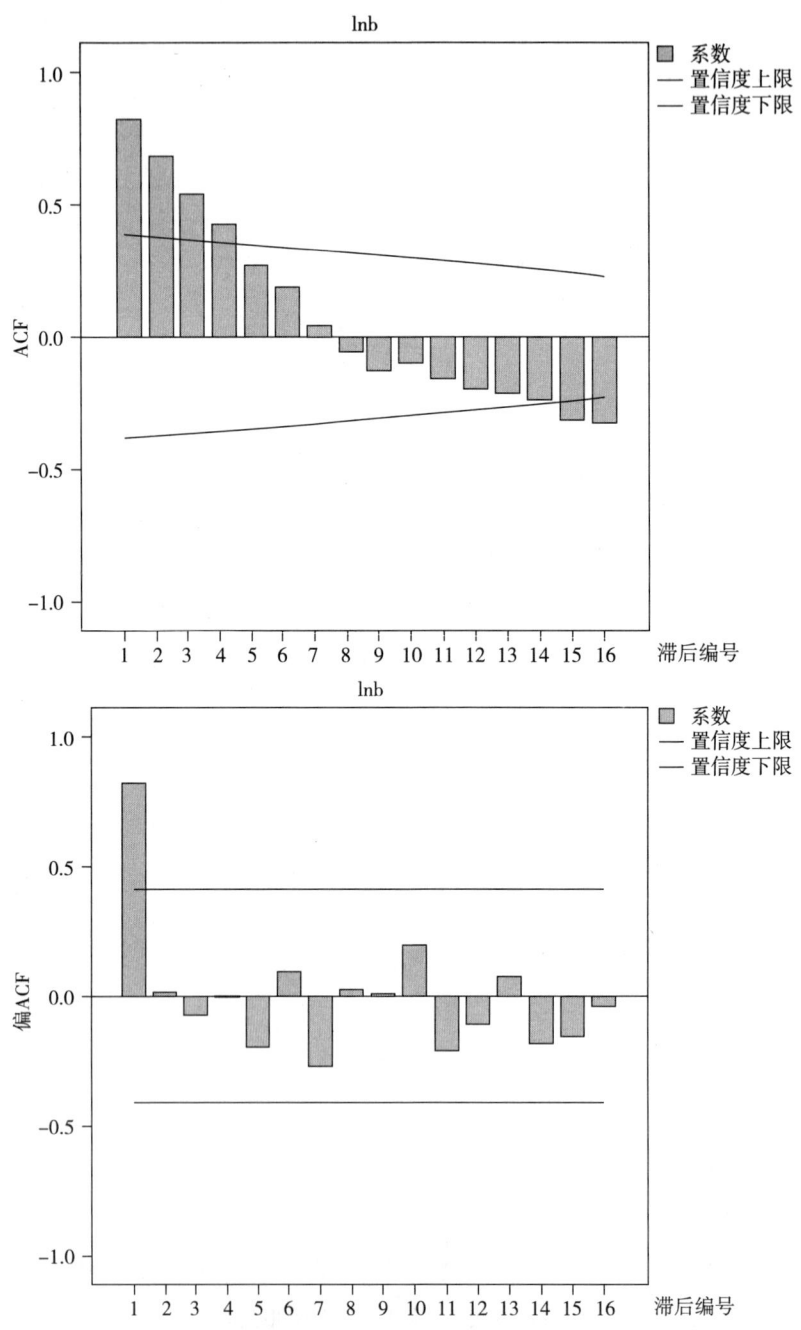

附录4-3 图2 自相关图和偏相关图（续）

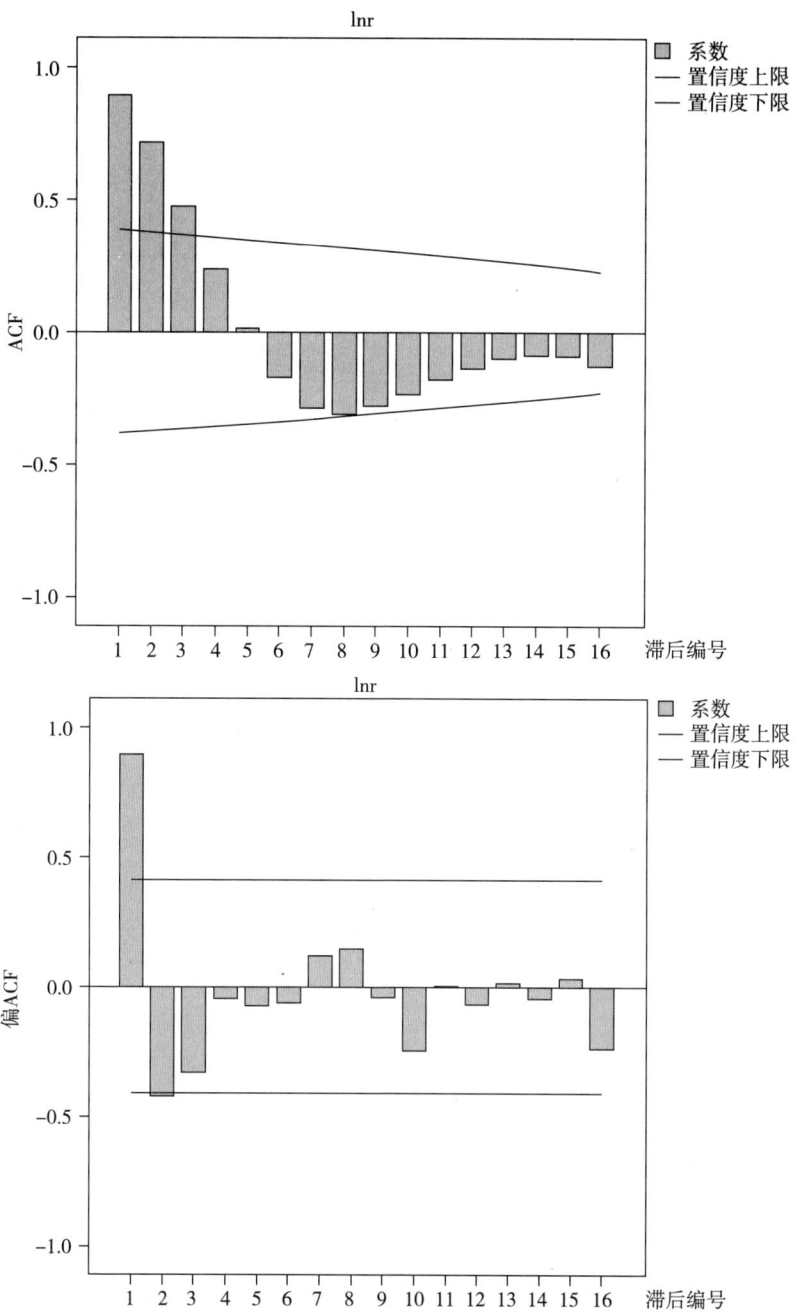

附录4-3 图2 自相关图和偏相关图（续）

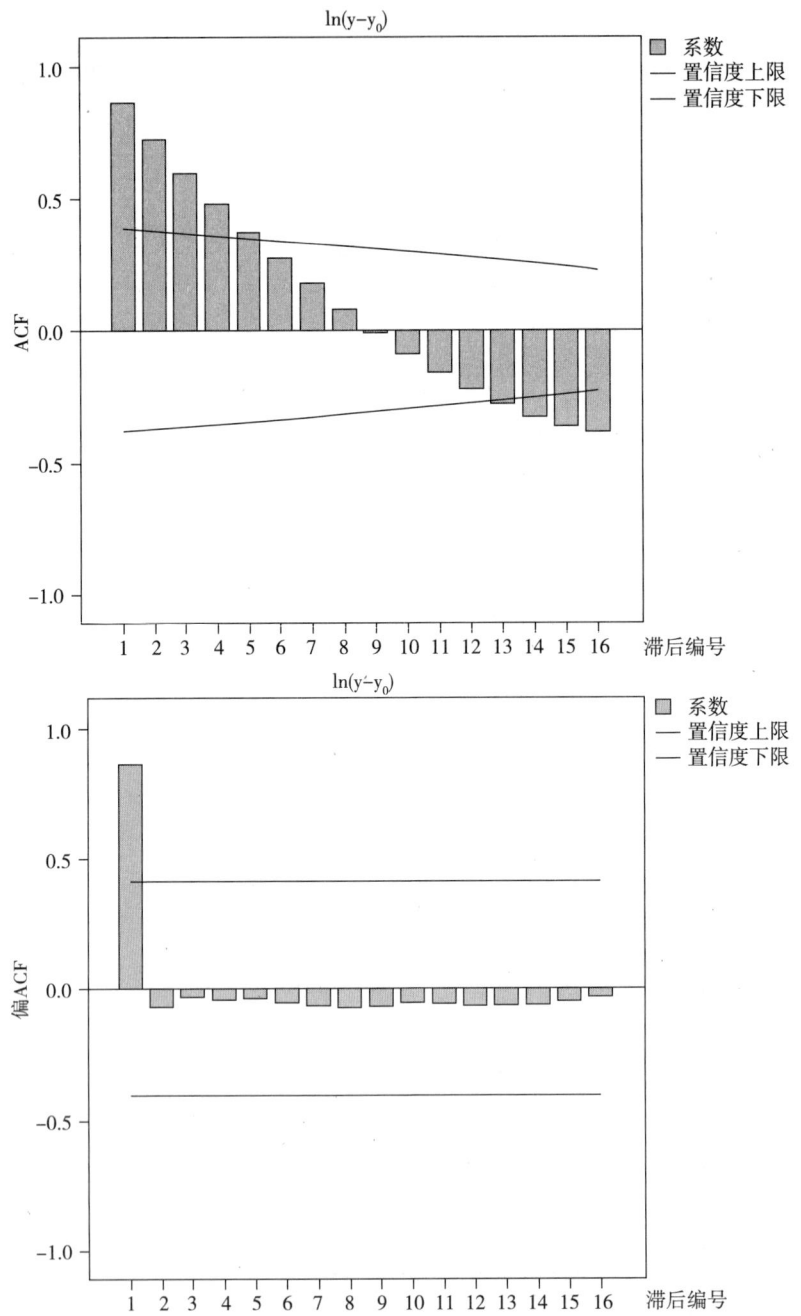

附录4-3 图2 自相关图和偏相关图（续）

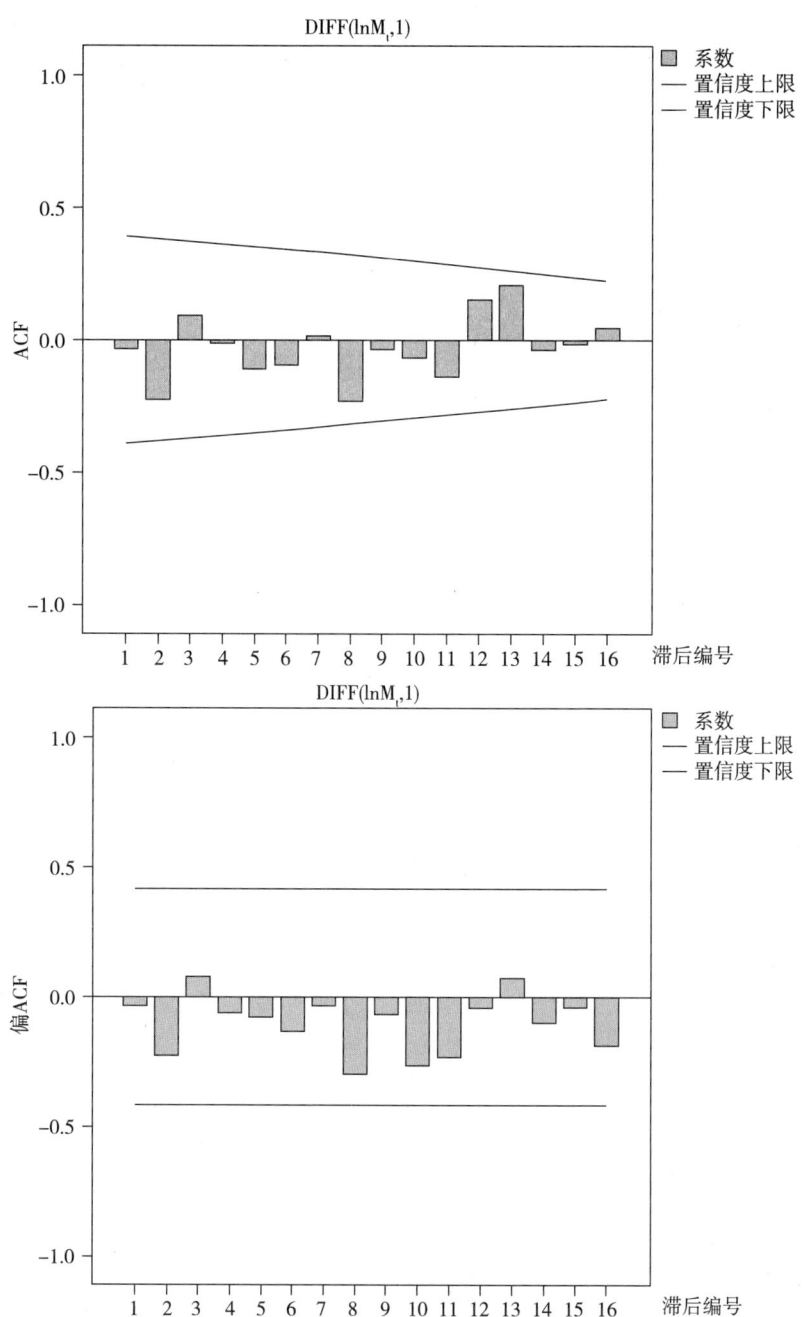

附录4-3图2 自相关图和偏相关图（续）

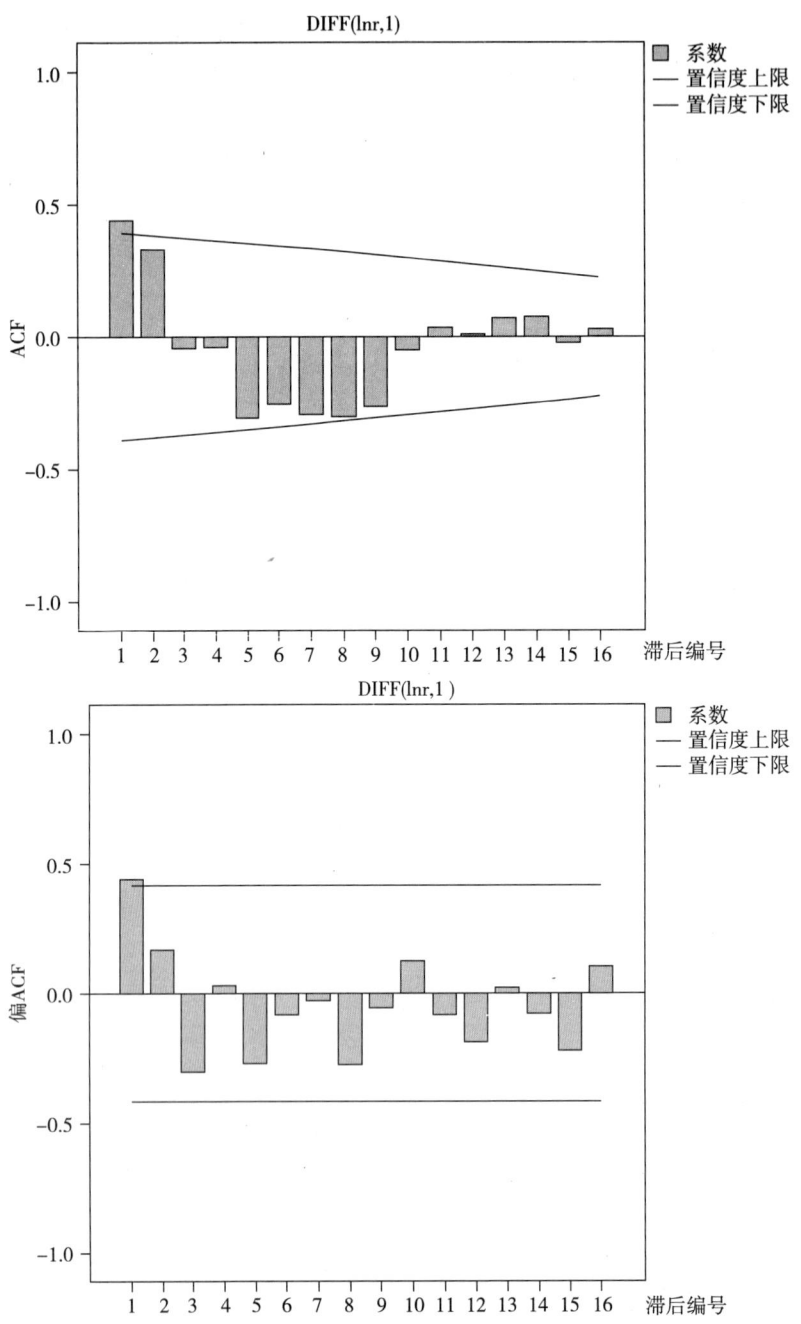

附录 4-3 图 2　自相关图和偏相关图（续）

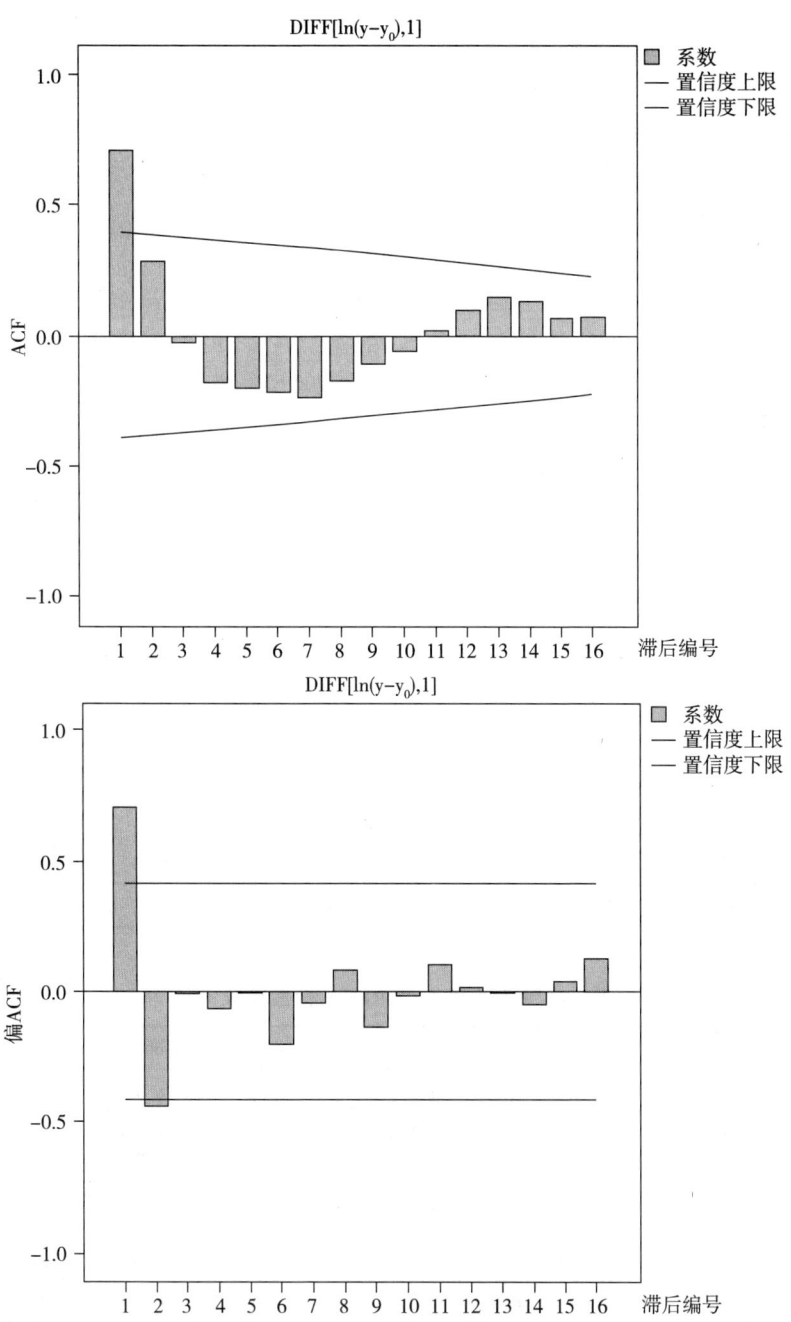

附录 4-3 图 2　自相关图和偏相关图（续）

模型描述

附录 4-3 表 1 模型类型

模型 ID	lnMt/p	模型_1	ARIMA (1, 2, 0)

附录 4-3 表 2 模型拟合度

拟合统计	平均值	最小值	最大值	百分位数						
				5	10	25	50	75	90	95
平稳 R^2	0.263	0.263	0.263	0.263	0.263	0.263	0.263	0.263	0.263	0.263
R^2	0.935	0.935	0.935	0.935	0.935	0.935	0.935	0.935	0.935	0.935
RMSE	0.057	0.057	0.057	0.057	0.057	0.057	0.057	0.057	0.057	0.057
MAPE	2.404	2.404	2.404	2.404	2.404	2.404	2.404	2.404	2.404	2.404
MaxAPE	12.917	12.917	12.917	12.917	12.917	12.917	12.917	12.917	12.917	12.917
MAE	0.031	0.031	0.031	0.031	0.031	0.031	0.031	0.031	0.031	0.031
MaxAE	0.174	0.174	0.174	0.174	0.174	0.174	0.174	0.174	0.174	0.174
正态化 BIC	-5.025	-5.025	-5.025	-5.025	-5.025	-5.025	-5.025	-5.025	-5.025	-5.025

附录 4-3 表 3 模型统计

模型	预测变量数	模型拟合度统计							杨-博克斯 Q(18)			离群值数
		平稳 R^2	R^2	RMSE	MAPE	MAE	MaxAPE	MaxAE	正态化 BIC	统计	DF	显著性	
lnMt/p-模型_1	3	0.263	0.935	0.057	2.404	0.031	12.917	0.174	-5.025	10.991	17	0.0857	0

附录 4-3 表 4 ARIMA 模型参数

				估算	标准误差	t	显著性
lnMt/p-模型_1	lnMt/p	不转换	常量	-0.127	0.150	-1.845	0.410
			AR 延迟 1	-0.434	0.218	-1.989	0.063
			差异	2			
	lnb	不转换	分子 延迟 0	-0.102	0.094	-1.086	0.293
	lnr	不转换	分子 延迟 0	0.016	0.070	0.227	0.823
	lnyy0	不转换	分子 延迟 0	0.101	0.103	0.976	0.343

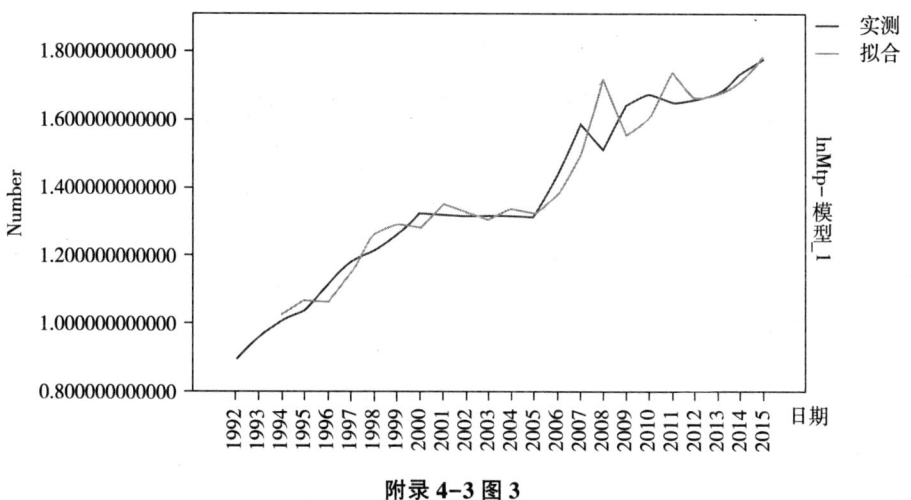

附录 4-3 图 3

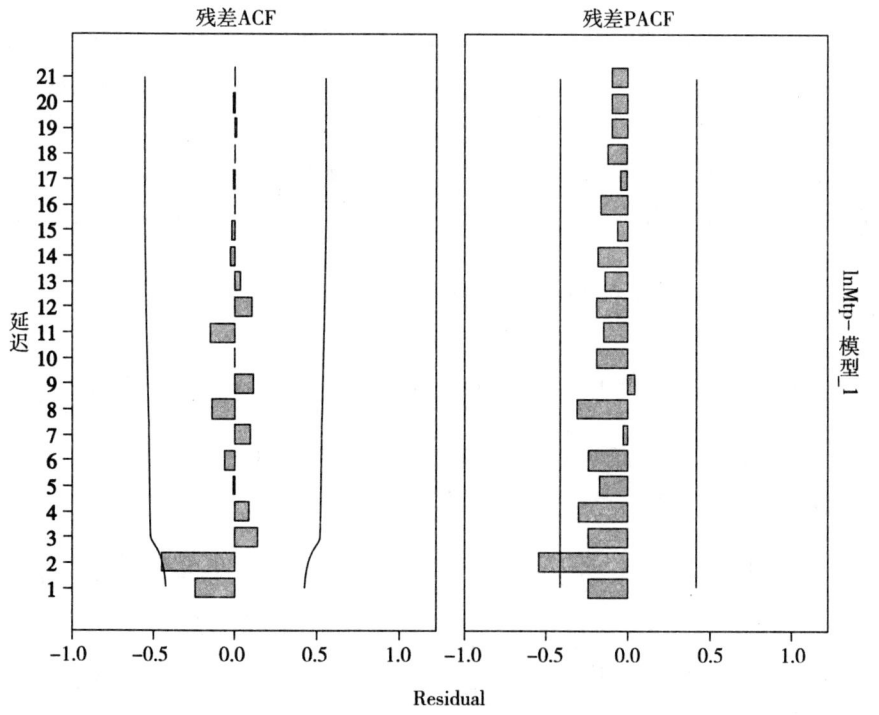

附录 4-3 图 4

第四节　中国经济转型期预防性货币需求的决定及实证分析

一、模型的设定与变量的选取

根据前文所述，改进后的预防性货币需求模型可以表达为：

$$\frac{M_P}{P} = Q\sqrt{\frac{b_p}{M_t}\sqrt{\frac{b_p}{r}}\sqrt{y-y_0}\left(\sqrt{y-y_0} - \sqrt{\frac{2b_t}{r}}\right)} \tag{4-15}$$

式中，M_P 为名义预防性货币需求；b_p 为筹措预防性货币而出售生息资产的所需手续费；r 为利率；$y-y_0$ 为个人收入与温饱线的差额；b_t 为筹措交易性货币所需手续费；M_t 为交易性货币需求；P 为价格指数；Q 为净支出的标准差，它与一定制度环境有关，因此，当一定时期内一个国家的制度环境稳定时，可将 Q 视为常数。从模型不难看出，M_P 与 P、r、$y-y_0$、b_t、b_p、M_t、Q 等参数成稳定的函数关系。

对式（4-15）两边取对数后可得式（4-16）：

$$\ln\frac{M_P}{P} = \ln Q - \ln M_t + \frac{1}{2}\left[\ln b_p - \ln r + \frac{1}{2}\ln(y-y_0) + \ln\left(\sqrt{y-y_0} - \sqrt{\frac{2b_t}{r}}\right)\right] \tag{4-16}$$

因此，根据以往的研究成果（Goldfeld et al.，1973），我们不难将以上理论模型转换成下面的对数线性模型：

$$\ln\frac{M_P}{P} = \alpha + \beta_1 \ln M_t + \beta_2 \ln(y-y_0) + \beta_3 \ln b_t + \beta_4 \ln b_p + \beta_5 \ln r + \beta_6 \ln\frac{M_P}{P_{-1}} + \varepsilon_t \tag{4-17}$$

式中，α 为常数；ε_t 为白噪声；$\frac{M_P}{P_{-1}}$ 为 $\frac{M_P}{P}$ 的一次滞后自回归项；M_P 为预防性货币需求，这里选取城乡居民活期存款的年底余额来代表；b_p 为生息资产的变现手续费，这里按银行手续费用的标准 5‰ 进行计算。其余数据同上节。

表 4-3 原始数据 单位：亿元

年份	1992	1993	1994	1995	1996	1997
预防性货币需求 Mp	11759.40	15203.50	21518.80	29662.30	38520.84	46279.80
手续费 bp	12.5890	17.2205	31.5765	40.7175	44.2925	38.7948
年份	1998	1999	2000	2001	2002	2003
预防性货币需求 Mp	53407.47	59621.80	64332.40	73762.40	86910.60	103617.30
手续费 bp	38.0770	31.2650	24.8835	47.2880	66.1660	83.1580
年份	2004	2005	2006	2007	2008	2009
预防性货币需求 Mp	119555.40	141051.00	115603.77	141339.69	153909.96	207511.72
手续费 bp	79.6470	107.4840	1781.2000	3298.9900	3326.3500	4616.6100
年份	2010	2011	2012	2013	2014	2015
预防性货币需求 Mp	250733.53	271321.79	288485.01	315435.54	325330.64	376398.46
手续费 bp	5028.1500	6654.9300	6985.1200	7664.7100	6907.1300	5572.6600

数据来源：《中国统计年鉴》《中国金融年鉴》各期，国家统计局网站。

二、模型检验与分析

（一）单位根检验

根据本章第二节的检验结果，所有数据在5%的置信区间上均不是一阶单整 I（1）的。

（二）协整检验

根据本章第二节的检验结果，实际预防性货币需求对数 $\ln \dfrac{M_P}{P}$ 与 $\ln(y-y_0)$、$\ln r$ 存在长期稳定关系。

（三）ARIMA 估计

从取对数后的时间序列的自相关图和偏相关图（附录4-4）来看，除了时间序列 $\ln b_t$ 的自相关图和偏相关图在5%的置信区间内，时间序列 $\ln M_p$、$\ln M_t$、$\ln(y-y_0)$、$\ln b_p$ 和 $\ln r$ 的自相关图均为衰减的正弦波，同时，上述时间序列的偏相关图呈"断尾"图形（$\ln M_p$、$\ln M_t$、$\ln(y-y_0)$ 和 $\ln b_p$ 均具有直至滞后1的尖柱，即p值均为1，$\ln r$ 具有直至滞后2的尖柱，即p值为2）。按博克斯-詹金斯提出的方法可知,时间序列 lnM_t、$ln(y-y_0)$、lnb_s、lnb_p、ln_r、lnM_s 为非平稳时间序列。而从一阶差分后各变量的自相关图和偏相关图(附录4-4)来看,lnM_t、lnb_s 和 lnb_p 在5%的置信区间内都不再有明显的样式,但是,时间序列 lnM_p、$ln(y-y_0)$、ln_r 在5%的置信区间内,仍然有滞后1期的尖柱,为附录4-4时序变量。根据上述分析,下面将采用 ARIMA(1,2,0) 计量模型来进行时间序列的回归分析。

使用 SPSS® 软件对 ARIMA(1,2,0) 模型的计算拟合,结果如下:

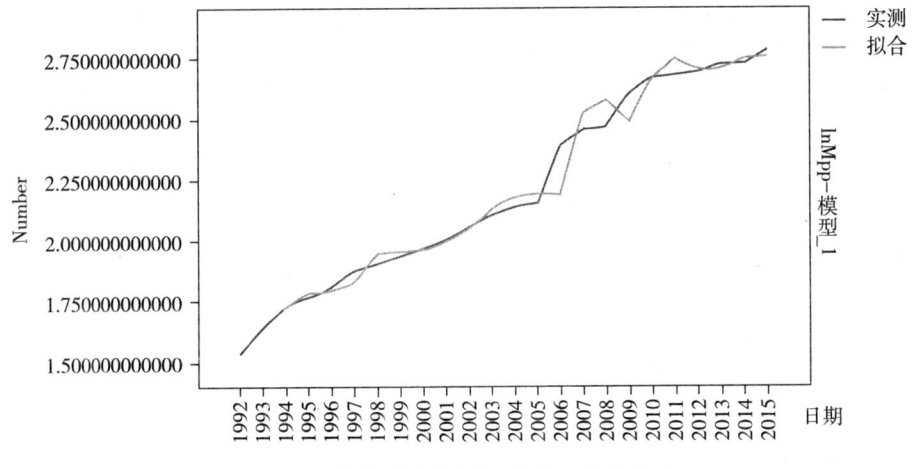

图 4-1 预防性货币需求实际值与拟合值

为对比模型拟合效果,我们按同样的方法对惠伦模型进行了计算:

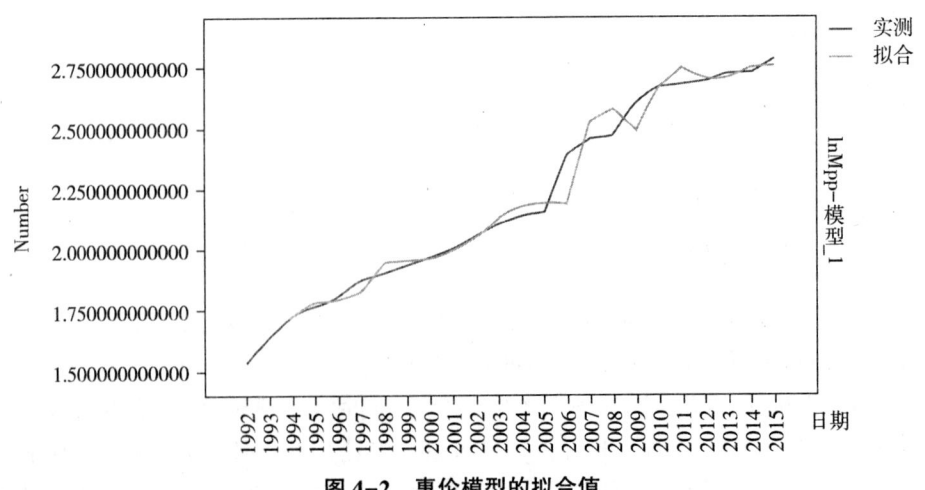

图 4-2 惠伦模型的拟合值

从图 4-1 中不难看出，改进后的模型拟合度很好，较好地反映了因变量的变化趋势。对比惠伦模型（见图 4-2）而言，拟合程度提升很大。

三、结论

从拟合图中不难看出，模型拟合度很好，R^2 在 0.9 以上，模型没有显示出明显的自相关性。只是在模型中断出现细微偏差，主要原因分析如下：第一，计量模型设定时，不得不将支出量标准差 Q 设定为常数。在制度环境稳定的情况下，这种设定是完全正确的。但对于处于转型时期的中国来说，制度环境一直处于变化中，Q 值不可能为稳定的常数，因此这一设定在一定程度上影响了模型拟合的结果。第二，1999 年央行为了制止通货紧缩，扩大内需，大幅度地调低了存款基础利率，这一外部性冲击大大影响了预防性货币需求的变化趋势，而模型对于外部动态化冲击的识别不够，导致了中段曲线拟合程度不够理想。

但同惠伦模型的拟合曲线相比较，改进后的模型拟合度有显著上升。拟合参数平稳 R^2 由惠伦模型的 0.222 提升到了 0.224。这主要是由于在转型时期的中国居民的投资渠道单一，预防性货币需求受到利率变化的影响较小，所以惠伦模型的拟合度不佳。相反，居民储蓄往往更易受到其收入变化的影响。因此，在改进后的预防性货币需求模型加入了收入水平的衡量，其拟合度就有了明显的上升。

总之，从实证分析的结果可以看出，预防性货币需求并不像惠伦模型所说的那样只是与利率成稳定的函数关系，而是由收入水平、利率和交易手续费等多个因素共同决定的。

附录4-4 原始时间序列的自相关和部分自相关图

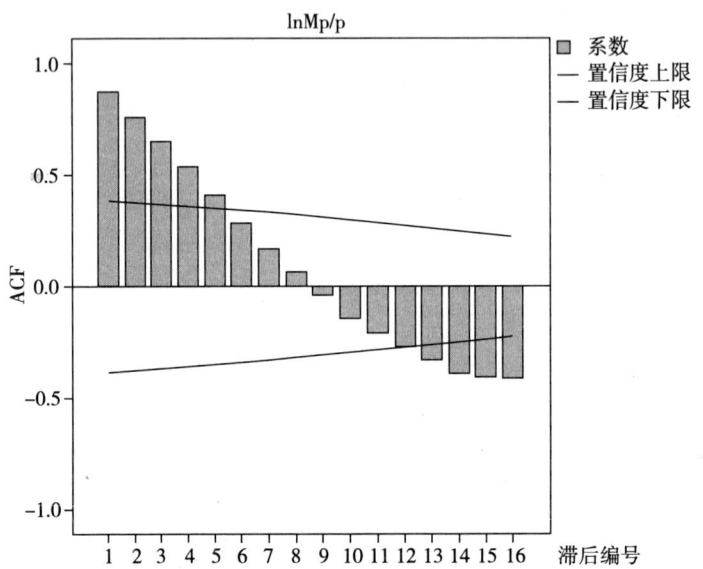

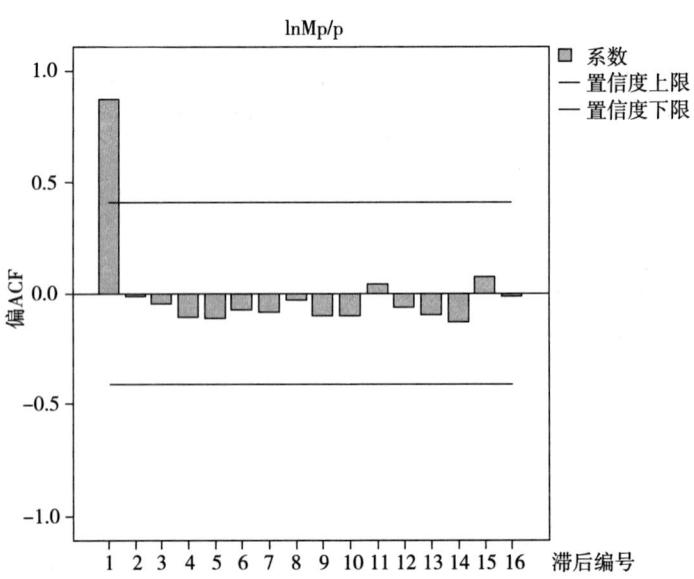

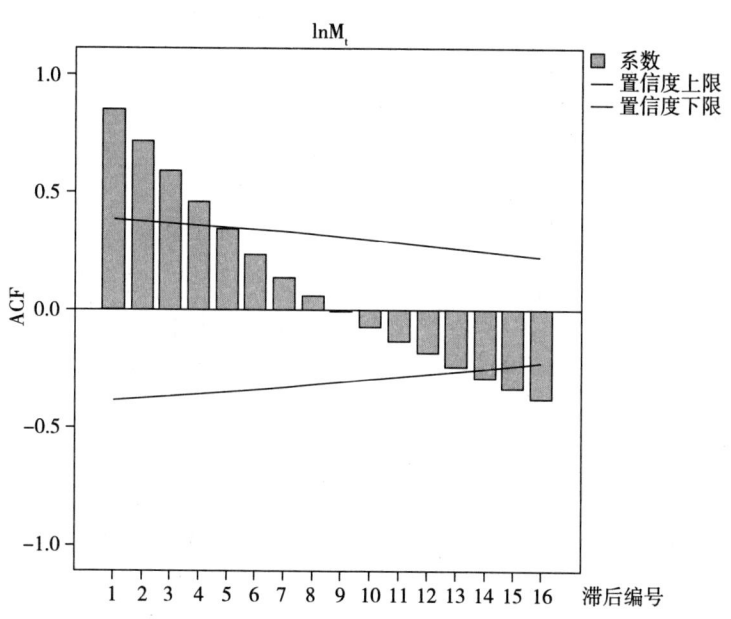

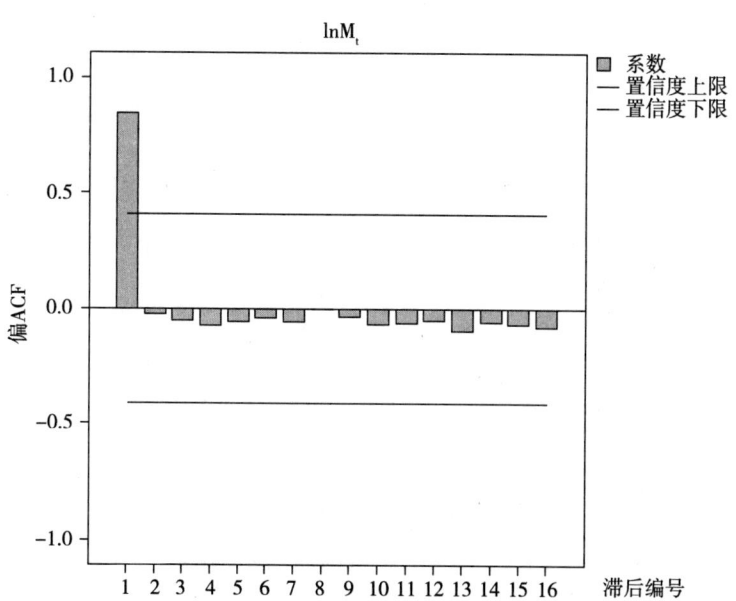

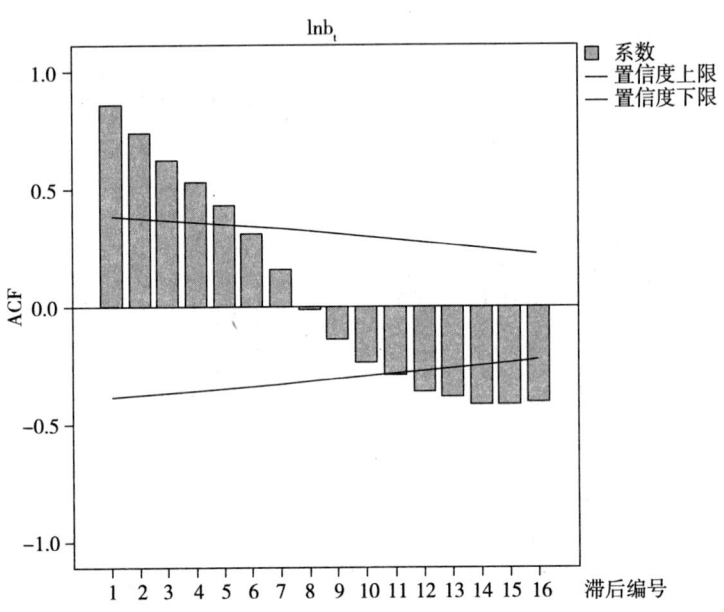

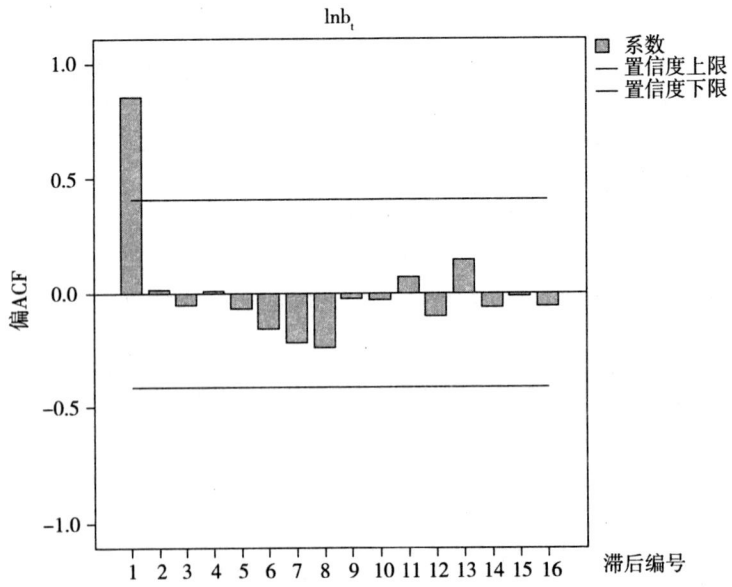

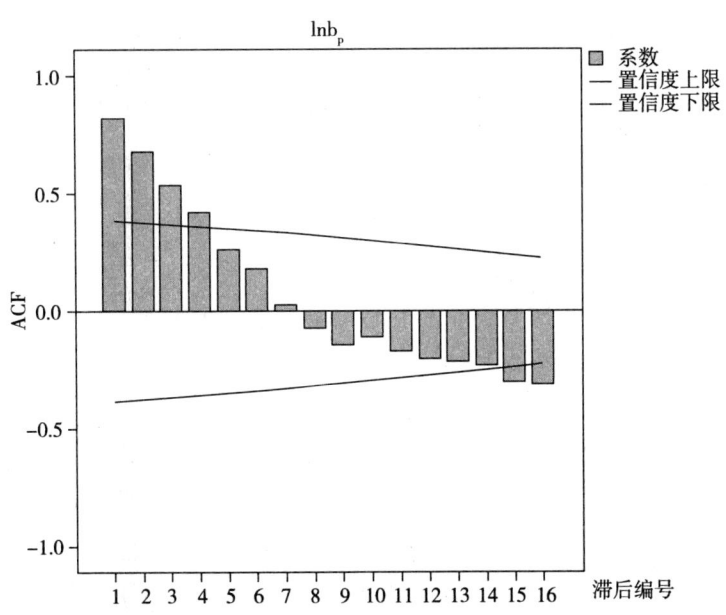

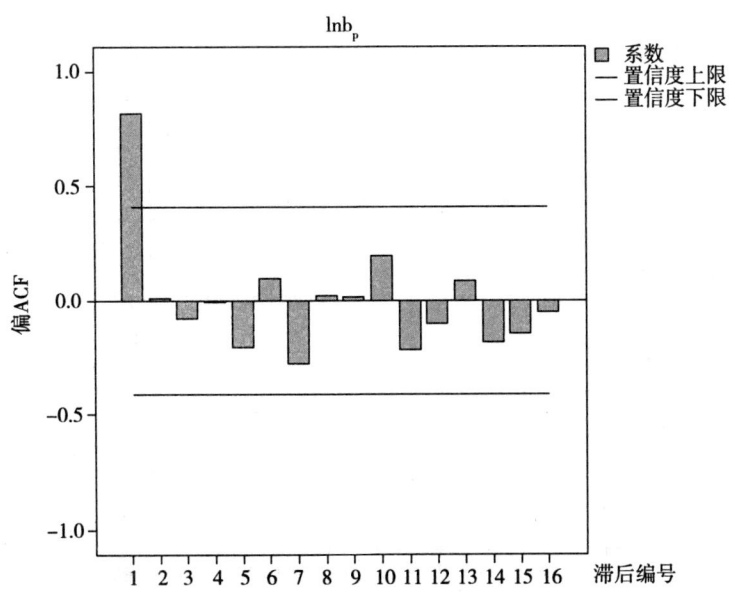

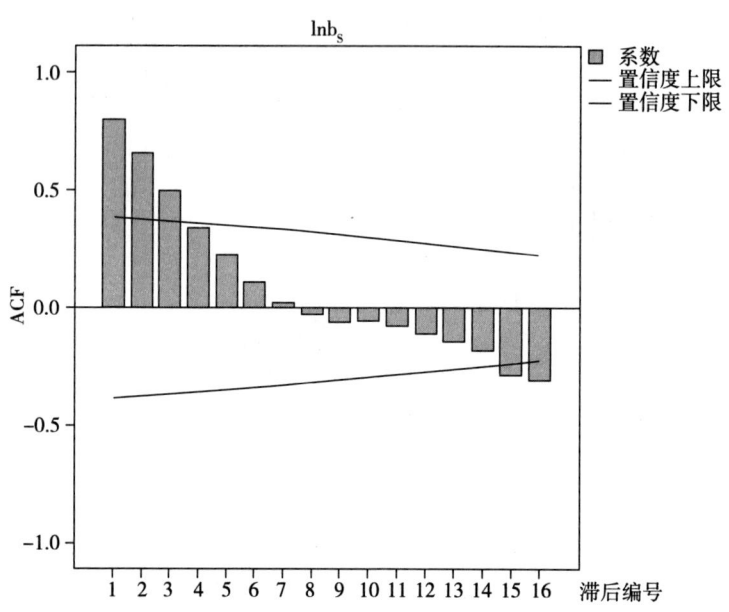

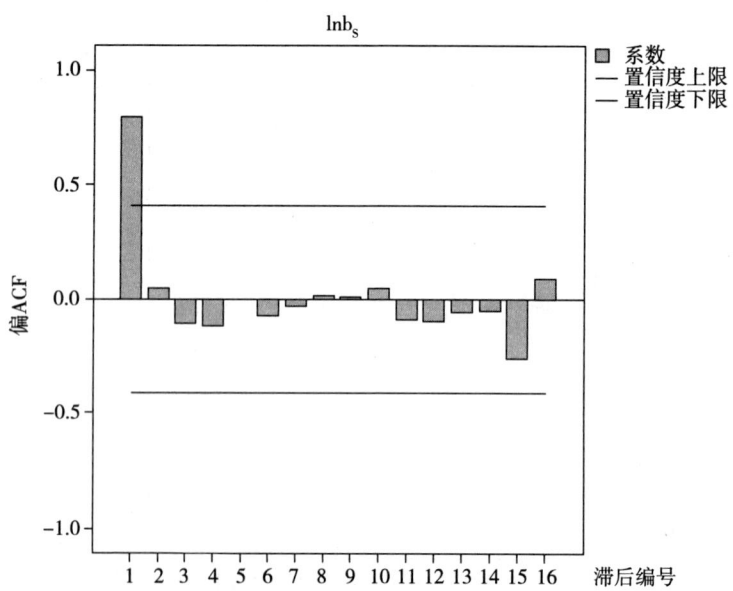

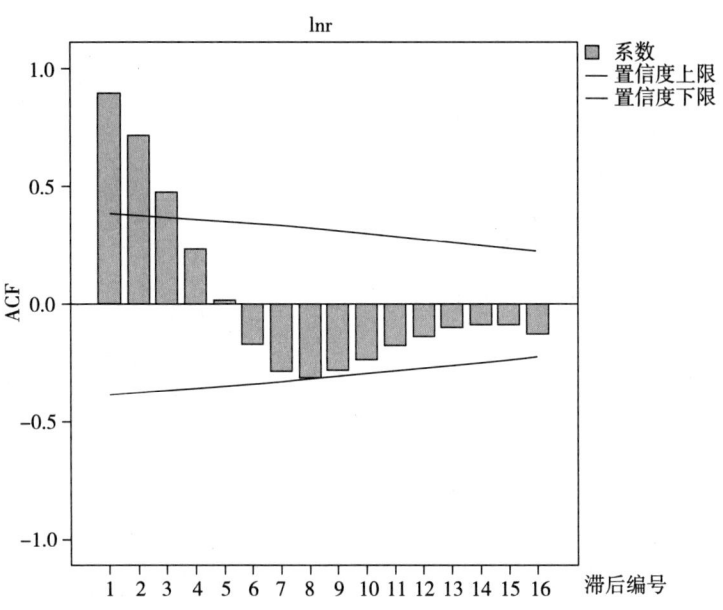

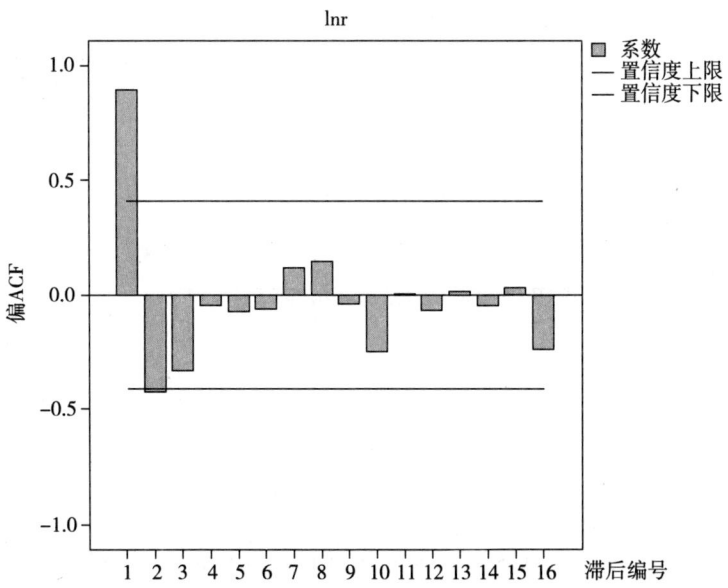

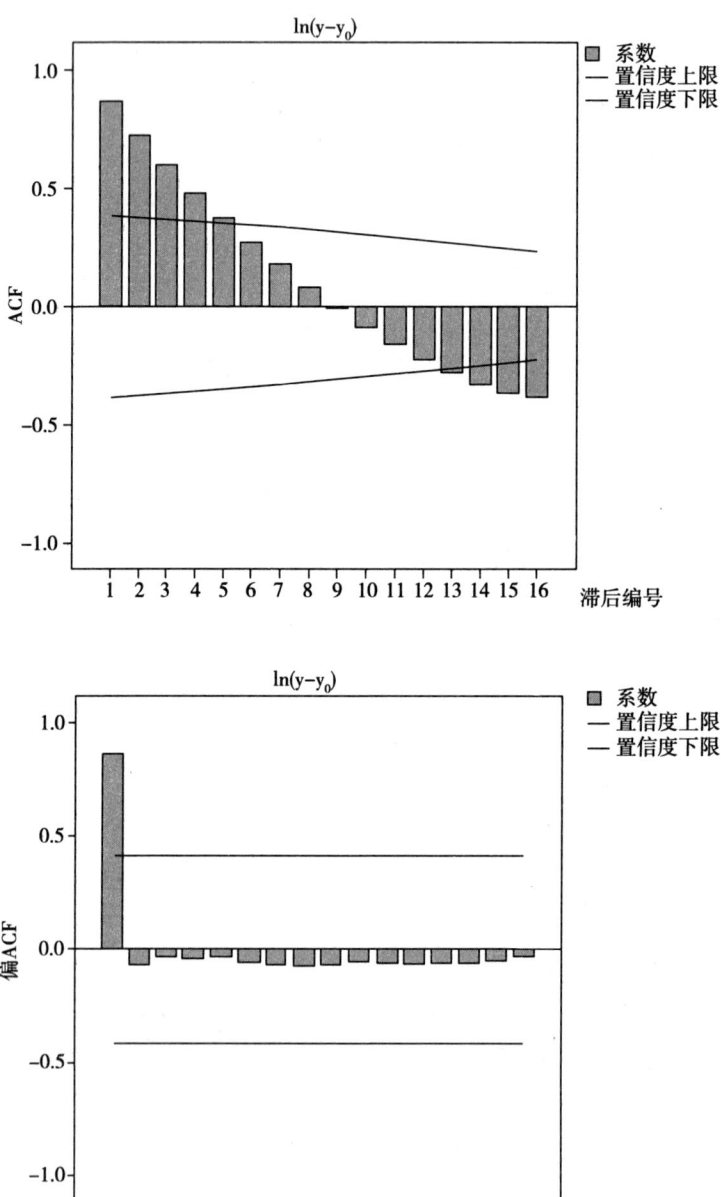

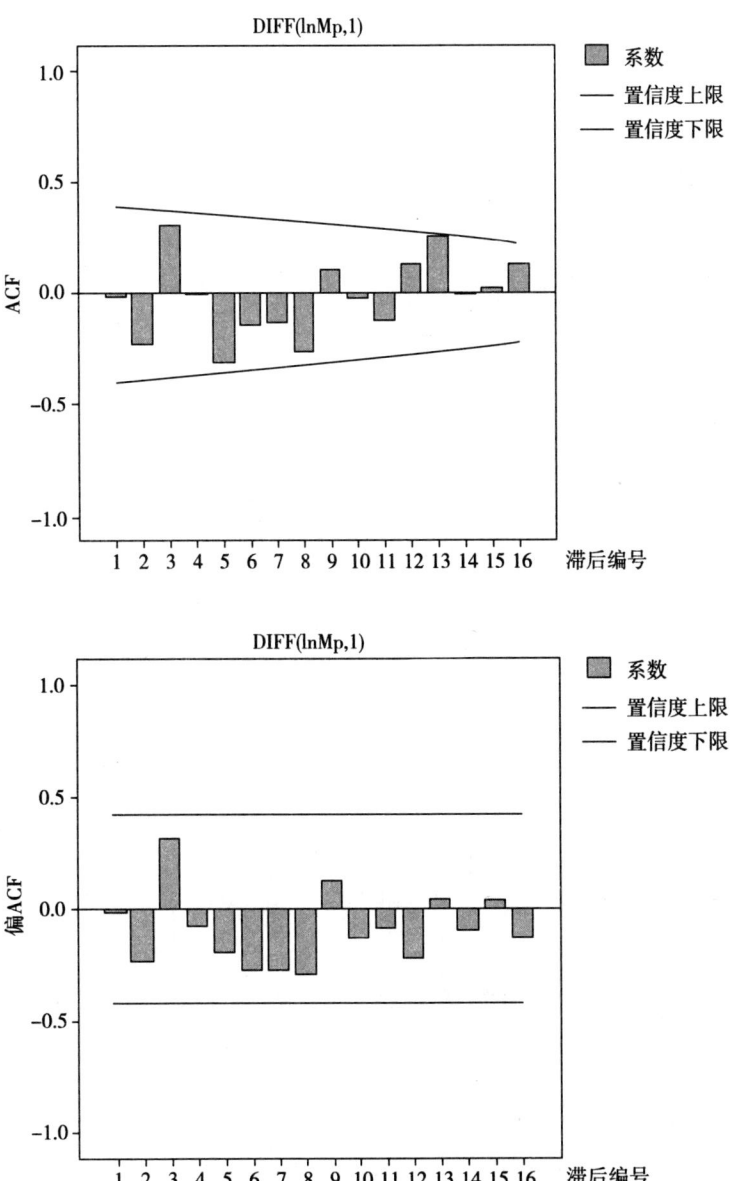

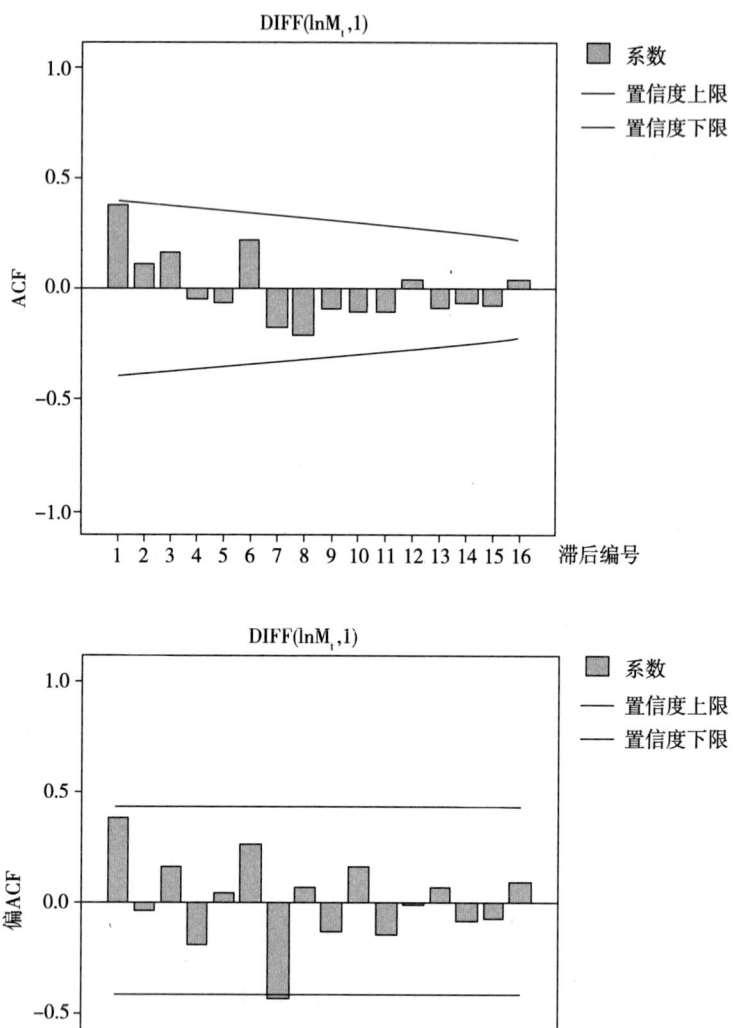

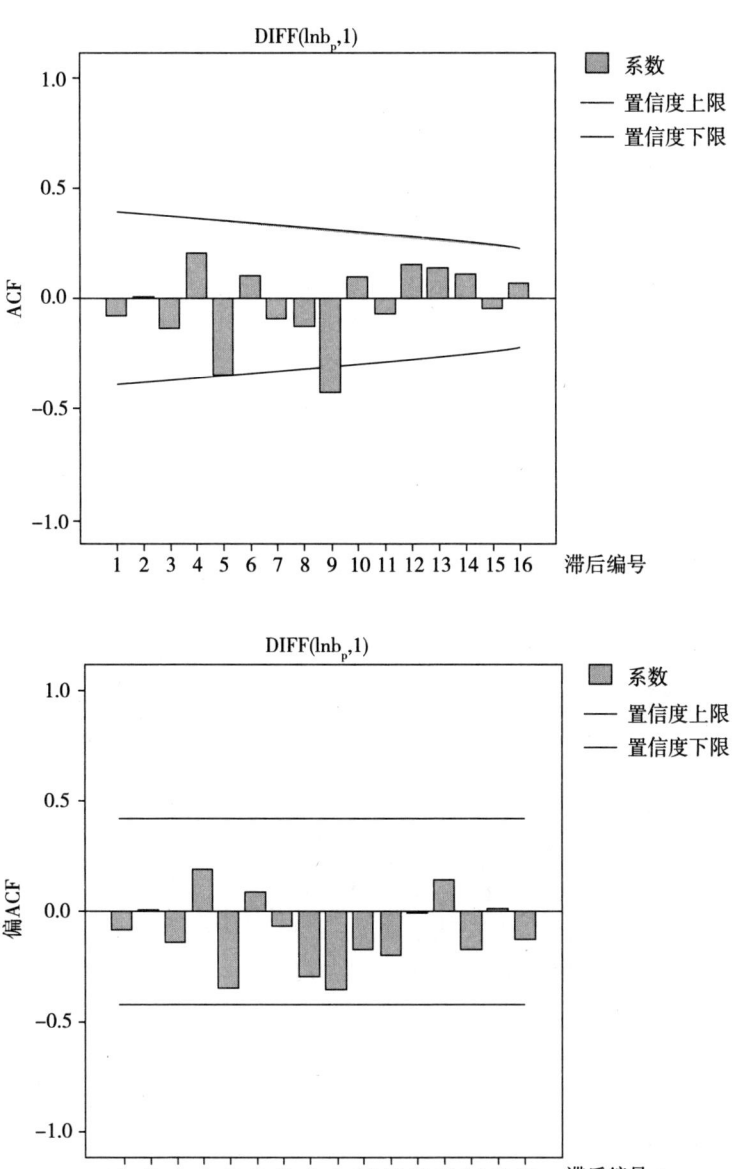

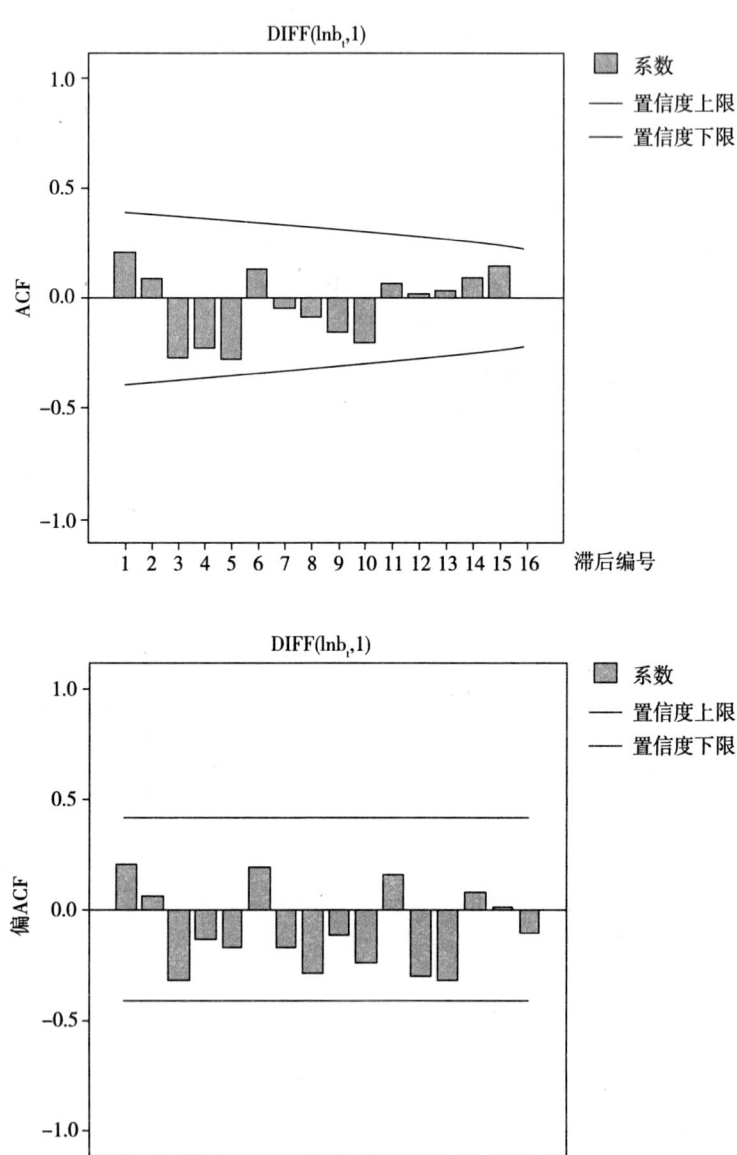

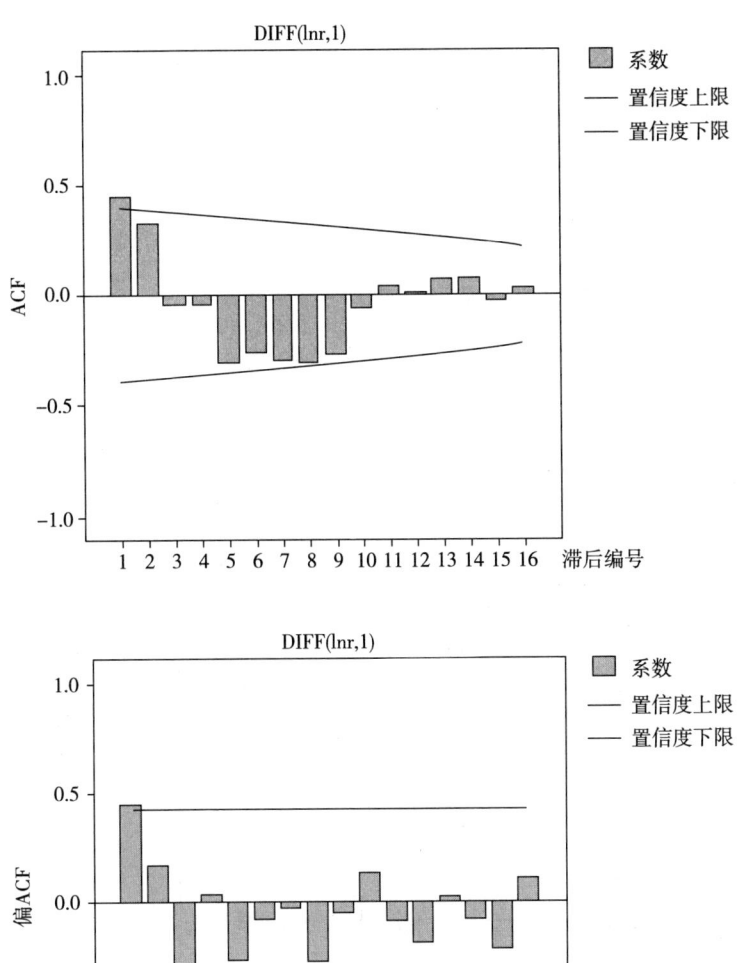

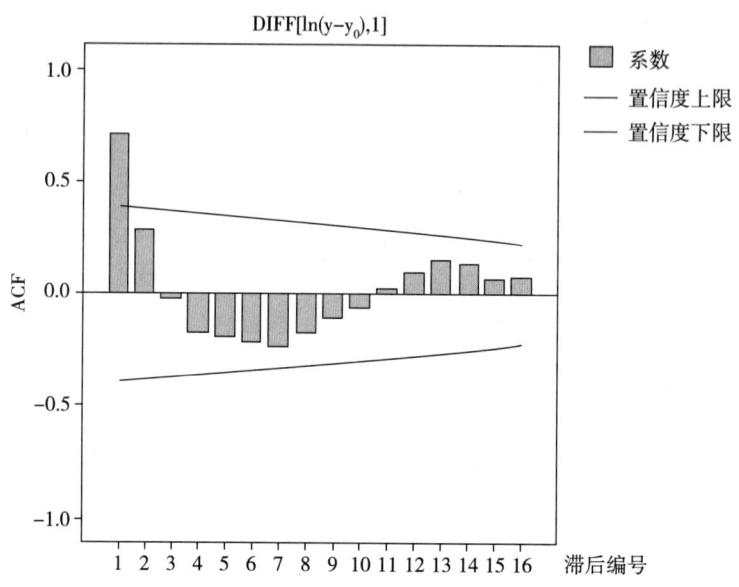

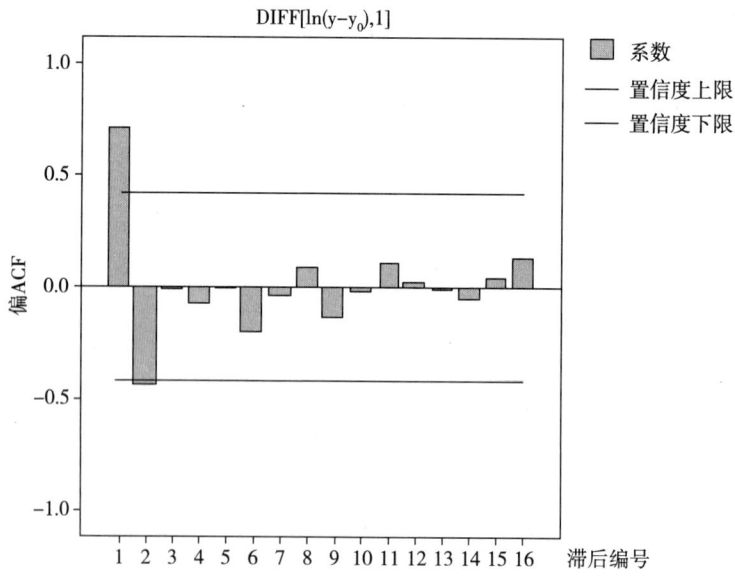

附录 4-5 模型概要

附录 4-5 表 1 预防性货币需求 ARIMA 模型

模型描述		模型类型
模型 ID	lnMp/p	
模型_1		ARIMA (1, 2, 0)

附录 4-5 表 2 模型拟合度

拟合统计	平均值	最小值	最大值	百分位数						
				5	10	25	50	75	90	95
平稳 R^2	0.222	0.222	0.222	0.222	0.222	0.222	0.222	0.222	0.222	0.222
R^2	0.969	0.969	0.969	0.969	0.969	0.969	0.969	0.969	0.969	0.969
RMSE	0.073	0.073	0.073	0.073	0.073	0.073	0.073	0.073	0.073	0.073
MAPE	1.804	1.804	1.804	1.804	1.804	1.804	1.804	1.804	1.804	1.804
MaxAPE	8.272	8.272	8.272	8.272	8.272	8.272	8.272	8.272	8.272	8.272
MAE	0.042	0.042	0.042	0.042	0.042	0.042	0.042	0.042	0.042	0.042
MaxAE	0.198	0.198	0.198	0.198	0.198	0.198	0.198	0.198	0.198	0.198
正态化 BIC	-4.381	-4.381	-4.381	-4.381	-4.381	-4.381	-4.381	-4.381	-4.381	-4.381

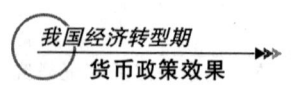

附录4-5表3 拟合惠伦模型 ARIMA 模型

附录4-5表3-1 模型描述

		模型类型
模型 ID	lnMp/p	模型_1	ARIMA（1，2，0）

附录4-5表3-2 模型拟合度

| 拟合统计 | 平均值 | 最小值 | 最大值 | 百分位数 | | | | | | |
				5	10	25	50	75	90	95
平稳 R^2	0.224	0.224	0.224	0.224	0.224	0.224	0.224	0.224	0.224	0.224
R^2	0.969	0.969	0.969	0.969	0.969	0.969	0.969	0.969	0.969	0.969
RMSE	0.076	0.076	0.076	0.076	0.076	0.076	0.076	0.076	0.076	0.076
MAPE	1.774	1.774	1.774	1.774	1.774	1.774	1.774	1.774	1.774	1.774
MaxAPE	8.473	8.473	8.473	8.473	8.473	8.473	8.473	8.473	8.473	8.473
MAE	0.041	0.041	0.041	0.041	0.041	0.041	0.041	0.041	0.041	0.041
MaxAE	0.202	0.202	0.202	0.202	0.202	0.202	0.202	0.202	0.202	0.202
正态化 BIC	-4.178	-4.178	-4.178	-4.178	-4.178	-4.178	-4.178	-4.178	-4.178	-4.178

附录4-5表3-3 模型统计

| 模型 | 预测变量数 | 模型拟合度统计 | | | | | | 杨-博克斯 Q（18） | | | 离群值数 |
		平稳 R^2	R^2	RMSE	MAPE	MaxAPE	MAE	MaxAE	正态化 BIC	统计	DF	显著性	
lnMp/p-模型_1	5	0.224	0.969	0.076	1.774	8.473	0.041	0.202	-4.178	21.440	17	0.207	0

第五节 中国经济转型期投机性货币
需求的决定及实证分析

一、投机性需求的决定模型及计量模型的确定

如前文所述,修正后的名义投机性货币需求的模型如下:

$$M_S = \sqrt{\frac{b_s}{r}p} \sqrt{\sqrt{y-y_0}\left\{\sqrt{y-y_0} - \sqrt{\frac{2b_t}{r}} - \frac{2Q}{M_t}\sqrt{\frac{b_p}{r}}\left[1-\sqrt{\frac{2b_t}{r(y-y_0)}}\right]\right\}} P \quad (4-18)$$

式中,M_s 为名义投机性货币需求;b_s 为筹措投机性货币而出售生息资产的手续费;r 为利率;$y-y_0$ 为收入超过温饱线的部分;b_t 为筹措交易性货币所花手续费;b_p 为筹措预防性货币所花手续费;M_t 为交易性货币需求;P 为价格;Q 为净支出的标准差;p 为证券投资时机的概率,它们与一个国家一定时期内的制度环境有关,因此,如果一定时期内制度环境稳定,Q 和 p 可视为常数。总之,M_s 与 b_s、r、$y-y_0$、b_t、b_p、P、M_t、Q、p 等参数应成稳定的函数关系。

对式(4-18)两边取对数后可得:

$$\ln \frac{M_s}{P} = \frac{1}{2}(\ln b_s + \ln p - \ln r) + \frac{1}{2}\left\{\frac{1}{2}\ln(y-y_0) + \ln\left[\sqrt{y-y_0} - \sqrt{\frac{2b_t}{r}} - \frac{2Q}{M_t}\sqrt{\frac{b_p}{r}}\left[1-\sqrt{\frac{2b_t}{r(y-y_0)}}\right]\right]\right\}$$

$$(4-19)$$

取以下计量模型进行估计:

$$\ln\frac{M_s}{P} = \alpha + \beta_1 \ln M_t + \beta_2 \ln(y-y_0) + \beta_3 \ln b_t + \beta_4 \ln b_p + \beta_5 \ln b_s + \beta_6 \ln r + \beta_7 \ln\frac{M_s}{P-1} + \varepsilon_t$$

$$(4-20)$$

式中,α 为常数;ε_t 为白噪声;$\dfrac{M_s}{P-1}$ 为 $\dfrac{M_s}{P}$ 的一次滞后自回归项。

与前面的分析一样,本节的计量模型采用 ARIMA 模型,着重于分析经济时间序列本身的概率或随机性质,而不在于构造单一方程抑或联立方程模型。

二、数据资料的说明

所使用原始数据见表4-4：

表4-4 原始数据

年份	1992	1993	1994	1995	1996	1997	1998
预防性货币需求 M_s	1483.27	2416.17	3334.18	4299.34	7331.75	11350.01	14343.72
手续费 b_s	69.0900	49.3200	112.0400	411.6300	381.9200	580.9300	437.9100
年份	1999	2000	2001	2002	2003	2004	2005
预防性货币需求 M_s	20159.50	31965.20	32648.90	33925.90	37128.50	38390.60	41204.51
手续费 b_s	538.88	980.66	347.61	283.64	374.43	435.19	246.71
年份	2006	2007	2008	2009	2010	2011	2012
预防性货币需求 M_s	59267.54	143276.17	98609.65	211066.64	260266.11	238342.19	263651.35
手续费 b_s	71.71	186.26	111.43	217.40	249.86	193.06	205.65
年份	2013	2014	2015				
预防性货币需求 M_s	290220.29	420542.87	542880.58				
手续费 b_s	206.06	260.74	273.07				

数据来源：金融界 http://datacenter.jrj.com.cn/news/2007-05-22，中国证券监督委员会网站，国家统计局网站，中国证券期货统计年鉴（2005）。

鉴于前文在交易性货币需求和预防性货币需求的实证分析中已对部分数据做出了说明，下面仅对如下数据做出解释。

（一）名义投机性货币需求（M_s）[①]

鉴于数据的可得性，这里的名义投机性货币需求定义为年底股票市值、年底国债余额、年底证券公司保证金余额三者之和。虽然美国经济学家托宾在其"资产选择理论"（Tobin，1958）中将投资者定义为风险的规避者，从而只考虑收益与风险相对较小的债券市场，但是随着金融市场的不断发展与监管体系的日益完善、金融工具的推陈出新（如投资基金的出现），投资股票的风险也不如以前那

---

① 具体计算见表4-5。

么大，股票市场越来越成为人们的投资渠道，因此本书将投资者定义为风险的中立者，将股票投资纳入资产组合。

股票的年底市值是从1992年开始计算，因为截至1991年，居民所拥有的金融资产还基本局限于银行储蓄存款，有价证券如国库券等只占较小的份额。而在中国，购买国库券和储蓄一样，都是没有风险的。因此，实际上在1992年之前，人们面临的投资选择是非常单一的，而且几乎不存在风险，人们也就无须在收益和风险权衡中对自己的投资组合进行安排。因此，1992年之前人们的投机动机是几乎不存在的。人们持有货币主要是出于交易动机和预防动机，而很少是为了期待通过利率的变化而从中获利或规避损失。同时，股票市值的统计是以A股的流通市值为准的，所谓A股是指那些在中国大陆注册、在中国大陆上市的普通股票，以人民币认购和交易。

(二) 筹措投机性货币出售生息资产的手续费 (b_s)[①]

这里 b_s 的计算采取如下公式：

b_s = A 股全年成交额×（印花税率+佣金率）+债券全年成交额×佣金率

国债的成交额是从1995年开始计算的，因为1995年8月，国家正式停止了一切场外债券市场，证券交易所变成了中国唯一合法的债券市场，所统计的数据才变得可靠和真实。

三、数据检验与分析

(一) 单位根检验

根据第四章第二节的检验结果，所有数据在5%的置信区间上均不是一阶单整 I（1）的。

(二) 协整检验

根据第四章第二节的检验结果，实际投机性货币需求对数 $\ln\dfrac{M_s}{P}$ 与 $\ln(y-y_0)$、$\ln r$ 存在协整关系。

---

① 具体计算见表4-6。

从取对数后的时间序列的自相关图和偏相关图（见附录4-6）来看，除了时间序列 lnbt 的自相关图和偏相关图在5%的置信区间内，时间序列 lnMt、ln（y-y_0）、lnb_s、lnb_p、lnr、lnMs 的自相关图均表现为衰减的正弦波，同时，上述时间序列的偏相关图具有显著的直至滞后 p 的尖柱，[lnMt、ln（y-y_0）、lnb_s、lnb_p、lnMs 均具有直至滞后1的尖柱，即 p 值均为1，lnr 具有直至滞后2的尖柱，即 p 值为2]。按照博克斯—詹金斯方法论，识别出时间序列 lnMt、ln（y-y_0）、lnb_s、lnb_p、lnr、lnMs 为非平稳时间序列。为了消除时间序列的非平稳性，首先将时间序列 lnMt、ln（y-y_0）、lnb_s、lnb_p、lnr、lnMs 取一阶差分。从一阶差分后的自相关图和偏相关图（见附录4-6）来看，lnMt、lnb_s、lnb_p、lnMs 在5%的置信区间内都不再有明显的样式，但是，时间序列 ln（y-y_0）、lnr 在5%的置信区间内，仍然有滞后1期的尖柱。故采用 ARIMA（1，2，0）计量模型，来进行时间序列的回归分析。

通过 SPSS® 对修正后的投机性货币需求模型进行参数估计和拟合，可得到如下结果：从模型统计量来看，对模型拟合的平稳 R^2 为0.337，均方根误差0.201，绝对平均误差为0.115，最大绝对误差为0.522，正态化的 BIC 值为 -2.084。具体模型统计量见附录4-7-3，模型拟合如图4-3所示。

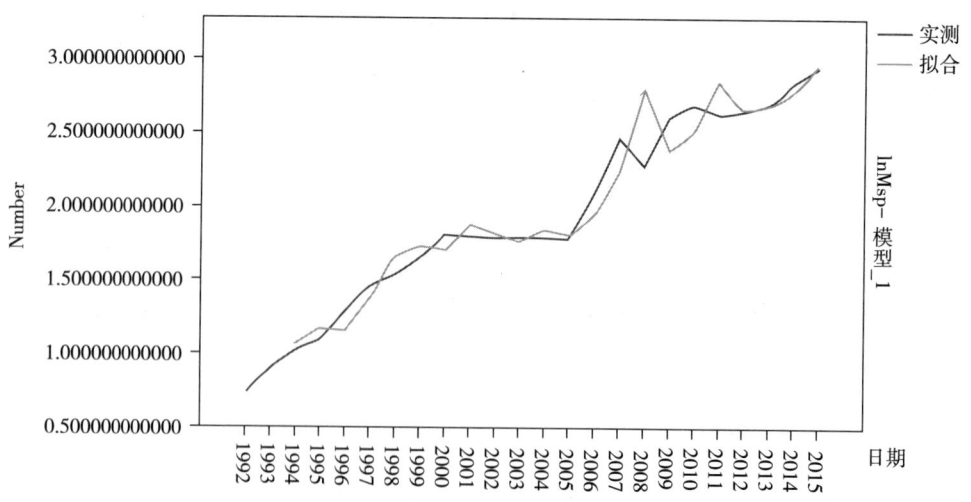

图4-3 模型拟合图

四、实证结果的分析

从模型拟合的整体趋势来看，1998年以及2001~2005年观测值与拟合值偏差较大，从而导致模型拟合度不是太高。查《中国金融年鉴》可知，1998年国内股票市场成交萎缩，全年共成交23544亿元，比1997年减少7177亿元，缩减23.4%。同年末，上证综合指数为1146.7点，比1997年末低47.1点；深证成分指数为2949.3点，比1997年末低1235.5点。并且从2001年初到2005年5月，中国股市经历了一个漫长的熊市，如上证A指从2200点左右下跌到1000点左右。与此同时，中国的宏观经济发展势态良好，GDP每年都保持10%左右的增长率。因此，这段时间，中国股市并不是国民经济的"晴雨表"。

政府为了刺激低迷的股市，采取了扩张性的货币政策，如一年期银行存款利率从2001年的2.25%降到2003年的1.98%，却也无法挽救股市的萎缩，成交额与股市市值进一步下跌。可见，此时的投机性货币需求并不是凯恩斯所说的是利率的递减函数。所以，从现实经济情况来看，1998年以及2001~2005年观测值与拟合值偏差较大的原因主要有以下三点：

第一，股票市场的非有效性。中国股市从创建之初就带有明显的政府直接干预色彩，有所谓"政策市"之说。监管部门对上市公司、投资者和市场习惯采用行政干预手段，引起市场价格信号的扭曲，干扰了股票市场调节和配置机制，也改变了投资者的心理预期。因此，根据"有效市场假说理论"，中国的股票市场是非有效的。

第二，股权分置造成流通市场风险很高。所谓股权分置，也就是股权流动性的分裂，即在股票发行的同时将股权分为流通股和非流通股。这违背了同股同利、同股同权的原则，造成我国上市公司2/3的不流通股和1/3的流通股格局。这也使流通股股东几乎承担了所有的系统性风险和非系统性风险。

第三，信用的缺失损害了股民的投资积极性。由于证券监管体系的不完善，我国上市公司失信，证券公司造假现象严重。从琼民源、郑百文、蓝田、银广夏到亿安科技、海虹控股事件，再到德隆系、格林柯尔系、南方证券的事发，这些失信行为极度损害了投资者的利益，从而也使他们丧失了投资积极性。

表 4-5 1992~2015 年投机性货币需求一览表

年份	A股年底流通市值（亿元）	证券公司保证金存款规模（亿元）	年底国债余额（亿元）	投机性货币需求（亿元）
1992	157.25	43.30	1282.72	1483.27
1993	683.03	192.40	1540.74	2416.17
1994	813.88	233.90	2286.40	3334.18
1995	790.94	208.10	3300.30	4299.34
1996	2514.02	456.30	4361.43	7331.75
1997	4856.08	985.00	5508.93	11350.01
1998	5550.02	1028.00	7765.70	14343.72
1999	7937.46	1680.00	10542.00	20159.46
2000	15524.21	3421.00	13020.00	31965.21
2001	13344.89	3686.00	15618.00	32648.89
2002	11718.75	2871.00	19336.10	33925.85
2003	12305.94	2219.00	22603.60	37128.54
2004	10998.00	1615.00	25777.60	38390.60
2005	10630.51	1800.00	28774.00	41204.51
2006	23731.26	521.00	35015.28	59268.00
2007	90526.52	675.00	52074.65	143276.00
2008	44419.11	919.00	53271.54	98610.00
2009	149455.96	1373.00	60237.68	211067.00
2010	190917.00	1801.00	67548.11	260266.00
2011	163479.00	2818.00	72044.51	238342.00
2012	180082.94	6002.00	77565.70	263651.00
2013	197915.96	5557.00	86746.91	290220.00
2014	313910.42	10977.00	95655.45	420543.00
2015	415680.99	20600.00	106599.59	542881.00

表 4-6 1992~2015 年证券交易费用

年份	A股全年成交额（亿元）	印花税（‰）	股票交易手续费用率（‰）	股票交易费用（亿元）	债券成交额（亿元）	债券交易佣金率（‰）	债券交易费用（亿元）	证券交易总费用（亿元）
1992	651.81	3	50	69.09				69.09
1993	3522.55	3	4	49.32				49.32
1994	8003.08	3	4	112.04				112.04
1995	3958.59	3	4	55.42	59367.61	3	356.21	411.63
1996	21052.30	3	3.5	273.68	18039.35	3	108.24	381.92
1997	30295.21	5	3.5	515.02	16476.89	2	65.91	580.93
1998	23417.72	4	3.5	351.27	21661.78	2	86.65	437.91
1999	31049.55	4	3.5	465.74	18284.12	2	73.14	538.88
2000	60278.68	4	3.5	904.18	19119.16	2	76.48	980.66
2001	33242.04	2	2	265.94	20417.76	2	81.67	347.61
2002	27142.04	2	2	217.14	33249.53	1	66.50	283.64
2003	31269.99	2	2	250.16	62136.36	1	124.27	374.43
2004	41817.49	2	2	334.54	50323.50	1	100.65	435.19
2005	31663.14	1	2	189.98	28367.85	1	56.74	246.71
2006	90468.89	0.1	0.00696	629.66	382839.23	0.0001	38.28	667.94
2007	460556.23	0.1	0.00696	3205.47	628787.97	0.0001	62.88	3268.35
2008	267112.66	0.1	0.00696	1859.10	956855.15	0.0001	95.69	1954.79
2009	535987.00	0.1	0.00696	3730.47	1180369.13	0.001	118.04	3848.51

续表

年份	A股全年成交额（亿元）	印花税（‰）	股票交易手续费用率（‰）	股票交易费用（亿元）	债券成交额（亿元）	债券交易佣金率（‰）	债券交易费用（亿元）	证券交易总费用（亿元）
2010	545634.00	0.1	0.00696	3797.61	1522585.20	0.0001	152.26	3949.87
2011	421645.00	0.1	0.00696	2934.65	216417	0.0001	21.64	2956.29
2012	314667.41	0.1	0.00696	2190.09	403454	0.0001	40.35	2230.44
2013	468729.00	0.1	0.00696	3262.35	678436	0.0001	67.84	3330.19
2014	742385.26	0.1	0.00696	5167.00	935187.45	0.0001	93.52	5260.52
2015	2550541.31	0.1	0.00487	12421.14	1309219.03	0.0001	130.92	12552.06

数据来源：金融界 http：//datacenter.jrj.com.cn/news/2007-05-22/000002258396.html，中国证券监督委员会网站，国家统计局网站，中国证券期货统计年鉴（2005）。

附录4-6 原始时间序列的自相关图和偏相关图

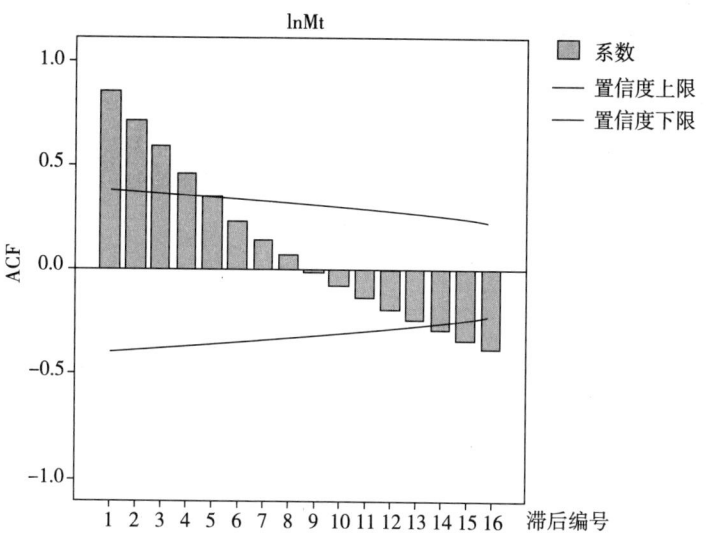

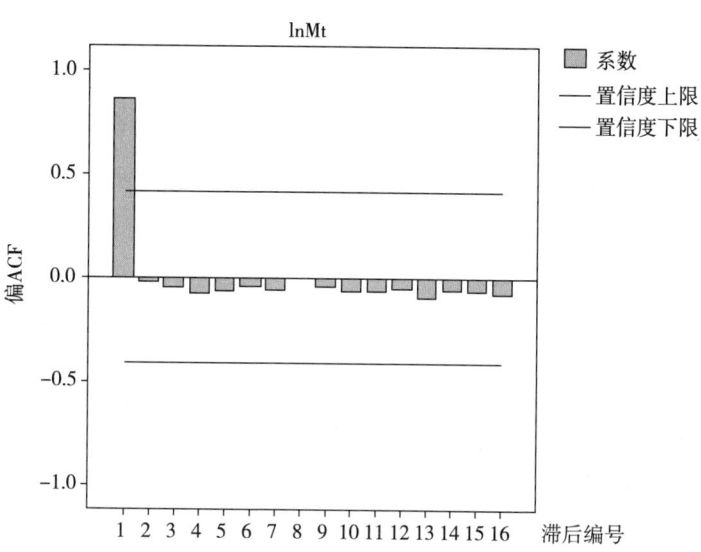

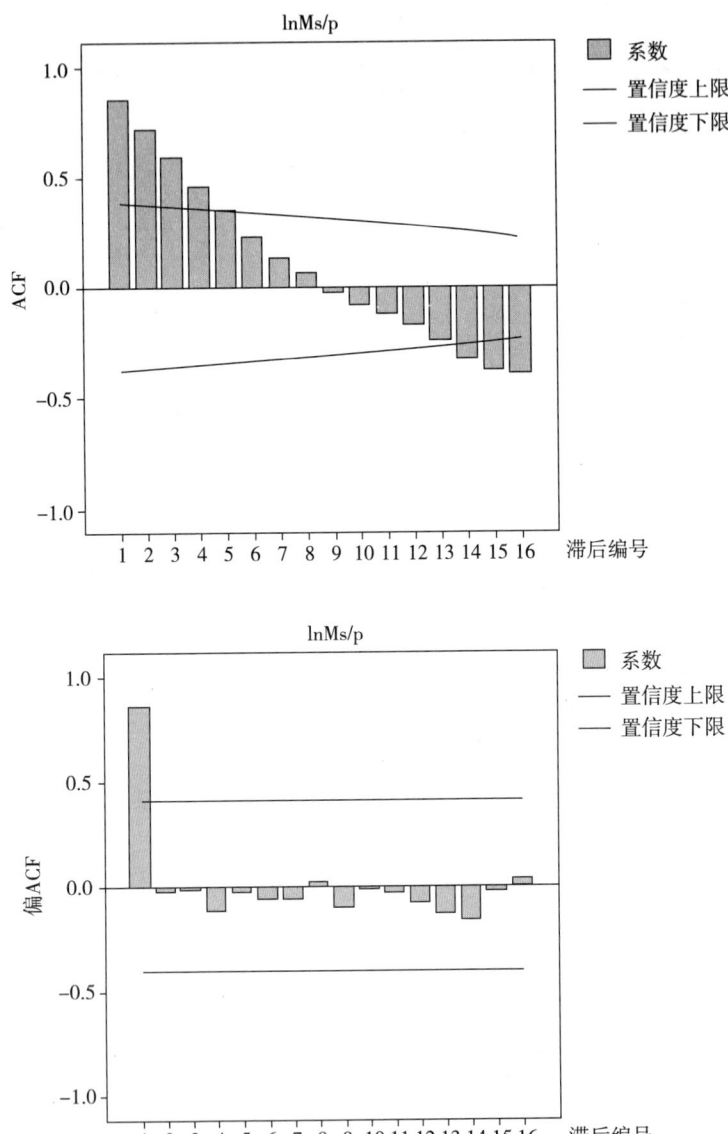

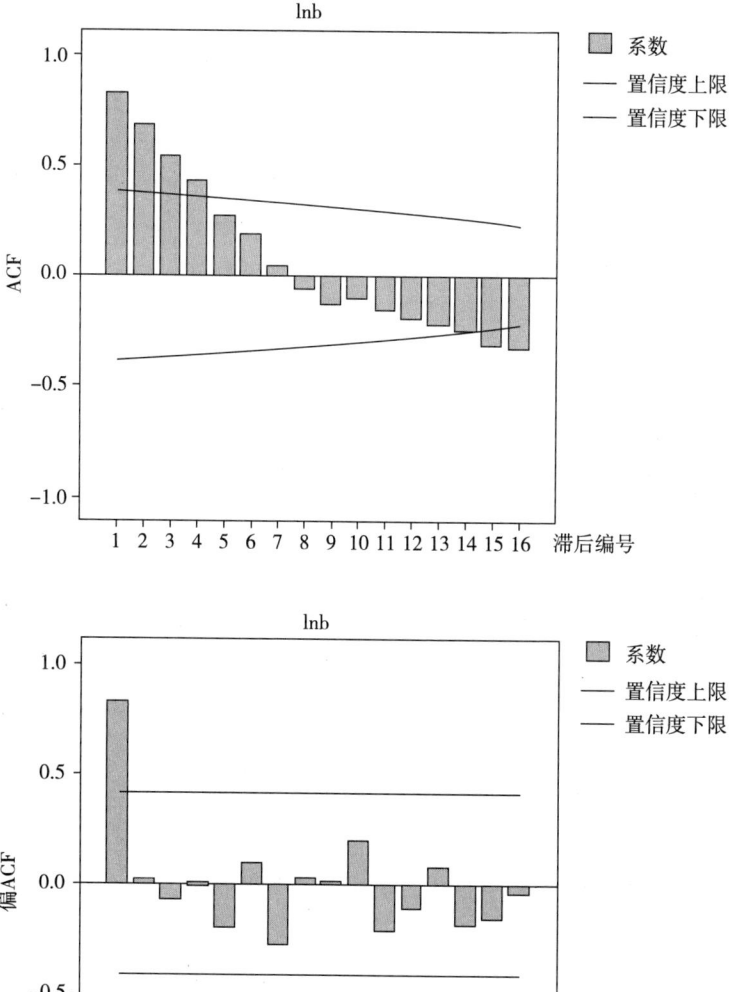

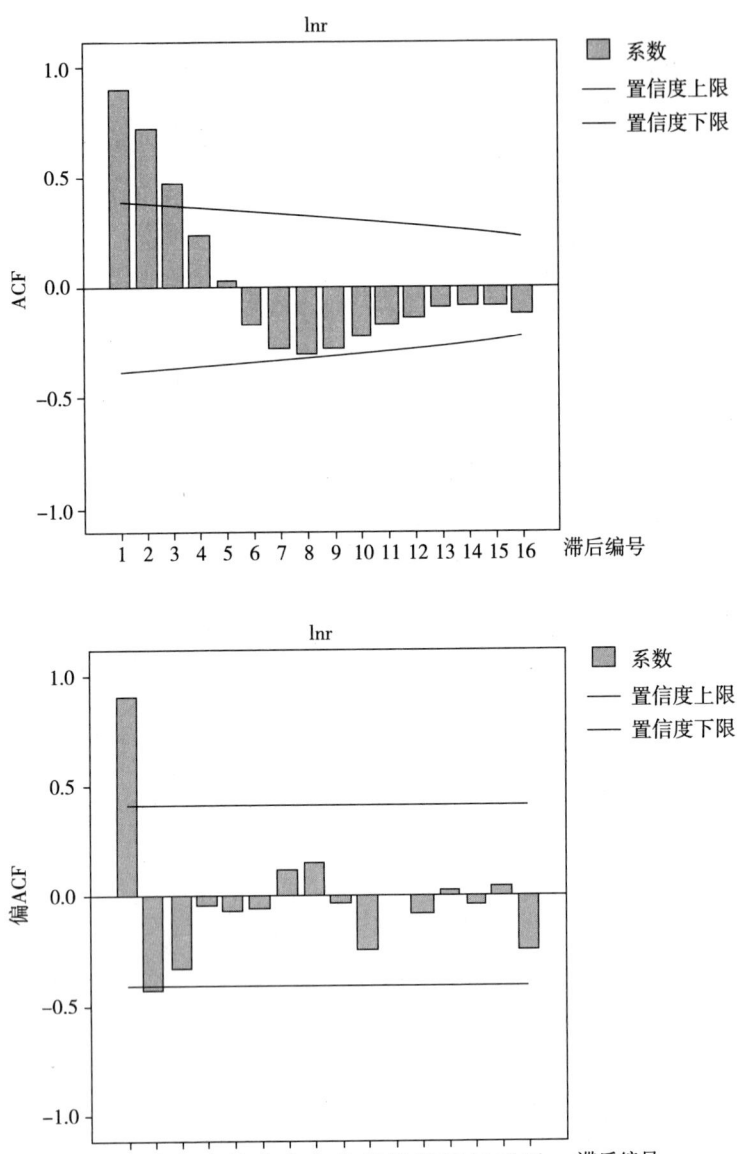

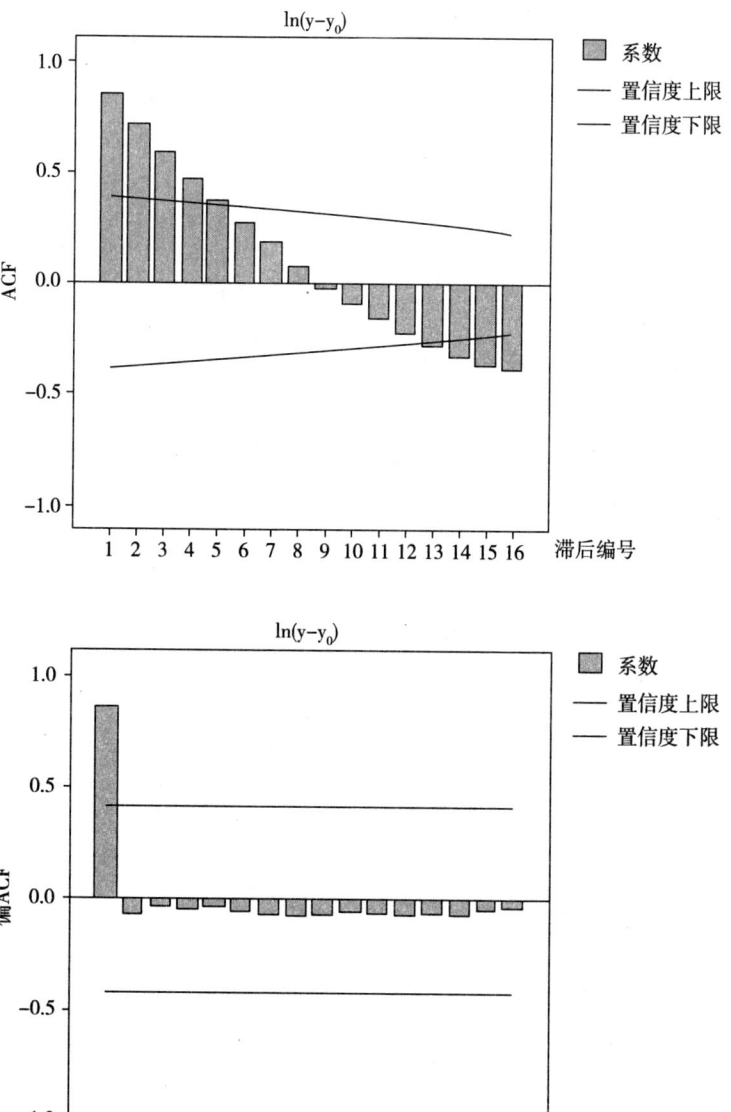

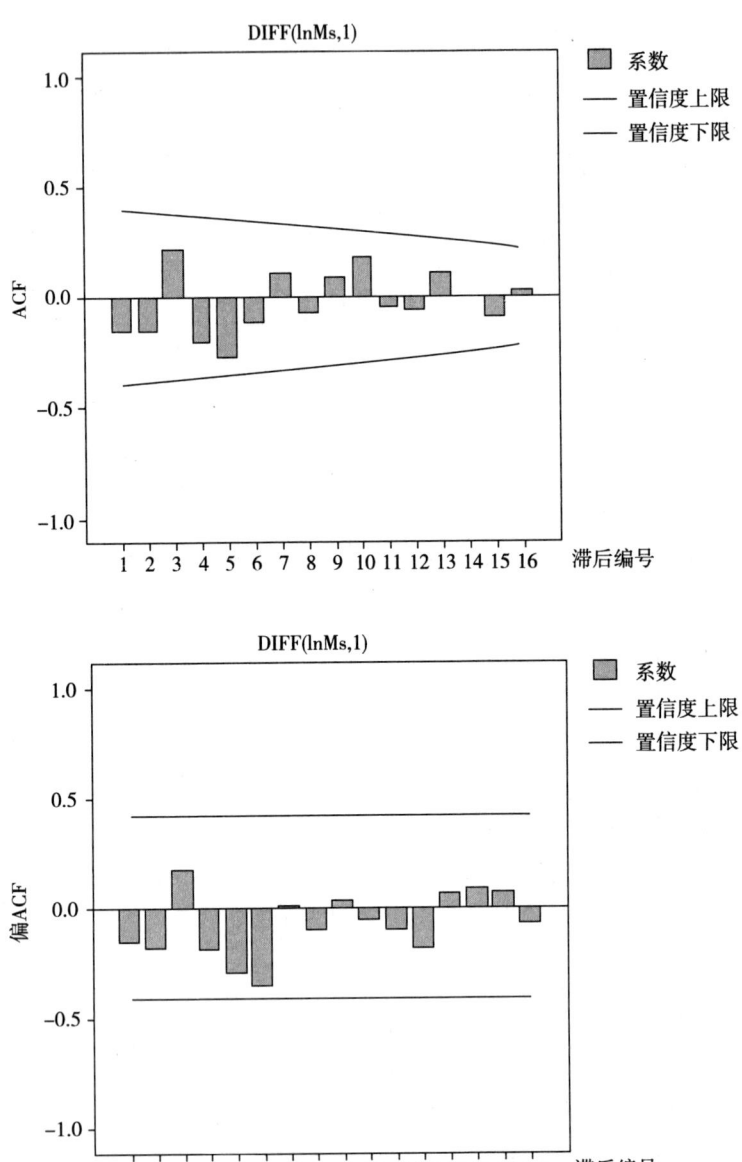

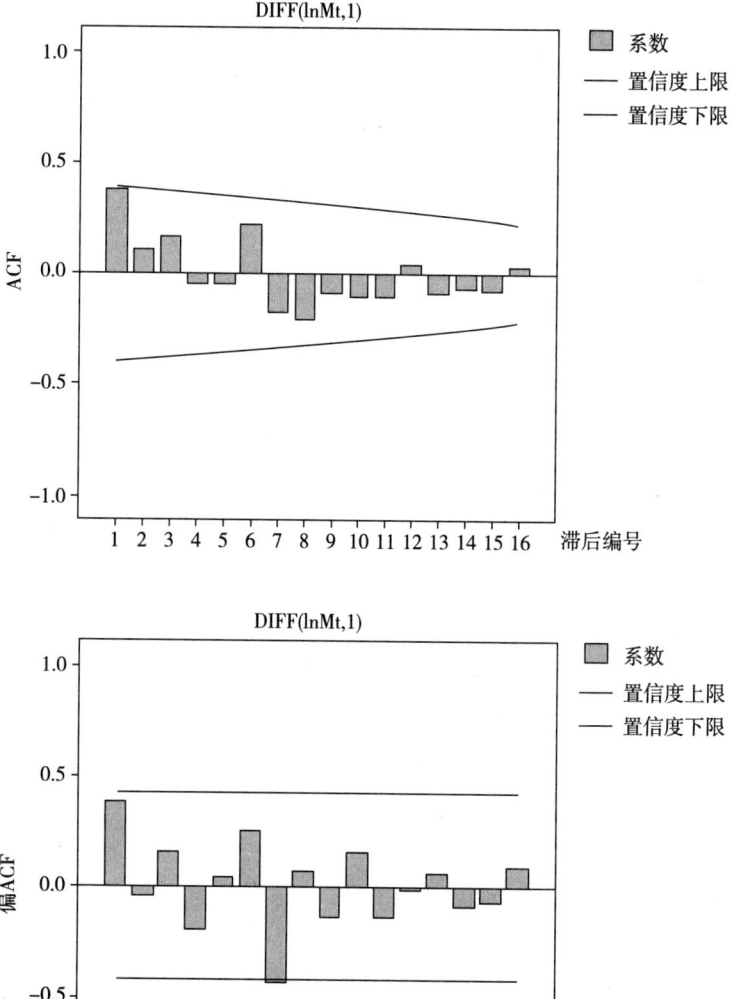

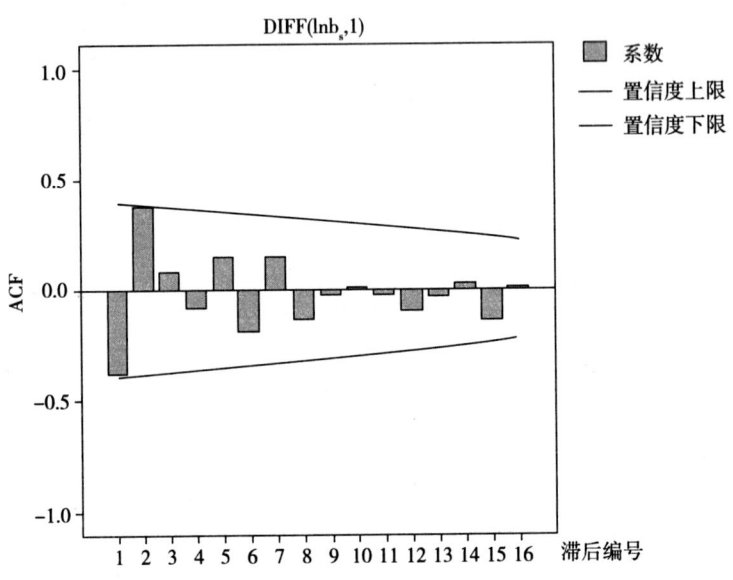

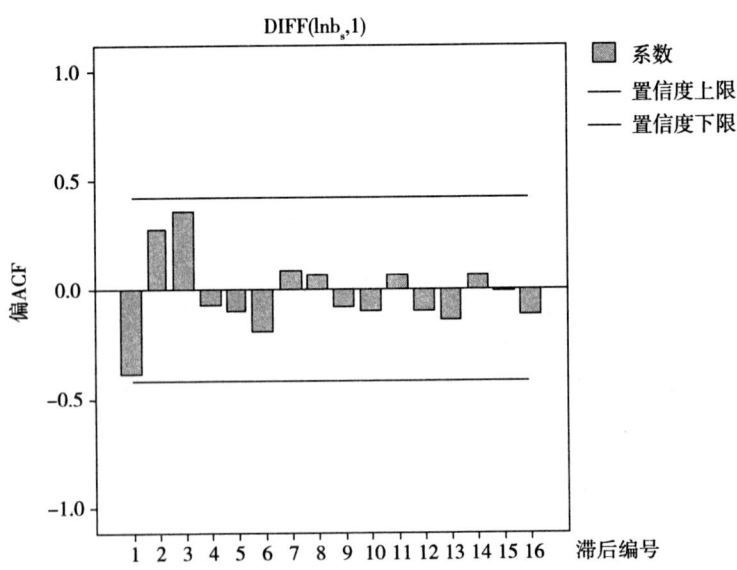

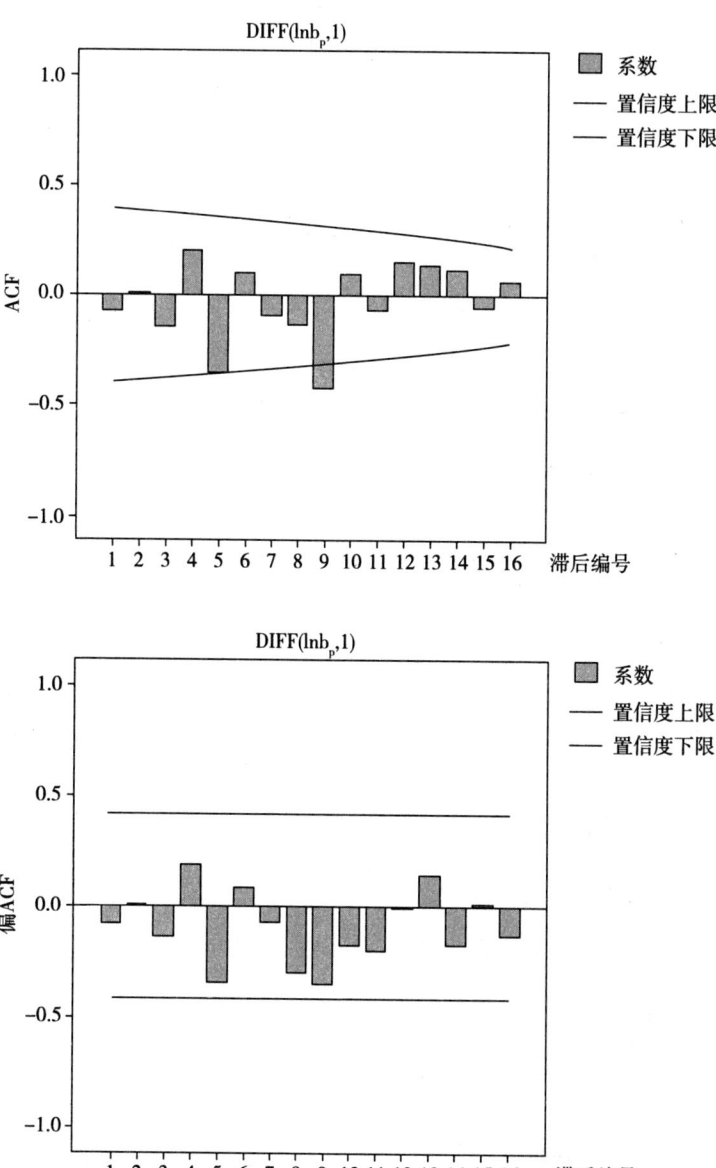

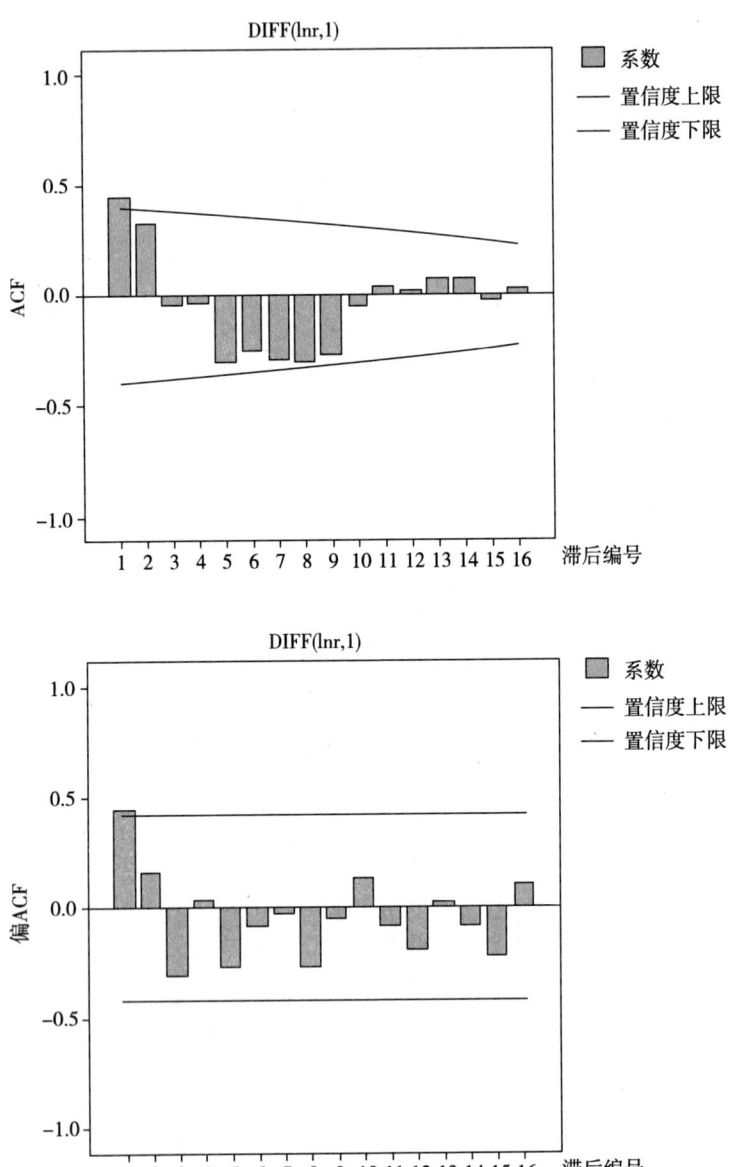

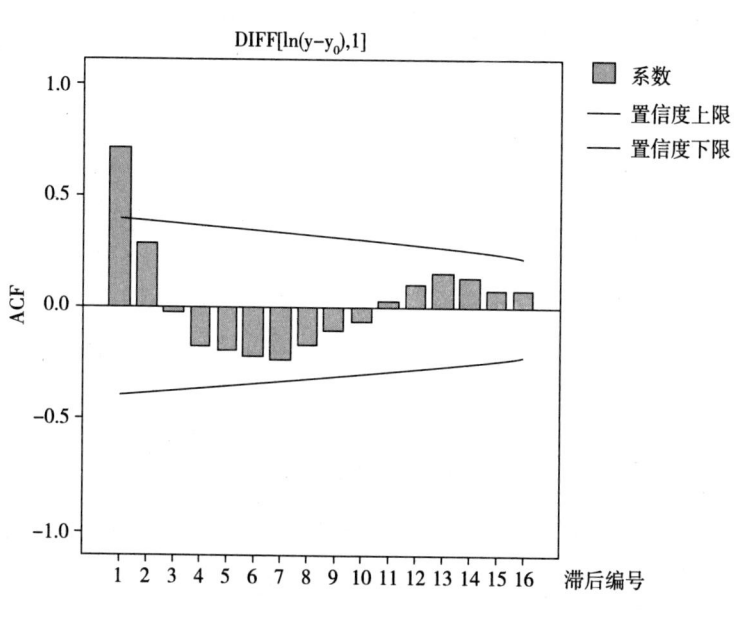

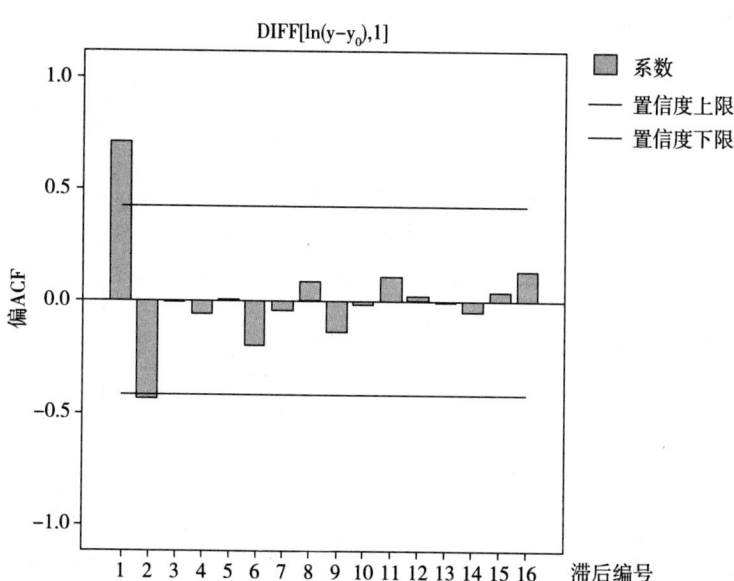

附录4-7 投机性货币需求实证分析模型描述

附录4-7-1 模型描述

模型ID		模型类型
lnMs/p	模型_1	ARIMA (1, 2, 0)

附录4-7-2 模型拟合度

拟合统计	平均值	最小值	最大值	百分位数						
				5	10	25	50	75	90	95
平稳 R^2	0.337	0.337	0.337	0.337	0.337	0.337	0.337	0.337	0.337	0.337
R^2	0.921	0.921	0.921	0.921	0.921	0.921	0.921	0.921	0.921	0.921
RMSE	0.201	0.201	0.201	0.201	0.201	0.201	0.201	0.201	0.201	0.201
MAPE	5.736	5.736	5.736	5.736	5.736	5.736	5.736	5.736	5.736	5.736
MaxAPE	22.953	22.953	22.953	22.953	22.953	22.953	22.953	22.953	22.953	22.953
MAE	0.115	0.115	0.115	0.115	0.115	0.115	0.115	0.115	0.115	0.115
MaxAE	0.522	0.522	0.522	0.522	0.522	0.522	0.522	0.522	0.522	0.522
正态化BIC	-2.084	-2.084	-2.084	-2.084	-2.084	-2.084	-2.084	-2.084	-2.084	-2.084

附录4-7-3 模型统计

模型	预测变量数	模型拟合度统计							杨-博克斯Q(18)			离群值数
		平稳 R^2	R^2	RMSE	MAPE	MAE	MaxAPE	MaxAE	正态化BIC	统计	DF	显著性	
lnMs/p-模型_1	6	0.337	0.921	0.201	5.736	0.115	22.953	0.522	-2.084	23.085	17	0.147	0

第六节 中国经济转型期货币总需求的决定及实证分析

一、计量模型的设定

根据前文的讨论,我们可以确定货币需求为收入水平、利率和生息资产变现手续费的函数,即

$$\frac{M}{P}=f(y-y_0,r,b) \tag{4-21}$$

因此,根据以往的研究结果(Baba et al.,1992;Goldfeld et al.,1973)和理论假设,我们考虑如下的估计模型:

$$\ln\frac{M}{P}=\alpha+\beta_1\ln(y-y_0)+\beta_2\ln b+\beta_3\ln r+\ln\frac{M}{P_{-1}}+\varepsilon_t \tag{4-22}$$

式中,α 为常数;ε_t 为白噪声;$\frac{M}{P_{-1}}$ 为实际货币总需求的一阶自回归项。M 为货币总需求,按照凯恩斯模型的假设,我们将货币总需求设定为交易性货币需求、预防性货币需求和投机性货币需求的加总。b 为生息资产变现手续费,根据假设采用前述各项手续费加总。其余变量设定同以上各节。

表 4-7 原始数据

年份	1992	1993	1994	1995	1996	1997	1998
货币总需求 M	17578.67	23484.37	32141.58	41846.94	54654.59	67807.41	78955.39
手续费 b	83.257	69.817	147.969	457.338	430.959	622.618	478.112
年份	1999	2000	2001	2002	2003	2004	2005
货币总需求 M	93236.76	110950.3	122100.1	138114.5	160491.8	179414.3	206287.2
手续费 b	572.415	1009.001	398.848	354.887	461.968	521.822	361.87

续表

年份	2006	2007	2008	2009	2010	2011	2012
货币总需求 M	131669	159596.1	176001.1	232582.8	280960.6	304375.7	324152.3
手续费 b	1863.7	3499.68	3456	4855.27	5302.97	6875.21	7219.97

年份	2013	2014	2015
货币总需求 M	354513.1	368291.4	425235.9
手续费 b	7899.17	7196.91	5874.76

二、模型检验与分析

(一) 单位根检验

根据前面的检验结果，所有数据在5%的置信区间上均不是一阶单整 I (1) 的。

(二) 协整检验

根据前面的检验结果，实际货币需求对数 $\ln\frac{M}{P}$ 与 $\ln(y-y_0)$、$\ln r$ 存在长期稳定关系。

(三) ARIMA 估计

为了选取适当的参数值来进行 ARIMA 模型的估计，先做出原始时间序列的自相关图和偏相关图，如图 4-4 所示，$\ln M$、$\ln(y-y_0)$、$\ln r$、$\ln b$ 的自相关图均出现拖尾，显示出衰减的正弦型波动，$\ln M$、$\ln(y-y_0)$、$\ln b$ 的偏相关图均在第一个条之后开始变小，即有滞后一期的截尾，$\ln r$ 有滞后二期的截尾，都表现有非平稳现象。按照博克斯—詹金斯方法论，选取一阶差分来消除时间序列的非平稳问题。一阶差分后的 ACF 和 PACF 附录4-8 所示，时间序列 $\ln B$ 在5%的置信区间内不再有明显的样式，但是，$\ln M$、$\ln(y-y_0)$、$\ln r$ 在5%的置信区间内仍有显著的直至滞后1期的尖柱，故选用 $p=1$，$d=2$，$q=0$ 的 ARIMA 模型进行拟合估计。

使用 SPSS® 软件对 ARIMA (1，2，0) 模型的计算拟合，得到以下结果：从模型统计量来看（见附录4-9-3），模型拟合的平稳 R^2 为 0.206，均方根误差为

0.110，绝对平均误差为 0.062，正态化的 BIC 值为 -3.704。

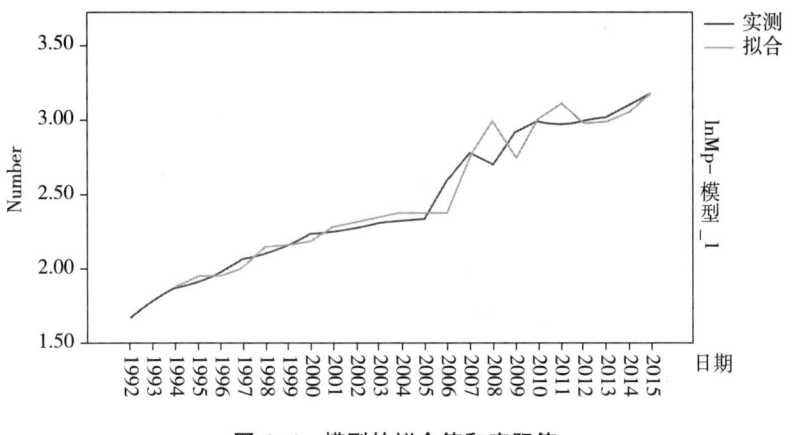

图 4-4　模型的拟合值和实际值

三、实证结果与分析

从上面的拟合图不难看出，模型拟合很好，因此货币总需求应与实际收入水平、物价水平之间存在稳定的函数关系。但后期模型的预测效果不够理想，原因主要有以下三点：

第一，理论分析的假设前提是造成货币总需求与交易费用之间的关系理论与实证结论不一致的主要原因。在推导货币总需求公式过程中，我们假设交易性货币需求、预防性货币需求、投机性货币需求的交易费用相等，而实际上我们在对这三部分需求单独进行分析时，这三部分的交易费用是不相等的，这在一定程度上影响了模型拟合的结果。

第二，在实证分析中，我们忽略了支出量标准差 Q、证券投资时机的不同概率 p 对货币总需求的影响，而假设它们是常数，在一个稳定的制度环境下这一假设无疑是适当的。但是，实证分析所选取的时间区间正是中国经济改革变化最为迅速的时期之一，制度环境时时处于变化之中，这也是造成实证结果与理论结论发生偏差的重要原因之一。

第三，由于我们国家的市场经济不够完善，利息率等外部变量的确定受国家宏观政策的影响很大，从 1998 年我国开始实行宏观调控，防止通货紧缩和扩大内需，而所选用的计量模型对于外部动态冲击的识别不够，使后半段拟合程度下降。

附录 4-8 原始时间序列的自相关图和偏相关图

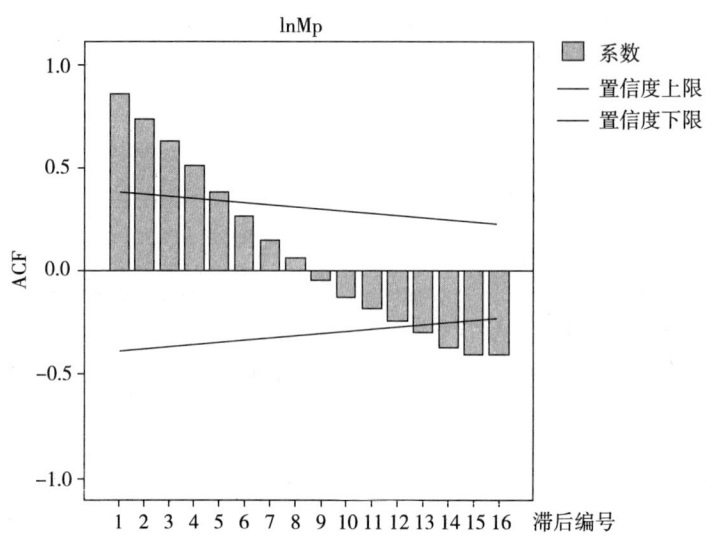

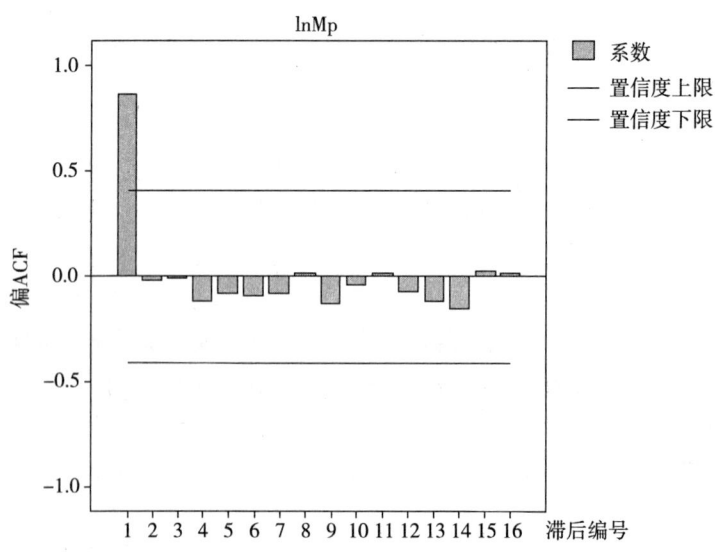

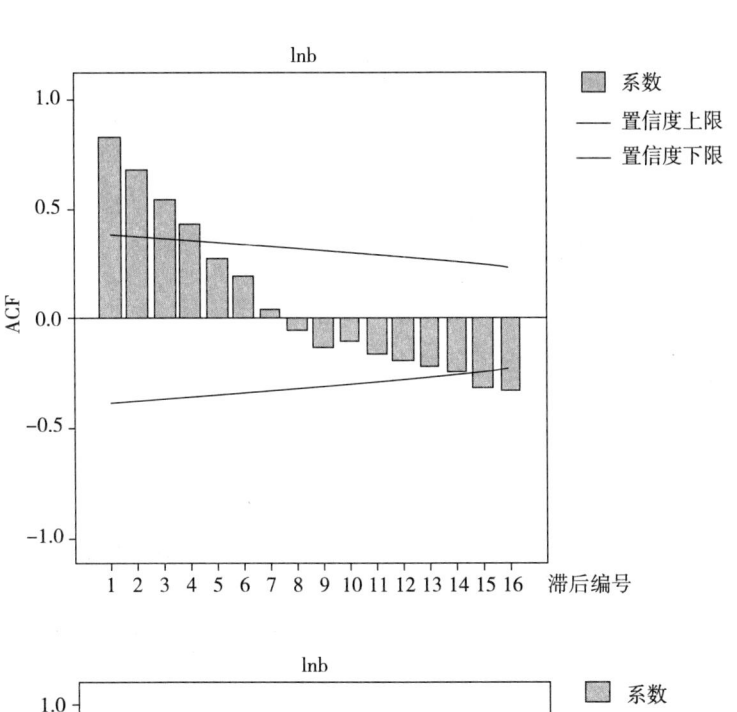

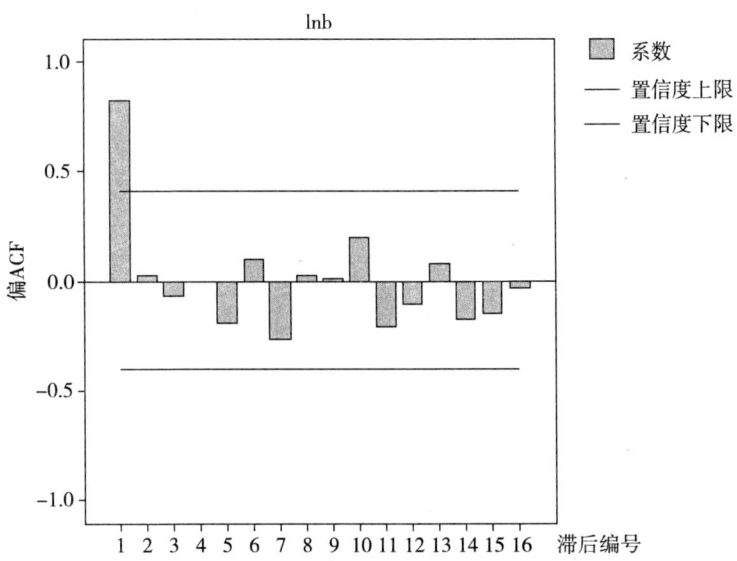

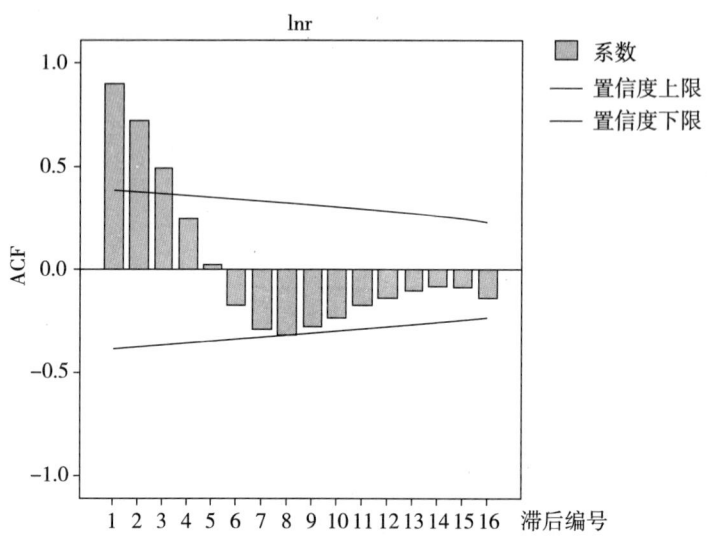

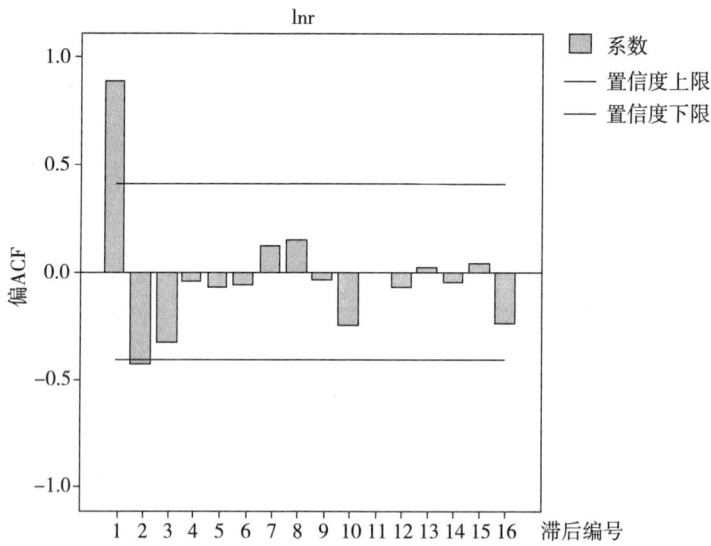

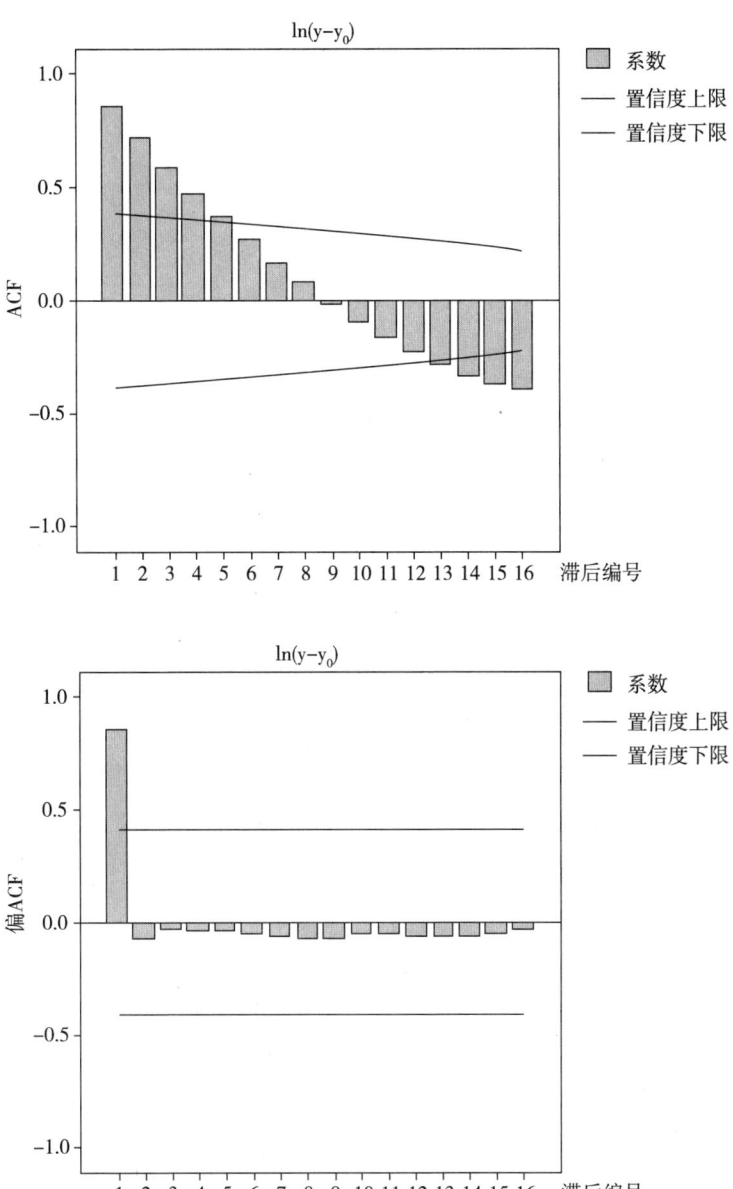

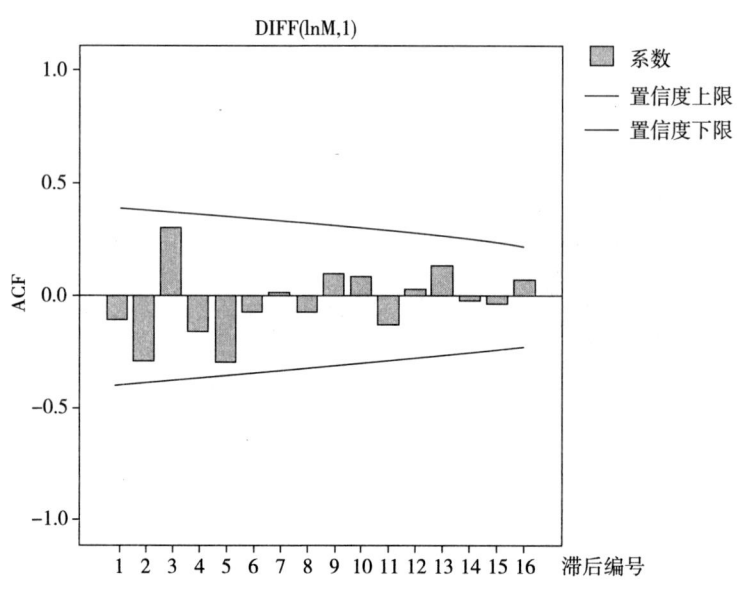

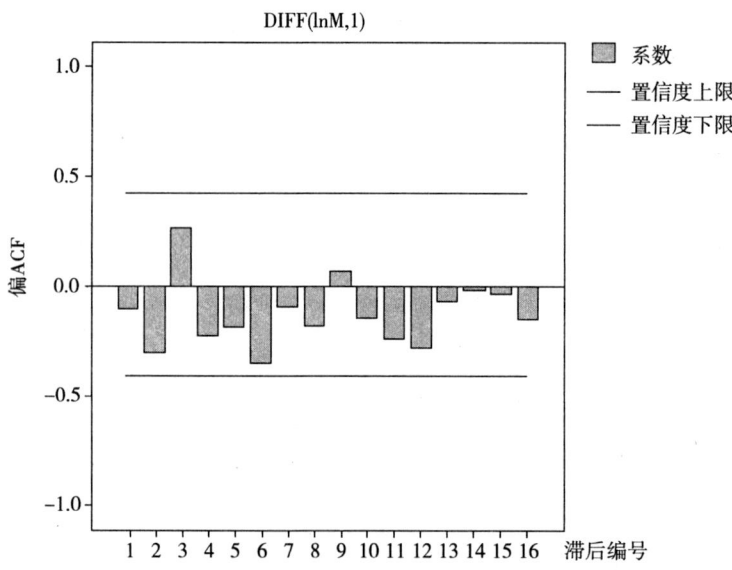

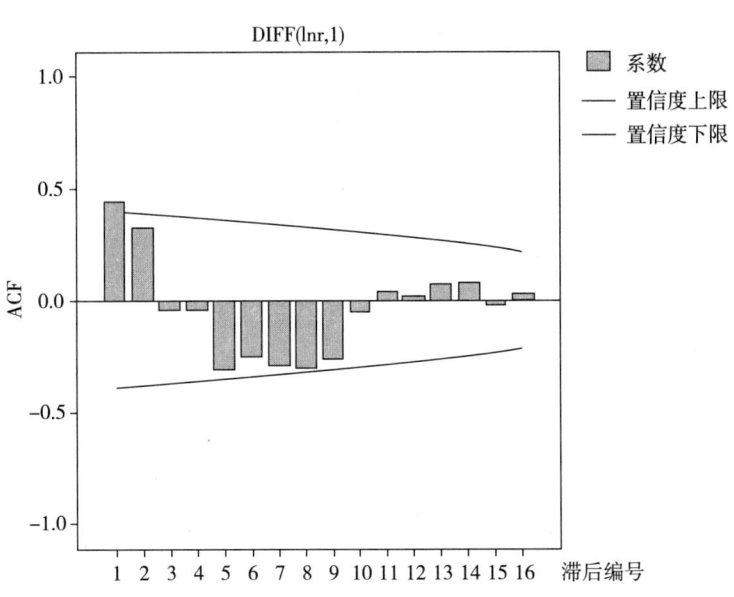

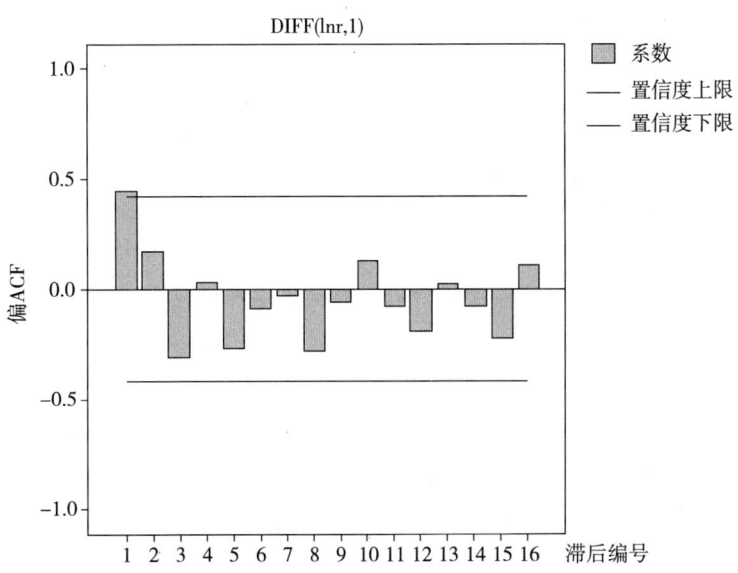

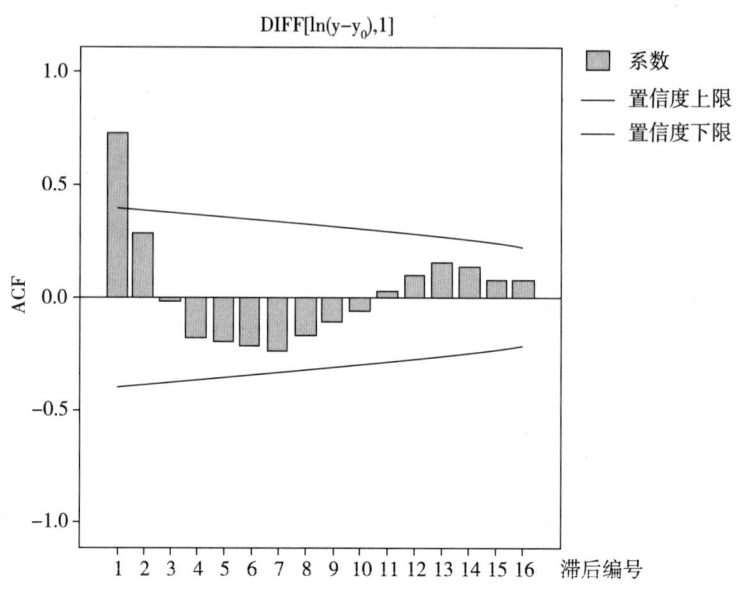

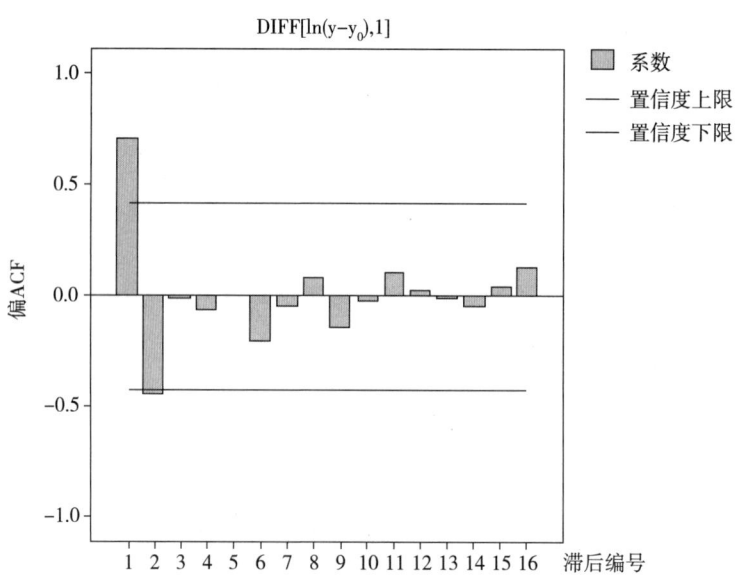

第四章
货币需求决定的实证研究

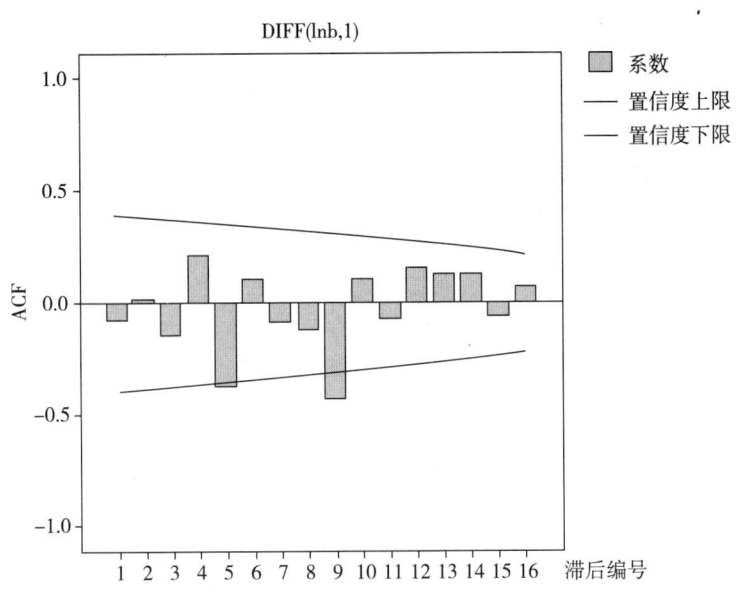

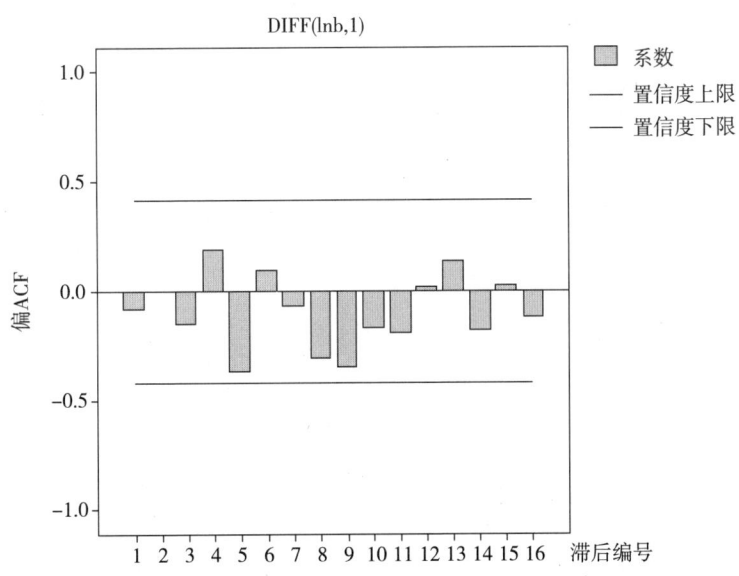

附录 4-9 模型描述

附录 4-9-1 模型描述

模型 ID		模型类型
lnMp	模型_1	ARIMA (1, 2, 0)

附录 4-9-2 模型拟合度

拟合统计	平均值	最小值	最大值	百分位数					
				5	10	25	50	75	90	95
平稳 R²	0.206	0.206	0.206	0.206	0.206	0.206	0.206	0.206	0.206	0.206
R²	0.946	0.946	0.946	0.946	0.946	0.946	0.946	0.946	0.946	0.946
RMSE	0.110	0.110	0.110	0.110	0.110	0.110	0.110	0.110	0.110	0.110
MAPE	2.398	2.398	2.398	2.398	2.398	2.398	2.398	2.398	2.398	2.398
MaxAPE	10.674	10.674	10.674	10.674	10.674	10.674	10.674	10.674	10.674	10.674
MAE	0.062	0.062	0.062	0.062	0.062	0.062	0.062	0.062	0.062	0.062
MaxAE	0.289	0.289	0.289	0.289	0.289	0.289	0.289	0.289	0.289	0.289
正态化 BIC	-3.704	-3.704	-3.704	-3.704	-3.704	-3.704	-3.704	-3.704	-3.704	-3.704

附录 4-9-3 模型统计

模型	预测变量数	模型拟合度统计							杨-博克斯 Q (18)			离群值数
		平稳 R²	R²	RMSE	MAPE	MAE	MaxAPE	MaxAE	正态化 BIC	统计	DF	显著性	
lnMp-模型_1	3	0.206	0.946	0.110	2.398	0.062	10.674	0.289	-3.704	19.091	17	0.323	0

四、运用决定货币总需求有关变量的趋势图进行的实证分析

表 4-8 决定货币总需求有关变量的实证数据

年份	货币需求总量（亿元）	温饱线收入 Y_0（亿元）	实际收入 Y（亿元）	$Y-Y_0$（亿元）	交易手续费 bt（亿元）	年利息率 r	物价水平 P
1992	13214.77	3555.437	13184.27	9628.84	1.578	0.076	282
1993	18696.57	4236.272	16415.31	12179.04	3.277	0.094	305.8
1994	23874.88	5738.418	22407.82	16669.4	4.353	0.11	320
1995	28286.44	7443.612	28624.88	21181.27	4.991	0.11	345.1
1996	35846.55	8670.037	34439.25	25769.22	4.746	0.092	377.6
1997	46176.31	8805.138	37950.7	29145.56	2.893	0.072	394.6
1998	53297.42	8479.756	40550.44	32070.68	2.125	0.05	417.8
1999	65996.7	8342.128	43743.03	35400.9	2.27	0.029	452.3
2000	85112.4	8319.411	47044.78	38725.37	3.458	0.023	491
2001	92520.5	8481.58	51797.77	43316.19	3.95	0.023	518.8
2002	104807.7	8718.362	58046.64	49328.28	5.081	0.02	552.5
2003	121247.1	9159.61	64525.86	55366.25	4.38	0.02	588.5
2004	134360.3	10730.77	73373.29	62642.52	6.985	0.02	632.3
2005	148483.3	12157.17	83246.58	71089.41	7.676	0.023	681
2006	185295.6	12797.78	94786.27	81988.49	10.793	0.025	471
2007	295836.3	14682.17	113189.6	98507.47	14.426	0.035	493.6
2008	264826.8	16985.91	131991.1	115005.2	21.259	0.033	522.7
2009	432512.4	17465.94	146322.6	128856.6	18.218	0.033	519
2010	526887.7	19316.61	167715.1	148398.5	24.96	0.026	536.1
2011	528189.9	22714.17	196470.1	173755.9	29.198	0.033	565
2012	572315.6	25173.23	225698.4	200525.2	27.227	0.031	579.7
2013	627511.3	31718.27	252872.5	221154.3	28.41	0.03	594.8
2014	768599.3	39965.02	280977.1	241012.1	29.053	0.028	606.7
2015	943834	50355.92	309487.5	259131.6	29.035	0.025	615.2

说明：表 4-8 假设支出量标准差 Q、证券投资时机的不同概率 p 为常量。

(一) 货币总需求与各变量之间的关系

通过对我国 1992~2015 年交易性货币需求、预防性货币需求以及投机性货币需求的实证研究,我们汇总得出关于货币总需求以及各种变量的实证数据见表 4-8,下面运用这些数据描绘趋势图来观察货币总需求与各变量之间的关系。

从图 4-5 至图 4-9 我们得出以下有关货币总需求决定的实证结论:

第一,随着实际收入水平的提高,货币总需求也在上升。即货币总需求与实际收入水平成正比例变化。

第二,货币总需求与利息率之间没有严格的正向或负向关系。

第三,货币总需求与各交易费用之间没有严格的正向或负向关系。

第四,随着物价水平的提高,货币总需求也在上升,即货币总需求与实际收入水平成正比例变化。

(二) 实证分析结论与理论结论的比较

通过将实证研究的结论与上述理论分析得出的结论进行对比我们发现:

第一,对于货币总需求与实际收入水平、物价水平之间的关系,实证结论与理论结论一致,既货币总需求与实际收入水平、物价水平之间成正比例关系。

第二,对于货币总需求与利息率之间的关系,实证结论与理论结论一致,即货币总需求与利息率之间没有严格的正相关或负相关关系。

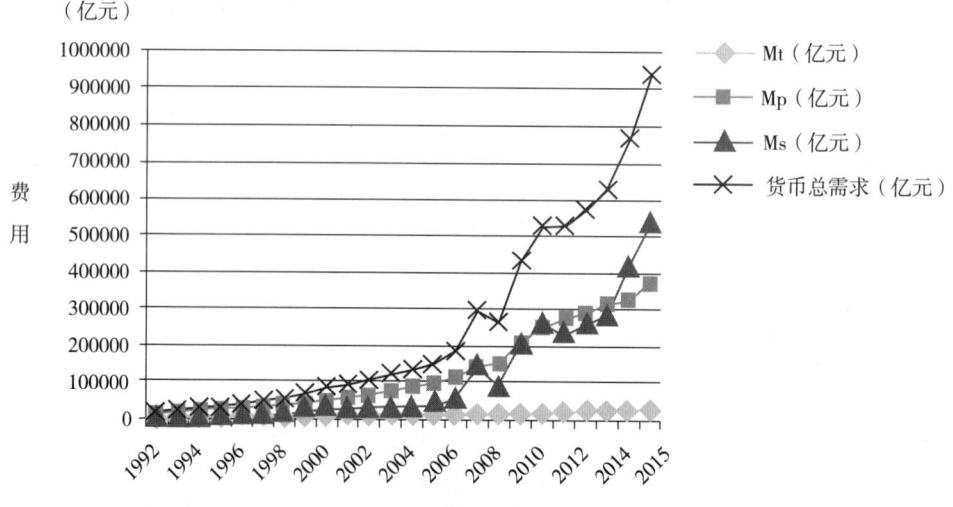

图 4-5 货币总需求与各项需求

第四章 货币需求决定的实证研究

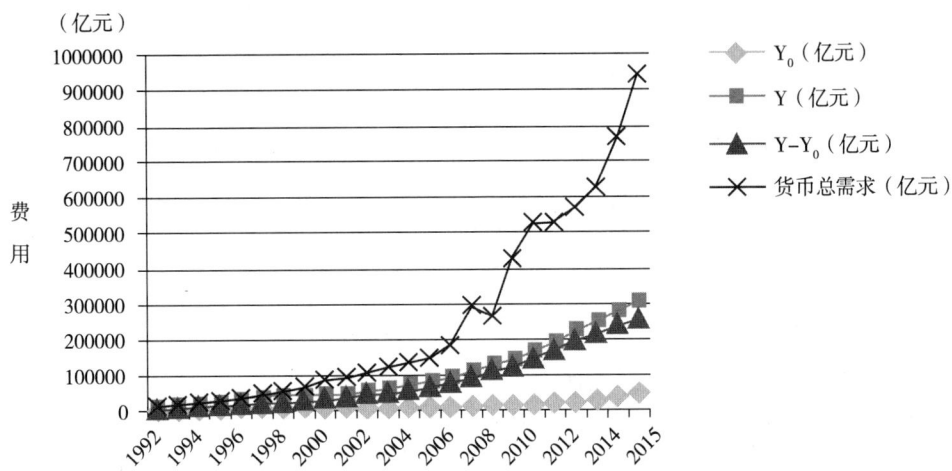

图 4-6 货币总需求与部分变量之间的相关性

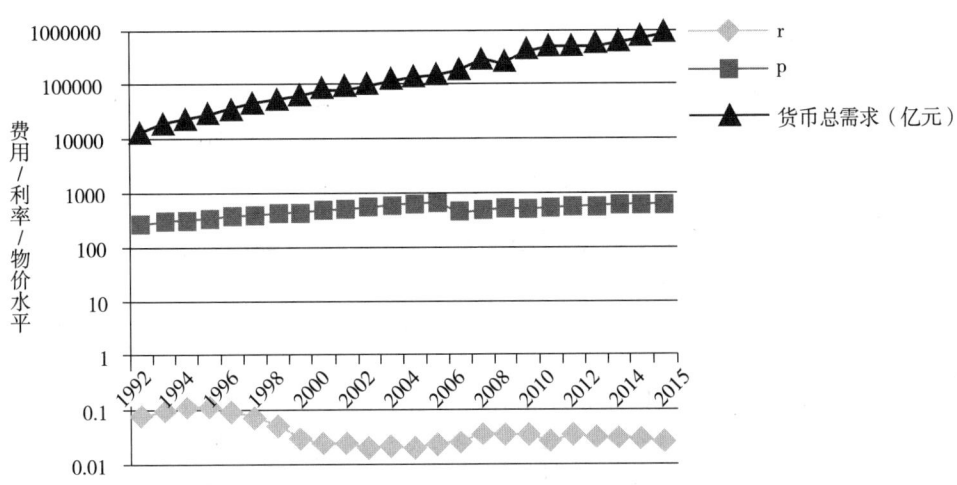

图 4-7 货币总需求与部分变量的相关性

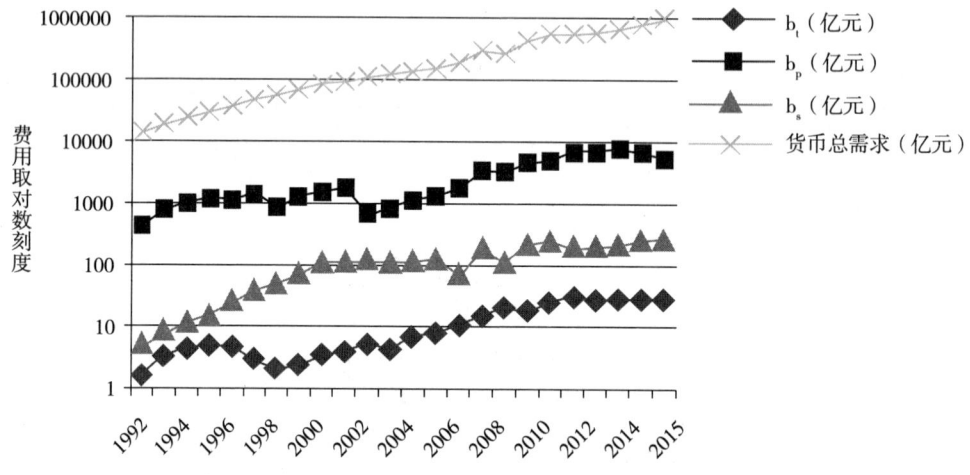

图 4-8 货币总需求与部分变量的相关性

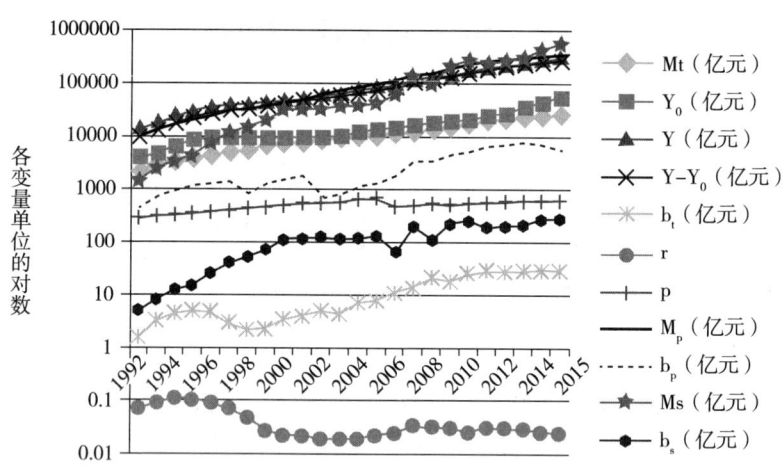

图 4-9 所有变量之间的相关性

第三，对于货币总需求与交易费用之间的关系，实证结论与理论结论不一致。理论分析的结果表明货币总需求与交易费用之间成正比例关系，而实证研究表明，货币总需求与交易费用之间没有严格的正相关或负相关关系。

（三）实证分析结论与理论结论存在差异的原因

第一，理论分析的假设前提是造成货币总需求与交易费用之间的关系理论与实证结论不一致的主要原因。在推导货币总需求公式过程中，我们假设交易性货币需求、预防性货币需求、投机性货币需求的交易费用相等，而实际上我们在对这三部分需求单独进行分析时，这三部分的交易费用是不相等的。

第二，在实证分析中，我们忽略了支出量标准差 Q、证券投资时机的不同概率 p 对货币总需求的影响，而假设它们是常数，这也是造成实证结果与理论结论发生偏差的原因之一。

第七节　本章小结

鉴于数据获得的可能性，本书以每年平均每天的 M0 近似地代表交易性货币需求，以银行平均每天活期存款近似地代表预防性货币需求，以 A 股年底流通市值、证券公司保证金存款规模、年底国债余额三者之和近似地代表投机性货币需求，模型的其他主要变量都找到了合理的数据。本章对照建立的有关货币需求模型，对 1992~2015 年的时间序列数据进行了 MPP 单位根检验，然后对变量之间是否存在长期稳定关系进行了协整检验，在这些工作的基础上，采用 ARIMA（自回归求积移动平均）模型对我国 1992~2015 年的交易性货币需求、预防性货币需求、投机性货币需求、货币总需求的决定进行了实证分析。基本结论是：第一，交易性货币需求从模型拟合的整体趋势来看，模型拟合的平稳值不是太高，这主要是由于 1994 年到 1997 年以及 2002 年到 2009 年拟合得有些偏差，同时 2008 年国际金融危机波动严重。从 ARIMA 模型参数来看，在影响交易性货币需求的变量中，只有利率与模型预计得不一致。第二，预防性货币模型拟合度很好，R^2 在 0.9 以上，模型没有显示出明显的自相关性。本书改进后的模型拟合度比惠伦模型有显著上升，预防性货币需求并不像惠伦模型所说的那样只是与利率成稳定的函数关系，而是由收入水平、利率和交易手续费等多个因素共同决定的。第三，从投机性货币需求模型拟合的整体趋势来看，1998 年、2001~2005 年以及 2008 年观测值与拟合值偏差较大，从而导致模型拟合度不是太高，此时的投机性货币需求并不是凯恩斯所说的是利率的递减函数，主要受收入的影响。第四，我国货币总需求应与实际收入水平、物价水平之间存在稳定的函数关系，而与利率缺乏稳定的负相关关系。

第五章
中国经济转型期货币需求的构成

货币需求的构成取决于经济发展水平和收入分配状况。在收入分配状况既定的条件下，货币需求的构成取决于经济发展水平；在经济发展水平既定的条件下，货币需求的构成取决于收入分配状况。

第一节 货币需求的构成与经济发展水平的关系

人们对有限的收入在三大货币需求的安排是有先后顺序的。人们要将有限的收入优先转化为交易性货币需求，在交易性货币需求满足水平没达到一定高度之前，不会安排预防性货币需求，此时，人们只有低水平的交易性货币需求，没有预防性货币需求，更不会产生投机性货币需求。在交易性货币需求满足水平达到一定高度之后还有多余的收入，人们就会将多余的收入优先安排预防性货币需求，此时，人们的货币需求由交易性货币需求和预防性货币需求构成，没有投机性货币需求。在交易性货币需求和预防性货币需求的满足水平都达到一定高度后还有多余的收入，人们才有可能将多余的收入转化为投机性货币需求，此时投机性货币需求产生，人们的货币需求由交易性货币需求、预防性货币需求和投机性货币需求三部分构成。此后，随着人们收入的增加，人们的交易性货币需求、预防性货币需求和投机性货币需求都会增加，但各自增加的速度会随着有关因素的变化而变化。而人们收入水平的变化是随经济发展水平的变化而变化。由此对货币需求的构成与经济发展水平的关系得出以下判断：

第一，当经济发展水平很低时，货币总需求量处在很低水平，交易性货币需求、预防性货币需求和投机性货币需求都处在很低水平，但交易性货币需求所占比重最大，预防性货币需求和投机性货币需求所占比重最小。因为在经济发展水平很低时，大多数社会公众的收入水平都处在贫困线以下，处在贫困状态的人们收入都会被交易性货币需求消化，他们不会产生预防性货币需求和投资性货币需求。此时，一部分越过温饱线的社会公众会产生少量的预防性货币需求，只有少数收入水平达到小康和富裕水平的社会公众才会产生较多的预防性货币需求和投资性货币需求。因此，交易性货币需求成为这个阶段货币需求构成的主体，交易性货币占货币总需求的比重最大，而预防性货币需求和投资性货币需求所占比重最低。从货币需求的总量上来看，由于居民收入水平低和经济总量不高，加之生产的货币化程度较低，因此在经济发展水平很低时，货币需求总量也不大。

第二，当经济发展到大多数居民的温饱问题得到解决时，经济总量和人们收入水平虽然得到较大增长，但总体仍然处在较低水平，此时，进入温饱阶段的居民会产生预防性货币需求，但量很小，所占比重仍然很低，同时，随着一部分原来处在温饱水平的居民在这一阶段进入小康，他们会产生投机性货币需求，但总体上量也很小。因此，在这一阶段，居民仍不会产生太多的预防性货币需求和投资性货币需求，交易性货币需求仍然是这个阶段货币需求构成的主体。从货币需求总量来看，由于居民收入和经济总量增速较快，加之生产的货币化程度在不断提高，货币需求的总量比之前有较大提高，居民预防性货币需求和投资性货币需求也得到较大增长。

第三，当经济发展到大多数社会公众进入小康阶段时，居民的交易性货币需求、预防性货币需求和投机性货币需求都在增加，但预防性货币需求和投机性货币需求增速更快，所占比重大幅度提高，其中预防性货币需求所占比重提高最大。这个阶段，第二产业、第三产业得到较快发展，生产的货币化程度比较高，金融市场较为发达，金融产品丰富，影响居民持有货币的因素变得较多而且复杂。交易性货币需求、预防性货币需求和投机性货币需求具体比例结构随利率、物价、证券市场行情、期货市场行情等各种因素的变化而变化。但从社会整体层面上看，货币需求总量大幅增长，交易性货币需求在货币需求中的比重趋于下降，预防性货币需求和投机性货币需求的比重趋于上升。同时，由于金融市场、期货市场和利率等因素的作用，预防性货币需求和投机性货币需求所占比例的波动幅度加大。从地区结构来看，西部落后地区交易性货币需求所占比重仍然较大，预防性货币需求和投机性货币需求所占比重仍然较小。从城乡结构来看，由于"二元"结构的存在，农村金融市场比较落后，交易性货币需求所占比重仍然较大，预防性货币需求和投机性货币需求所占比重仍然较小。

第四，当经济发展到大多数社会公众进入富裕阶段时，货币总需求以及交易性货币需求、预防性货币需求和投资性货币需求都达到很高水平。但投机性货币需求增速最快，所占比重提高到前所未有的水平，有可能是三大货币需求中所占比例最高的。同时，由于金融市场较为发达，金融产品丰富，以及外汇市场和经济的开放程度较高。这时，三大货币需求的比例结构不仅受利率、收入水平、证券市场的影响，而且还受外汇市场和全球经济的影响。交易性货币需求、预防性货币需求和投机性货币需求比例结构的波动更大了。但总体变动趋势是：货币需求总量大幅度增长，交易性货币需求在货币总需求中的比重继续下降，预防性货币需求和投机性货币需求的比重继续上升，投机性货币需求的比重提升最大。

总之，在不同经济发展水平下，货币需求的构成将会发生很大变化，呈现不同的特点，弄清这些特点和变化规律，有利于提高货币政策制定和实施的正确性和科学性。

第二节 货币需求的构成与收入分配状况的关系

在经济发展水平既定的条件下，货币需求的构成随收入分配状况的变化而变化。收入分配越公平，交易性货币需求所占比重越大，投机性货币需求所占比重越小；收入分配越悬殊，交易性货币需求所占比重越小，投机性货币需求所占比重越大。因为中下等收入阶层消费率高，他们会将收入的较大比例用于现期消费，从而转化为交易性货币需求，亦即中下等收入阶层的交易性货币需求所占比重相对较大，如果收入分配较公平，即收入分配向中下等收入阶层倾斜，会使社会整体的交易性货币需求所占比重提高。而上等收入阶层消费率相对较低，他们会将收入的较小的比例用于现期消费，从而转化为交易性货币需求，亦即上等收入阶层的交易性货币需求所占比重相对较小，如果收入分配悬殊，即收入分配向上等收入倾斜，会使社会整体的交易性货币需求所占比重下降。

第三节 中国经济转型期货币需求的总体构成及其演变规律

从表 5-1 中可以看出,从 1992 年到 2015 年,我国货币总需求、交易性货币需求、预防性货币需求、投机性货币需求都呈现出上升趋势,货币总需求由 1992 年的 13214.77 亿元增加到 2015 年的 943834.02 亿元,增长了 71.42 倍;交易性货币需求由 1992 年的 2084.94 亿元增加到 2015 年的 24554.98 亿元,增长了 11.78 倍;预防性货币需求由 1992 年的 9646.56 亿元增加到 2015 年的 376398.46 亿元,增长了 39 倍;投机性货币需求由 1992 年的 1483.27 亿元增加到 2015 年的 542880.58 亿元,增长了 366 倍。

表 5-1 中国转型经济中货币需求的总体构成　　　　　单位:亿元

年份	名义GDP	货币需求(总量)	交易性货币需求	交易性货币需求所占比例(%)
1992	26212.19	13214.77	2084.94	15.78
1993	34768.92	18696.57	2714.16	14.52
1994	46134.90	23874.88	3292.10	13.79
1995	58523.23	28286.44	3666.79	12.96
1996	68312.88	35846.55	4208.34	11.74
1997	77825.18	46176.31	4754.86	10.30
1998	82494.34	53297.42	5213.31	9.78
1999	87553.16	65996.66	6336.99	9.60
2000	97209.37	85112.41	6975.51	8.20
2001	108553.25	92520.49	7305.55	7.90
2002	120575.61	104807.65	7923.02	7.56
2003	139254.09	121247.14	8605.60	7.10
2004	167587.17	134360.30	8882.80	6.61
2005	197789.05	148483.31	9749.60	6.57
2006	219438.50	185295.64	10424.33	5.63

续表

年份	名义 GDP	货币需求（总量）	交易性货币需求	交易性货币需求所占比例（%）
2007	270232.30	295836.27	11220.41	3.79
2008	319515.50	264826.78	12307.17	4.65
2009	349081.40	432512.44	13934.08	3.22
2010	413030.30	526887.65	15888.01	3.02
2011	489300.60	528189.89	18525.91	3.51
2012	540367.40	572315.58	20179.22	3.53
2013	595244.40	627511.34	21855.51	3.48
2014	643974.00	768599.28	22725.77	2.96
2015	689052.10	943834.02	24554.98	2.60
年份	预防性货币需求	预防性货币需求所占比例（%）	投机性货币需求	投机性货币需求所占比例（%）
1992	9646.56	73.00	1483.27	11.22
1993	13566.24	72.56	2416.17	12.92
1994	17248.60	72.25	3334.18	13.97
1995	20320.31	71.84	4299.34	15.20
1996	24306.46	67.81	7331.75	20.45
1997	30071.44	65.12	11350.01	24.58
1998	33740.39	63.31	14343.72	26.91
1999	39500.21	59.85	20159.46	30.55
2000	46171.69	54.25	31965.21	37.56
2001	52566.05	56.82	32648.89	35.29
2002	62958.78	60.07	33925.85	32.37
2003	75513.00	62.28	37128.54	30.62
2004	87086.90	64.82	38390.60	28.57
2005	97529.20	65.68	41204.51	27.75
2006	115603.77	62.39	59267.54	31.99
2007	141339.69	47.78	143276.17	48.43
2008	153909.96	58.12	98609.65	37.24
2009	207511.72	47.98	211066.64	48.80

续表

年份	预防性货币需求	预防性货币需求所占比例（%）	投机性货币需求	投机性货币需求所占比例（%）
2010	250733.53	47.59	260266.11	49.40
2011	271321.79	51.37	238342.19	45.12
2012	288485.01	50.41	263651.35	46.07
2013	315435.54	50.27	290220.29	46.25
2014	325330.64	42.33	420542.87	54.72
2015	376398.46	39.88	542880.58	57.52

数据来源：中国证券监督委员会网站，国家统计局网站，历年全国统计年鉴和历年全国金融年鉴。

从货币需求的比例结构来看，在2006年之前的经济转型时期，我国预防性货币需求始终占最大的比例，该比例无明显的上升或下降趋势，大体保持在66%左右，说明在我国经济转型期，由于宏观制度环境不稳定，人们对货币的预防需求始终很强烈。2006年之后，预防性货币需求呈现明显的下降趋势，2015年达到历史性的低谷，交易性货币需求所占比例存在明显的下降趋势，由1992年的15.78%下降到2015年的2.60%；投机性货币需求所占比例存在明显的上升趋势，由1992年的11.22%上升到2015年的57.52%。

上述分析说明，我国经济转型期货币需求总体构成的演变规律是：在预防性货币需求所占比例大体不变的情况下，交易性货币需求所占比例与投机性货币需求所占比例存在明显的此消彼长的依存关系。即随着交易性货币需求所占比例下降，投机性货币需求所占比例相应上升。

我国经济转型期货币需求总体构成的演变规律与货币需求结构的一般演变规律一致。在预防性货币需求所占比例大体不变的情况下，交易性货币需求的较高比例与投机性货币需求的较低比例的组合往往与较低的经济发展水平和人们较低的收入水平相联系；而交易性货币需求的较低比例与投机性货币需求的较高比例的组合往往与较高的经济发展水平和人们较高的收入水平相联系。我国从1992年到2015年，之所以交易性货币需求所占比例呈现下降趋势，而投机性货币需求所占比例呈现上升趋势，就是因为这段时期我国经济发展水平和人们收入水平快速提高的结果。如我国名义GDP由1992年的26212.19亿元，增加到2015年的689052.10亿元，增长了26.3倍。

第四节 中国经济转型期东、西部货币需求构成的差异分析

我国东、西部经济发展水平存在很大差异，西部地区远远落后于东部地区。由此决定东、西部收入阶层的构成存在很大差异，东部地区小康型人口和富裕型人口所占比重比西部地区大，西部地区贫困型人口和温饱型人口所占比重比东部地区大。东、西部收入阶层构成的这种差异决定东、西部货币需求构成存在很大差异，西部地区大量的贫困型人口和温饱型人口的收入大部分用于满足当前基本生活需要而转化为交易性货币需求，而东部地区大量的小康型人口和富裕型人口的大量的收入可以用于投机性货币需求。由此可得出以下判断：第一，东部地区投机性货币需求所占比重大于西部地区，西部地区交易性货币需求所占比重大于东部地区；第二，东部地区投机性货币需求所占比重大于交易性货币需求所占比重，西部地区在目前和未来一段时期，交易性货币需求所占比重大于投机性货币需求所占比重，但随着西部大开发战略的实施所带来的西部地区经济的发展，在未来某个时期，西部地区的投机性货币需求所占比重也将超过交易性货币需求所占比重。

第五节 本章小结

第一，当经济发展水平很低时，货币总需求量处在很低水平，交易性货币需求、预防性货币需求和投机性货币需求都处在很低水平，但交易性货币需求所占比重最大，预防性货币需求和投机性货币需求所占比重最小。当经济发展到大多数居民的温饱问题得到解决时，经济总量和人们收入水平虽然得到较大增长，但是总体仍然处在较低水平，此时，进入温饱阶段的居民会产生预防性货币需求，但量很小，所占比重仍然很低，同时，随着一部分原来处在温饱水平的居民在这一阶段进入小康，他们会产生投机性货币需求，但总体上量也很小。当经济发展水平发展到大多数社会公众进入小康阶段时，居民的交易性货币需求、预防性货

币需求和投机性货币需求都在增加，但预防性货币需求和投机性货币需求增速更快，所占比重大幅度提高，其中预防性货币需求所占比重提高最大。当经济发展到大多数社会公众进入富裕阶段时，货币总需求以及交易性货币需求、预防性货币需求和投资性货币需求都达到很高水平。但投机性货币需求增速最快，所占比重提高到前所未有的水平，有可能是三大货币需求中所占比例最高的。

第二，在我国经济转型时期，预防性货币需求始终占最大的比例，该比例无明显的上升或下降趋势，在预防性货币需求所占比例大体不变的情况下，交易性货币需求所占比例与投机性货币需求所占比例存在明显的此消彼长的依存关系，即随着交易性货币需求所占比例下降，投机性货币需求所占比例相应上升。

第三，我国东部地区投机性货币需求所占比重大于西部地区，西部地区交易性货币需求所占比重大于东部地区。东部地区投机性货币需求所占比重大于交易性货币需求所占比重；西部地区在目前和未来一段时期，交易性货币需求所占比重大于投机性货币需求所占比重，但随着西部大开发战略的实施所带来的西部地区经济的发展，在未来某个时期，西部地区投机性货币需求所占比重也会超过交易性货币需求所占比重。

第六章

中国经济转型期货币政策效果的演变及东、西部差异

第一节 货币政策效果与货币需求构成的关系

一、货币政策效果

货币政策是指中央银行为实现既定的经济目标运用各种工具控制、调节和稳定货币供应量，进而影响宏观经济的方针和措施的总和。由于从目标的确定到政策效果的实现，这中间存在着一些作用环节和时滞，因此货币政策研究必须包括货币政策的中介指标和传导机制等内容。我们认为，货币政策各组成部分的协调程度将反映货币政策效果的好坏，如果货币政策要在一个有效的货币政策操作框架中，则中间目标的选择问题将是其中的一个重要环节。同时中间目标在货币传导机制中起着枢纽作用。本书中，货币政策效果是指货币政策的实施能否有效地影响总产出等真实经济变量。衡量货币政策效果的标志是货币政策目标的实现程度。根据 2003 年 12 月 27 日修改的《中华人民共和国中国人民银行法》，我国的货币政策目标是保持货币币值的稳定，并以此促进经济增长。因此，衡量我国货币政策的效果，主要看货币政策的实施是否能有效地影响通货膨胀水平和国民生产总值等经济变量。实施一定的货币政策，中央银行必须借助于货币政策工具，通过对一些中间指标进行调节和影响，进而最终实现货币政策目标。基于中间指标的选择必须符合可控、可测、相关、抗干扰以及与经济、金融体制相适应等标准，所以目前通常选择利率和货币供应量作为货币政策的中间指标。

又由于货币供求均衡决定货币市场的均衡利率，而社会总供求均衡决定着物价水平和国民收入等宏观经济变量，因此，货币供给的变动必将引起货币需求均

衡水平的变动，从而影响利率水平的变动，进而导致社会总供求的变动，最终引致物价水平和国民收入发生变动。由此可见，"任何政策，包括财政政策，不能影响货币需求量就不能影响收入水平"（D. Dornbusch & S. Fischer, 1990）[①]。货币需求总量涉及货币需求的构成问题，即货币需求的构成将影响货币政策目标的实现。

所以货币政策的执行过程中中间目标是非常重要的，而在货币理论看来，其主要有以下原因：

第一，中央银行运用货币政策工具并不能直接作用于货币政策的最终目标变量，而往往是通过政策工具的运用引起一些中间金融变量变化——例如，中间目标利率、货币供应量等，这些中间金融变量的变化又会影响经济主体的经济行为发生变化，其中利率对经济主体的经济行为的影响非常明显，最终则会引起实际经济变量发生变动。在整个过程中就是货币政策的传导机制在起作用。

第二，从货币政策工具的作用到其对货币政策最终目标变量的实现完全显现出来，是有较长时滞的，一些学者因为这个原因就对货币政策的前景大打折扣。如果在货币政策中存在一些这样的经济金融变量，即一方面这些变量的滞后值与当期的最终目标变量间有紧密的关系，或者说，它们对最终目标变量有较好的预测能力，另一方面这些变量又受货币政策工具影响，并且对政策工具的反应速度比最终目标迅速；如果存在这种变量，当我们引进这样的变量指标进行跟踪监测试，就能及时地了解货币政策工具运用的方向及力度是否适当，以便进行工具操作上的调整，则使货币政策更加有效。这样，就可以在货币政策工具的最终效果没有完全显现出来之前，对此前货币政策工具运用的不当之处进行修正，以使货币政策的调控效果得到优化。如果不引进中介目标变量，那么货币政策就只有被动地走在经济运行的后面，而不能进行及时的、前瞻性的调整。

以上两点就是人们长久以来认识到货币政策作用机理具有滞后性和动态性，因而有必要借助于一些能够较为迅速地反映经济状况变化的金融或非金融指标，即把货币政策和其最终实现目标联系起来作为观察货币政策实施效果的信号。

第三，由于全世界各个中央银行都倾向于带有规则性而非纯粹的相机抉择的货币政策操作，在具有规则性的政策中，中间目标成为与公众交流沟通的一种工具，它向公众揭示出决策者的意向和优先考虑；反过来，当公众监督并真正了解这一目标时，就会为机构和公众的预期设定一个"名义锚"（Nominal Anchor）。

---

① 戴国强. 中国货币需求分析 [M]. 复旦大学出版社, 1995: 51.

这是为了避免中央银行的机会主义行为，以便社会公众观察和判断货币当局的言行是否一致。

确切地说，前两点原因只能表明中介目标的重要性，而中间目标的必要性更依赖于第三点原因，即中间目标的名义锚功能。充当名义锚的经济指标必须容易控制且便于观察，因此经济增长率或就业率等体现货币政策最终目标的经济指标显然不适宜作为名义锚，而必须选择货币供应量、利率等一些与货币政策工具的关联度、可控性和可操作性都较强的经济指标。并且我国的一些学者对利率作为货币政策中介目标进行了研究，指出了利率在一定情况下是适应中国经济发展的，能很好地传导货币政策的意图，从而促进我国经济增长和币值稳定。胡海鸥认为："我们就没有必要等利率市场化以后，再将其作为货币政策的中介目标，而完全可以不以这种利率为反应指标但以它为调控指标。"① 李燕还进一步指出，利率适宜于担当此任务的理由："①市场主体的利率意识、利率的金融资产关联效应都在不断增强。微观经济单位对利率的敏感性增强。②同业拆借利率的市场化为中央银行把同业拆借利率作为货币政策中介目标创造了条件。③同业拆借市场、票据市场及国债回购市场等的市场规模不断扩大、市场主体逐步多元化、金融交易品种不断增加为利率调节提供了交易场所和工具。④中央银行的独立性在《银行法》中已有明确的法律规定。"②

我国自1996年所选择货币政策的中间目标是货币供应量，本来，在利率市场化的条件下，利率作为货币政策中间目标是比较合适的，但在我国经济转型期，利率没有市场化，利率实际是被当作货币政策工具来使用的，同时在下文对货币需求函数及其货币需求结构的分析中，利率将是分析货币政策效果与货币需求关系的一条很好的纽带，所以本书以利率变化代表货币政策变化来分析货币政策的效果。

二、货币政策效果与货币需求构成的关系

在前面已经对货币需求函数进行了改进，目前大多数学者都认为，货币政策的传导过程和中国经济未来的发展都显现出应以利率为中间指标，而本书正是在此对货币政策效果和货币需求构成的关系进行分析。

利率与货币需求构成的关系是密切的。更准确地说是，利率与交易性货币需求、预防性货币需求和投机性货币需求都有着密切的关系，然而它们之间的关系

---

① 胡海鸥. 利率: 比货币供给量更适当的货币政策中介目标 [J]. 上海金融, 2000 (10): 17-19.
② 李燕, 吴九红等. 对我国货币政策中介目标的思考 [J]. 改革, 2000 (6): 86-91.

与经济发展状况有关，与人们的生活水平有关。当人们的生活水平处于温饱线以下时，不管利息率怎样变化，人们的收入都会用来进行交易，即收入转化为交易性货币需求。当利息率低时，他们不可能将储蓄转化为现期消费或投资，因为他们根本没有储蓄。他们不可能通过贷款进行消费和投资，因为他们没有获取贷款的信用。在利率很高时，他们不可能将其收入的一部分转化为储蓄，因为他们连基本的温饱问题都还没有解决。而在人们生活水平越过温饱线后，利息率就会对交易性货币需求产生负的影响了，即利息率越低，交易性货币需求越高，利息率越高，交易性货币需求越低。

在人们收入水平没有越过温饱线以前，预防性货币需求始终为零，则利率对预防性货币需求不起任何作用。当人们收入水平越过了温饱线以后，预防性货币需求开始产生，利息率开始对预防性货币需求产生影响。在收入水平越过温饱线但尚未达到一定高度时，利率提高会使人们减少交易性货币需求，增加预防性货币需求。但在人们收入水平达到更高水平时，则利息率与预防性货币需求具有反向变化关系。当人们的交易性货币需求和预防性货币需求都得到较高程度满足时，随着人们收入的再进一步增加就会产生投机性货币需求，然后，随着人们收入水平的继续增加，投机性货币需求所占比重不断提高。

根据上述关系可以判断，当一个社会交易性货币需求的比重很大，预防性货币需求和投机性货币需求的比重很小时，货币政策的效果就很差；当交易性货币需求所占比重较小，预防性货币需求和投机性货币需求的比重较大时，货币政策的效果就较好。

货币需求的前一种结构与落后的经济发展水平和人们较低的收入水平相联系，当人们收入水平很低时，其收入的大部分都用于满足当前的基本生活需要，从而转化为交易性货币需求，而转化为预防性货币需求和投机性货币需求的收入就很少了，此时，不管国家采取扩张的货币政策还是紧缩的货币政策，不管利率是下降还是提高，人们都不会对支用习惯做较大的改变，从而不会对货币需求结构做较大的改变，由于货币政策不能较大改变货币市场的货币需求结构，也就不能较大改变国内产品市场的消费需求和投资需求，从而就不能较大改变GDP，所以货币政策的效果就较差。

货币需求的后一种结构与很高的经济发展水平和人们很高的收入水平相联系，当人们收入水平很高时，用于满足其当前基本生活需要的部分只占其收入的一个较小的比例，较大的比例用于购买舒适品和奢侈品而转化的交易性货币需求以及预防性货币需求和投机性货币需求，此时，预防性货币需求和投机性货币需求所占比重已经很大,如果国家采取扩张的货币政策使利率下降,就会使一部分预防性货币需求转化为交易性货币需求,如果证券市场还处在低迷状态,还会使一部分投机性货币需求也转化为交易性货币需求,交易性货币需求的总量和所占比重就会扩大,产品市场的消费需求和投资需求就会扩大,GDP 就会扩大;如果国家采取紧缩的货币政策使利率提高,一部分打算用于购买舒适品和奢侈品的收入对应的交易性货币需求就会转化预防性货币需求或投机性货币需求,引起产品市场消费需求和投资需求下降,GDP 增速减缓。总之,当预防性货币需求和投机性货币需求所占比重很大时,货币政策就获得了较大的调节货币需求结构的空间,货币政策的效果就较好。

第二节 中国经济转型期货币政策的总体效果分析

一、选用数据年份的说明

中国从 1978 年到 2001 年,经历了一个改革开放的过程,一个快速市场化的进程,一个由传统计划经济向市场经济历史性转轨的过程。中国 20 多年来的经济建设经历了由传统的计划经济体制向市场经济体制转变的过程,在 1992 年以前,向社会主义市场经济体制过渡的目标尚不明确,改革基本上是循着社会主义有计划商品经济的轨道,以发挥市场机制作用和改善计划管理体制为具体内容的探索性改革,即所谓的"摸着石头过河",这个时期的特点是市场机制的覆盖范围和作用都逐渐增大,计划经济的范围和作用不仅缩小,而且其中指导性计划的比重也逐步增大,但是就总体上来看,市场因素在农村和商品的产供销方面迅速成长,逐渐发挥基础作用,而在城市和资源配置方面,则进展缓慢,尚未能发挥基础性的调节作用。1992 年党的第十四次全国人民代表大会确定以社会主义市场经济作为我国改革的目标。从那时以来,经过十四届三中全会、十五次代表大会和十五届四中全会等几次大的推动,市场经济的体制建设取得了一系列的成就,有中国特色的社会主义理论也逐渐完备起来。1992 年邓小平南方谈话以后,改革开放实践终于使全党和全国人民在建立社会主义市场经济方面达成一致意见,从而迅速推动了市场机制全面健康的发展。1992年10月,中国明确提出建立社会主义市场经济体制的改革目标。随着我国利率市场化改革的基本设想已在1993年《关于建立社会主义市场经济体制改革若干问题的决定》和《国务院关于金融体制改革的决定》中确立。利率市场化改革的基本思路在1995年《中国人民银行关于"九五"时期深化利率改革的方案》中初步提出。从1996年开始进入实质性的利率市场化改革。1996年6月1日,放开了银行间同业拆借市场利率,实现了由拆借双方根据市场资金供求自主确定拆借利率;1997年6月,银行间债券市场正式启动,同时放开了债券市场债券回购利率和现券交易价格;1998年,将金融机构对小企业的贷款利率浮动幅度由10%扩大到20%,农村信用社的贷款利率最高上浮幅度由40%扩大到50%;1998年3月,改革再贴现利率及贴现利率的生成机制,放开了贴现和转贴现利率;根据以上分析,本书将以1998年以后的数据检验货币政策效果。

2001年中国加入了世贸组织,这是世界经济史上的一件大事。世界贸易组织绝大部分成员是市场经济国家,世界贸易组织运作遵循市场经济规则。2002年中国共产党第十六次全国人民代表大会向世界宣布,中国社会主义市场经济体制已初步建立。中国将坚持改革开放,不断完善社会主义市场经济体制。这标志着我国经济的市场化程度进一步提高,同时已展现出我国对外开放度进一步扩大。所以自2001年中国入世后,中国市场化的脚步逐渐加快,这有利于当今世界经济一体化的发展,同时也是中国经济建设发展的很好机遇。

2006年《中华人民共和国银行业监督管理法》正式颁布实施,通过金融监管的专业化分工,进一步加强银行业的监管、降低银行风险,维护国家金融稳定和保护广大人民群众的财产安全,从而更加规范金融行业的发展。

2011年中亿行金融成立,中亿行金融是一家专业为中小微企业获得融资的新金融模式平台,利用中亿行企业资源生态圈优势,让中小微企业得到了有效的资金支持与完善的资源体系。它与中国银行、工商银行、建设银行、招商银行、交通银行、民生银行等26家银行建立了长期稳定的合作关系,让金融担保服务更加地安全和专业化。

2014年互联网金融加速发展,开始全面爆发。中国互联网金融大致可以分为三个发展阶段:第一个阶段是20世纪90年代至2005年左右的传统金融行业互联网化阶段;第二个阶段是2005~2011年前后的第三方支付蓬勃发展阶段;而第三个阶段是2011年以来至今的互联网实质性金融业务发展阶段。在互联网金融发展的过程中,国内互联网金融呈现出多种多样的业务模式和运行机制。这标志着新的金融模式逐渐被大众熟知和接受。

总之，1992年是我国市场经济正式确立后的起始阶段，而在2001年中国正式加入世贸组织，使中国的市场更加开放、更加完善，使中国经济更加市场化。随着《中华人民共和国银行业监督管理法》正式颁布实施，更加规范了金融行业的发展。同时，2011~2015年也是互联网实质性金融业务发展阶段。所以本书正是基于此，收集的数据是从1992年到2015年。

二、对所选数量指标的简要说明

（一）货币政策工具

货币政策的实施必须通过一系列的货币政策工具，目前我国的货币政策工具主要有：[1]

1. 公开市场业务（含央行票据、回购交易、现券交易）

在多数发达国家，公开市场操作是中央银行吞吐基础货币，调节市场流动性的主要货币政策工具，通过中央银行与指定交易商进行有价证券和外汇交易，实现货币政策调控目标。中国公开市场操作包括人民币操作和外汇操作两部分。外汇公开市场操作于1994年3月启动，人民币公开市场操作于1998年5月26日恢复交易，规模逐步扩大。1999年以来，公开市场操作已成为中国人民银行货币政策日常操作的重要工具，对于调控货币供应量、调节商业银行流动性水平、引导货币市场利率走势发挥了积极的作用。

2. 存款准备金

存款准备金是指金融机构为保证客户提取存款和资金清算需要而准备的资金，金融机构按规定向中央银行缴纳的存款准备金占其存款总额的比例就是存款准备金率。存款准备金制度是在中央银行体制下建立起来的，世界上，美国最早以法律形式规定商业银行向中央银行缴存存款准备金。存款准备金制度的初始作用是保证存款的支付和清算，之后才逐渐演变成为货币政策工具，中央银行通过调整存款准备金率，影响金融机构的信贷资金供应能力，从而间接调控货币供应量。

3. 中央银行贷款

中央银行贷款包括再贷款、再贴现和相关票据业务等。

---

[1] 中国人民银行货币政策工具. http://www.pbc.gov.cn.

4. 利率政策

利率政策是我国货币政策的重要组成部分，也是货币政策实施的主要手段之一。中国人民银行根据货币政策实施的需要，适时地运用利率工具，对利率水平和利率结构进行调整，进而影响社会资金供求状况，实现货币政策的既定目标。目前，中国人民银行采用的利率工具主要有：①调整中央银行基准利率，包括再贷款利率，指中国人民银行向金融机构发放再贷款所采用的利率；再贴现利率，指金融机构将所持有的已贴现票据向中国人民银行办理再贴现所采用的利率；存款准备金利率，指中国人民银行对金融机构交存的法定存款准备金支付的利率；超额存款准备金利率，指中央银行对金融机构交存的准备金中超过法定存款准备金水平的部分支付的利率。②调整金融机构法定存贷款利率。③制定金融机构存贷款利率的浮动范围。④制定相关政策对各类利率结构和档次进行调整等。

5. 汇率政策

在汇率制度的改革中，人民币汇率将以市场供求为基础，参考"一篮子货币"，在合理、均衡水平上保持基本稳定。

所有政策工具中都直接或间接跟利率有关，货币政策工具的运用是通过中间目标来操作的，从而最终实现货币政策的最终目标，涉及货币政策的传导机制和货币政策中间指标的选择。凯恩斯学派的货币政策传导机制理论的基本思路可归结为：M→r→I→E→Y，即通过货币供给 M 的增减影响利率 r，利率的变化则通过资本边际效益的影响使投资 I 以乘数方式增减，而投资的增减会进而影响总支出 E 和总收入 Y。在这个传导机制发挥作用的过程中，主要环节是利率。但是，货币学派认为，利率在货币政策传导机制中不起重要作用，他们强调货币供应量在整个传导机制上的直接效果。本书选用利率作为货币政策效果一个传导过程中的一个数量指标，对利率是采取名义利率，实际利率是通过名义利率与通货膨胀率之差求得的，而名义利率是通过年加权平均数求得的。

(二) 货币政策效果

货币政策效果最终会体现在货币政策的最终目标，即促进经济稳定增长、稳定物价、充分就业等。促进经济增长在数量上体现在名义 GDP 的增长上，在我国目前对经济增长的量化上一般所采取的是名义 GDP，而在一些国家是采取绿色 GDP，但在我国还不成熟，例如在统计工具、统计指标上都还不太成熟，所以我国在衡量经济增长上还是采取名义 GDP。在计算实际 GDP 增长率时是通过国内生产总值指数减去 1 而算得的。所以在经济增长上是通过实际 GDP 增长率来反映的。

货币币值的稳定是通过物价的稳定来反映,而物价又是通过通货膨胀来反映,通货膨胀又是通过通货膨胀率来反映。充分就业在统计年鉴上一般是通过城镇失业率来反映。所以本书检查货币政策效果是通过对这些宏观经济指标来衡量的。

三、GDP 和利率的格兰杰因果关系检验

格兰杰因果关系检验结果显示:①实际利率是实际 GDP 的格兰杰原因,反之则不然。②显示名义利率是名义 GDP 的格兰杰原因,反之则不然。所以 GDP 和利率应该有一定的函数关系。由于名义利率的变化直接体现了国家货币政策意图的变化,所以在这里选择名义利率和名义 GDP 作为分析货币政策效果的初始数据(见表 6-1)。

表 6-1　1992~2015 年各变量初始数据

年份	名义 GDP（亿元）	名义 GDP 环比增长率（%）	名义利率（%）	通货膨胀率（%）	通货膨胀变化率（%）	实际 GDP（亿元）（按 1978 年价格计算）	实际利率（%）
1992	26923.48	23.61	7.56	8.24	20.27	12809.29	-0.68
1993	35333.92	31.24	9.40	15.12	83.57	14595.45	-5.72
1994	48197.86	36.41	10.98	20.61	36.28	16505.54	-9.63
1995	60793.73	26.13	10.98	13.74	-33.34	18309.93	-2.76
1996	71176.59	17.08	9.21	6.44	-53.15	20143.47	2.77
1997	78973.03	10.95	7.17	1.51	-76.49	22013.47	5.66
1998	84402.28	6.87	5.03	-0.86	-156.73	23737.66	5.88
1999	89677.05	6.25	2.89	-1.26	46.23	25549.33	4.14
2000	99214.55	10.64	2.25	2.06	-264.31	27700.01	0.19
2001	109655.20	10.52	2.25	2.05	-0.45	30000.14	0.20
2002	120332.70	9.74	2.03	0.58	-71.54	32726.76	1.44
2003	135822.80	12.87	1.98	2.61	347.03	36007.46	-0.63
2004	159878.30	17.71	2.03	6.91	164.70	39638.09	-4.89
2005	183084.80	14.52	2.25	3.92	-43.36	43695.22	-1.67
2006	216314.40	17.00	2.35	1.50	-61.73	50302.54	2.34
2007	265810.30	22.9	2.22	4.80	200.20	57461.29	2.21

续表

年份	名义GDP（亿元）	名义GDP环比增长率（%）	名义利率（%）	通货膨胀率（%）	通货膨胀变化率（%）	实际GDP（亿元）（按1978年价格计算）	实际利率（%）
2008	314045.40	18.10	3.92	5.90	22.91	63008.77	3.86
2009	340902.80	8.60	2.25	-0.70	-100.10	68931.48	2.25
2010	401512.80	17.80	2.30	3.30	500.71	76263.13	2.27
2011	473104.00	17.80	3.28	5.40	63.64	83535.92	3.27
2012	519470.10	9.80	3.12	2.60	-51.90	90098.72	3.11
2013	568845.20	9.50	3.00	3.20	23.07	97088.25	2.97
2014	643974.00	13.20	2.75	1.50	-53.10	104173.43	2.74
2015	685505.80	6.40	2.00	3.02	100.01	111361.61	1.97

数据来源：中华人民共和国统计局网站《中国统计年鉴》2006~2016年。

四、中国经济转型期货币政策的总体效果

（一）从名义 GDP 环比增长率的变动方向与货币政策调控方向的一致性看货币政策的效果

从表 6-1 中可以看出，国家为了抑制从 1992 年开始的通货膨胀，将名义利率由 1992 年的 7.56% 提高到 1993 年的 9.40%，再提高到 1994 年的 10.98% 时，标志着国家从 1993 年开始采取适度从紧的货币政策，但没有及时扭转经济过热的局面，名义 GDP 环比增长率持续提高，1993 年高达 31.24%，1994 年进一步提高到 36.41%。1995 年名义利率保持 1994 年 10.98%，名义 GDP 环比增长率开始下降。1996 年名义利率下调至 9.21%，标志着国家货币政策开始转向，即由适度从紧的货币政策转化为积极的货币政策，而 1996 年的名义 GDP 环比增长率下降至 17.08%，宏观经济被认为实现了软着陆。此后名义利率持续下调，一直下调至 2003 年的 1.98%，名义 GDP 增长率在这段时期经历了先降后波浪式上升的过程，即先由 1996 年的 17.08% 下降至 1999 年的 6.25%，然后由 1999 年的 6.25% 波浪式上升至 2003 年的 12.87%。此后，名义利率开始提高，2004 年提高至 2.03%，2005 年提高至 2.25%，说明国家开始采取稳健的货币政策，而名义

GDP环比增长率2004年提高至17.71%，然后下降至2005年14.52%。2005~2007年，名义利率总体处在低位徘徊，由2.25%提高至2.35%后又降至2.22%，2007年比2005年低0.03个百分点，名义GDP环比增长率由14.52%提高至22.90%；2007~2014年，名义利率存在明显的上升趋势，由2007年的2.22%上升至2014年2.75%（其中2011~2013年持续三年的名义利率都处在3%以上），名义GDP环比增长率整体存在明显下降趋势，由2007年的22.90%下降至2014年的13.20%，其中2012年和2014年的名义GDP环比增长率分别为9.80%和9.50%。2014~2015年，名义利率由2.75%下降至2.00%，名义GDP环比增长率由13.20%下降至6.40%。

从上述名义GDP环比增长率与名义利率的对应关系可以发现：1992~2005年，名义GDP增长率变化与货币政策调控方向一致的年份只有2000年、2003年和2005年，如果从总体趋势来看，那么1999~2003年，名义GDP增长率的总体变动趋势与货币政策调控方向是一致的，这样，1999~2005年，只有2004年的名义GDP环比增长率变化与货币政策调控方向不一致。由于在1992~2005年这一段经济转型时期中，1992~1998年名义GDP环比增长率变化与货币政策调控方向不一致，而1999~2005年的名义GDP环比增长率变化与货币政策调控方向总体一致，说明货币政策在20世纪90年代总体效果较差，进入21世纪以来，货币政策效果相对较好。而2005~2015年，名义GDP环比增长率的变动方向与货币政策调控方向的一致性非常强，虽然最后一年不一致，但这也是之前持续4年的利率处在高位惯性作用的结果，说明我国货币政策的效果越来越好。

造成这种情况的原因：第一，1992~1998年，处在市场经济体制建立初期，市场化程度还不高，货币政策传导机制还不完善；而1999~2005年，我国经历了6年的市场经济体制改革后，市场化程度获得很大提高，尤其在2001年我国成功加入世界贸易组织，大大加速了我国市场化的进程，货币政策传导机制更为有效。第二，货币政策的效果与经济发展水平有关，经济发展水平越高，货币政策效果越好，1992~1998年，我国经济发展水平还比较落后，还有大量的贫困型人口和温饱型人口，这些人口无力对货币政策做出反应；而1999~2005年，我国经济发展水平获得很大提高，贫困型人口和温饱型人口所占比重大幅度降低；在2005年以后，我国经济在成功抵御2008年全球金融危机的同时，国民经济获得持续快速发展，人民群众已整体实现小康，使我国大多数人口都有经济实力对货币政策做出反应。

（二）从名义GDP环比增长率的利率弹性看货币政策的效果

从名义GDP环比增长率的利率弹性考察货币政策效果的大小，只需考察名义 GDP 环比增长率变动方向与货币政策调控方向一致（即名义 GDP 环比增长率的利率弹性为负值）的年份或阶段。从年份来说，1992~2005 年，只有 2000 年、2003 年和 2005 年的名义 GDP 环比增长率变动方向与货币政策调控方向一致，这三年名义 GDP 环比增长率的利率弹性的绝对值分别为：3.21、14.38、1.63。从阶段来说，1999~2003 年名义 GDP 环比增长率利率弹性的绝对值为 3.4。2005~2007 年名义 GDP 环比增长率利率弹性的绝对值为 43.4。2007~2014 年名义 GDP 环比增长率利率弹性的绝对值为 1.93。这些数据说明，总体来看，在 1999~2005 年，我国货币政策的效果是较好的，2005 年之后我国货币政策的效果也较好。

（三）基于货币政策的时滞性观察货币政策的效果

货币政策具有时滞性，但时滞长短是一个值得研究的问题。本书认为，时滞长短主要取决于市场有效性和货币政策传导机制的完善程度。同时一项货币政策的作用并不是在某一时点或某一年发挥作用，在其他时间就不发挥作用了，而是存在一个持续和累计发挥作用的过程。当年的货币政策在当年就能发挥作用，只是在当年只能部分发挥，货币政策作用的较充分发挥可能是在第二年或第三年甚至第四年。本书将货币政策时滞界定为从货币政策进行方向性调整到名义 GDP 环比增长率作出与货币政策调控方向一致反应的时间间隔。如我国 1993 年将名义利率由 1992 年的 7.56% 提高至 1993 年的 9.40% 时，表明我国从 1993 年开始实行适度从紧的货币政策，而名义 GDP 环比增长率在 1995 年才开始下降，由 1994 年的 36.41% 下降至 1995 年的 26.13%，按本书的界定，这里的货币政策发挥作用的时滞就是 2 年；在 1996 年，名义利率由 1995 年的 10.98% 下调至 9.21%，表明在 1996 年国家开始实行积极的货币政策，此后，名义利率一直在下调，直到下调至 2003 年的 1.98%，而名义 GDP 环比增长率持续下降至 1999 年的 6.25%，到 2000 年才开始回升为 10.64%，那么按照本书的界定，我国 1996 年开始实行积极货币政策的时滞为 4 年；在 2004 年，名义利率由 2003 年的 1.98% 提高至 2.03%，表明在 2004 年国家开始实行从紧的货币政策，2005 年提高至 2.03%，而名义 GDP 环比增长率在 2004 年由 2003 年的 12.87% 继续提升至 2004 年的 17.71%，2005 年才下降至 14.52%，那么按照本书的界定，这里的货币政策时滞为 1 年。2005~2007 年，名义利率由 2.25% 提高至 2.35% 后又降至 2.22%，可以认定为国家采取中性偏松的货币政策，名义 GDP 环比增长率由 14.52% 提高至 22.90%，货币政策时滞为 1 年；2007~2014 年，名义利率由 2007 年的 2.22% 上升至 2014 年的 2.75%，可以认定为国家在 2007 年开始实行从紧的货币政策,名义 GDP 环比增长率由 2007 年的 22.90%下降至 2008 年的 18.10%,之后随着利率的变化而反向变化,到 2014 年名义 GDP 环比增长率为 13.20%,这一时期的货币政策时滞大多为 1 年,有些年份的时滞小于 1 年。

货币政策发挥作用的时滞的长短也可以在一定程度上体现出货币政策的效果。从我国 1992~2015 年进行的 5 次方向性调整货币政策的时滞长短可以看出:2007~2014 年从紧的货币政策时滞大多为 1 年或小于 1 年,可以认定为货币政策效果好;2005~2007 年中性偏松的货币政策以及 2004~2005 年从紧的货币政策(我国当时表述为稳健的货币政策)的时滞均为 1 年,可以认为货币政策效果较好;1993 年开始的适度从紧的货币政策的时滞为 2 年,因而可以认为货币政策的效果较差;1996 年开始的积极货币政策时滞最长,为 4 年,因而可以认为货币政策的效果最差,之所以如此,是因为在这段时期,我国宏观经济受到了一些外力的作用的冲击而干扰了货币政策作用的正常发挥:一是 1997 年遇到东南亚金融危机的冲击;二是在 1998 年我国在国企、就业、教育、医疗、养老、社会保障等方面推出的一系列改革措施降低了产品市场的总需求。此外,1996 年开始的积极的货币政策在利率上是逐步下调的,而为抑制 1992~1995 年的严重通货膨胀而采取的强有力紧缩性货币政策还正在发挥着滞后作用。

总之,不管是从名义 GDP 环比增长率的变动方向与货币政策调控方向的一致性看货币政策的效果,还是从名义 GDP 环比增长率的利率弹性看货币政策的效果,或基于货币政策时滞性观察货币政策的效果,我国经济转型期货币政策的效果整体上是趋向于越来越好。

第三节 中国经济转型期货币政策效果的东、西部差异

一、中国经济转型期货币政策效果东、西部差异的基本判断

本书前面的理论分析和实证分析都已论证了以下结论:货币政策的效果取决于货币需求的构成,货币需求的构成取决于社会公众收入阶层的构成,社会公众

收入阶层的构成取决于经济发展水平，所以货币政策的效果归根到底取决于经济发展水平：经济发展水平越低，货币政策效果越差；经济发展水平越高，货币政策效果越好。在我国经济转型期，经济发展水平经历了一个由低到高的过程，因而我国在经济转型期的货币政策趋向于越来越好。

由于我国经济发展水平在区域结构上存在东西差距，东部地区的经济发展水平高于西部地区，由此决定我国货币政策的效果应该存在东、西差距，即我国同样的货币政策在东部地区的效果比西部地区要好。

二、我国货币政策效果东、西部差异的实证分析

（一）经验分析

为了分析的方便，这里继续将货币政策效果界定为货币政策目的的实现程度，继续以名义利息率的变化代表货币政策的变化，即以名义利息率提高代表实行从紧的货币政策，以名义利息率下降代表实行积极的货币政策；同时，以名义GDP环比增长率的变化与货币政策调控方向相一致情况下的GDP环比增长率的利息率弹性系数绝对值的大小代表货币政策效果的大小。

由于我国在1992年召开的十四大确定了社会主义市场经济体制改革的目标，此后，货币政策传导就逐渐通过市场渠道来实现，因此本书运用有关统计数据整理出1992~2015年中央银行月平均利率、利率变化率、东、西部①名义GDP、名义GDP环比增长率等数据见表6-2。

表6-2　1992~2015年各变量初始数据　　　　　单位：亿元，%

年份	月平均利率	利率变化率	东部名义GDP	名义GDP环比增长率	西部名义GDP	名义GDP环比增长率
1992	7.56	0	20678.33	0	5115.96	0
1993	9.3975	0.24305556	27701.11	33.96	6518.01	27.41

---

① 为了保证数据的可比性、可获得性和模型的简单性，本书没有进行各省数据区域的重新划分，而根据惯例，定义为：东部地区包括北京、天津、河北、辽宁、山东、江苏、上海、浙江、福建、广东、海南、吉林、黑龙江、山西、河南、安徽、湖南、湖北、江西共19个省市（自治区）；西部地区包括内蒙古、陕西、宁夏、甘肃、新疆、重庆、四川、贵州、云南、广西、青海和西藏共12个省市（自治区）。

续表

年份	月平均利率	利率变化率	东部名义GDP	名义GDP环比增长率	西部名义GDP	名义GDP环比增长率
1994	10.98	0.1684	36926.96	33.30	8456.74	29.74
1995	10.98	0	47044.01	27.40	10469.72	23.80
1996	9.21	-0.1612	56016.98	19.07	12295.90	17.44
1997	7.17	-0.2215	64179.28	14.57	13645.90	10.98
1998	5.03	-0.2992	67846.96	5.71	14647.38	7.34
1999	2.89	-0.4254	72199.14	6.41	15354.02	4.82
2000	2.25	-0.2208	80554.74	11.57	16654.62	8.47
2001	2.25	0	89818.15	1.15	18735.10	12.49
2002	2.03	-0.1000	99857.24	11.18	20718.38	10.59
2003	1.98	-0.0222	115557.80	15.72	23696.32	14.37
2004	2.03	0.0227	138983.70	20.27	28603.49	20.71
2005	2.25	0.1111	164295.70	18.21	33493.31	17.10
2006	2.35	0.0444	138501.50	-15.70	40345.73	20.46
2007	2.22	-0.0553	165194.00	19.27	49184.48	21.91
2008	3.92	0.7657	194085.20	17.49	60447.57	22.91
2009	2.25	-0.4260	211886.90	9.17	66973.48	10.81
2010	2.30	0.0222	250487.90	18.21	81408.49	21.55
2011	3.28	0.0250	293581.50	1.72	100235.00	23.13
2012	3.25	-0.0090	320738.50	9.25	113904.80	13.64
2013	3.25	0	351978.30	9.74	126002.80	10.62
2014	2.75	-0.1538	378727.50	7.61	138099.80	9.60
2015	2.50	-0.0727	401651.70	6.05	145018.90	5.01

数据来源：《中国统计年鉴》《中国金融年鉴》各期，国家统计局网站和中国人民银行网站。名义利率为年度月平均利率。

按照以上设定，从表6-2中可以看出，我国自1992年以来的货币政策变化可分为六个阶段：第一阶段是采取适度从紧的货币政策阶段，年度月平均名义利息率由1992年的7.56%提高至1995年的10.98%；第二阶段是采取积极的货币政策阶段，年度月平均名义利息率由1995年的10.98%下降至2003年的1.98%；第三阶段是重新采取适度从紧的货币政策阶段，年度月平均名义利息率由2003

年的1.98%提高至2005年的2.25%；第四阶段是采取较宽松的货币政策阶段，年度月平均名义利息率由2005年的2.25%下调至2007年的2.22%；第五阶段是采取从紧的货币政策阶段，年度月平均名义利息率由2007年的2.22%提高至2013年的3.25%；第六阶段是采取较松的货币政策的阶段，年度月平均名义利息率由2013年的3.25%下降至2015年的2.50%。我国东、西部在这六个阶段的货币政策效果从以下两个方面进行分析。

第一，如果不考虑货币政策的时滞性，那么当年度月平均名义利息率由1993年的9.3975%提高至1995年的10.98%时，东部地区名义GDP环比增长率由1993年的33.96%下降至1995年的27.40%，名义GDP环比增长率的阶段性利率弹性为1.15；西部地区名义GDP环比增长率由1993年的27.41%下降至1995年的23.80%，名义GDP环比增长率的阶段性利率弹性为0.78。

当年度月平均名义利息率由1995年的10.98%下降至2003年的1.98%时，东部地区和西部地区的名义GDP环比增长率都经历了先降后升的过程。东部地区先由1995年的27.40%下降至1998年的5.71%，然后由1998年的5.71%上升至2003年的15.72%；西部地区先由1995年的23.80%下降至1998年的7.34%，然后由1998年的7.34%上升至2003年的14.37%。之所以我国东、西部从1995年到1998年名义GDP环比增长率都没有按照货币政策的调控目标上升，而是继续下降，是因为货币政策存在时滞性，即当期的货币政策效果不能在当期全部发挥出来，而前期适度从紧的货币政策在继续发挥紧缩性作用。同时，在这一时期，我国货币政策正遇上东南亚金融危机和国内一系列改革等外力的作用，这在一定程度上影响了货币政策作用的发挥。观察1998~2003年名义GDP环比增长率的变化方向与货币政策调控方向一致的阶段，东部地区1998~2003年名义GDP环比增长率的阶段性利率弹性为2.89；西部地区名义GDP环比增长率的阶段性利率弹性为1.58。

当年度月平均名义利息率由2003年的1.98%提高至2005年的2.25%时，东部地区名义GDP环比增长率由2003年的15.72%提高至2005年的18.21%；西部地区名义GDP环比增长率由2003年的14.37%提高至2005年的17.10%。东、西部的名义GDP环比增长率都没有按照货币政策调控目标下降，这也是由于货币政策存在时滞性，前期积极的货币政策在继续发挥扩张性作用。

在之后的三个阶段，第四阶段和第五阶段的名义GDP环比增长率变动方向与货币政策调控方向整体一致。先看第四阶段，随着月平均名义利息率从2005年的2.25%下调至2007年的2.22%，东部地区的名义GDP环比增长率由2005

年的 18.21% 提高至 2007 年的 19.27%，名义 GDP 环比增长率的利率弹性为 0.79；西部地区名义 GDP 环比增长率由 2005 年的 17.1% 提高至 2007 年的 21.91%，名义 GDP 环比增长率的利率弹性为 3.61。再看第五阶段，随着月平均名义利息率由 2007 年的 2.22% 上升至 2013 年的 3.25%，东部地区名义 GDP 环比增长率由 2007 年的 19.27% 下降至 2013 年的 9.74%，名义 GDP 环比增长率的利率弹性为 37.2；西部地区的名义 GDP 环比增长率由 2007 年的 21.91% 下降至 2013 年的 10.62%，名义 GDP 环比增长率的利率弹性为 38.74。

以上分析说明，如果不考虑货币政策的时滞性，以名义 GDP 环比增长率的利率弹性衡量的货币政策效果，在 1992~2005 年，东部发达地区货币政策的效果比西部地区好，与理论分析结论一致，但在 2005~2013 年，东部发达地区货币政策的效果比西部地区差，与理论分析结论不一致。

第二，从表 6-2 中可以看出，当货币政策进行方向性调整时，1992~2005 年，名义 GDP 环比增长率作出与货币政策调控方向一致的反应在时间上大体滞后 3 年；2005~2013 年，名义 GDP 环比增长率作出与货币政策调控方向一致的反应在时间上大体滞后 1 年，所以下面对 1992~2005 年按照 3 年的时滞来考察货币政策在东、西部的效果，即假定第一年年度月平均名义利息率是第四年名义 GDP 环比增长率变化的原因；对 2005~2013 年按照 1 年的时滞来考察货币政策在东、西部的效果，即假定第一年年度月平均名义利息率是第二年名义 GDP 环比增长率变化的原因。那么，当年度月平均名义利息率由 1992 年的 7.56% 提高至 1995 年的 10.98% 时，引起东部地区名义 GDP 环比增长率由 1995 年的 27.4% 下降至 1998 年的 5.71%，名义 GDP 环比增长率的阶段性利率弹性为 1.75；西部地区名义 GDP 环比增长率由 1995 年的 23.8% 下降至 1998 年的 7.34%，名义 GDP 环比增长率的阶段性利率弹性为 1.54。

当年度月平均名义利息率由 1995 年的 10.98% 下降至 2002 年的 2.03% 时，东部地区名义 GDP 环比增长率由 1998 年的 5.71% 上升至 2005 年的 18.21%，名义 GDP 环比增长率的阶段性利率弹性为 2.68；西部地区名义 GDP 环比增长率由 1998 年的 7.34% 上升至 2005 年的 17.10%，名义 GDP 环比增长率的阶段性利率弹性为 1.63。

当年度月平均名义利息率由 2005 年的 2.25% 下降至 2007 年的 2.22% 时，东部地区名义 GDP 环比增长率由 2006 年的 -15.70% 上升至 2008 年的 17.49%，名义 GDP 环比增长率的阶段性利率弹性为 158.85；西部地区名义 GDP 环比增长率由 2006 年的 20.46% 上升至 2008 年的 22.91%，名义 GDP 环比增长率的阶段性利率弹性为 8.98。

当年度月平均名义利息率由 2007 年的 2.22% 提高至 2013 年的 3.25% 时，东部地区名义 GDP 环比增长率由 2008 年的 17.49% 下降至 2014 年的 7.61%，名义 GDP 环比增长率的阶段性利率弹性为 1.22；西部 GDP 环比增长率由 2008 年的 22.91% 下降至 2014 年的 9.60%，名义 GDP 环比增长率的阶段性利率弹性为 1.25。

以上分析说明，如果考虑货币政策的时滞性，那么在经济转型期，用名义 GDP 环比增长率的阶段性利率弹性衡量我国东西部货币政策的效果是：在 1992~2008 年，我国东部地区货币政策的效果比西部地区好；在 2008~2014 年，我国东部地区货币政策的效果比西部地区略差。总体来看，在观察到的我国经济转型期，我国东部地区货币政策的效果总体上（大多数年份）比西部地区好。

以上分别从不考虑货币政策的时滞性和考虑货币政策的时滞性两个假定前提出发分析了我国货币政策效果的东、西部差异，获得的结论不完全相同。由于事实上货币政策存在时滞性，所以应以考虑货币政策时滞性的分析结论为认定结论。

(二) 模型分析

1. 模型的建立

本书对货币政策效果的东、西差异分析主要通过向量自回归（VAR）模型来进行。在联立或结构方程模型中，总是需要将一些变量确定为内生变量或外生变量，然后在可识别的情况下，使用间接最小二乘法（ILS）或者最小二阶二乘法（2SLS）进行向量估计。但在这样的模型中，为了达到识别的目的，变量是内生还是外生，通常依靠模型建立者人为地自行设定。而货币政策中介目标是内生还是外生，一直都是学术界争论的焦点（万解秋和徐涛，2001）。这样一来，由于变量设定的随意性，使模型的检验效力大为下降。所以在 20 世纪 80 年代，这一做法就受到了以 Sims 为代表的计量经济学家的批评（C. A. Sims, 1980）。

根据 Sims 的理论，如果在一组变量之中有真实的联立性，那么，这些变量就应平等对待，而不应该事先区分内生和外生变量。本着这一精神，Sims 提出了向量自回归模型即 VAR 模型。由于在该模型中所有的变量都是内生的，不必依据先验的经济理论去人为地设定变量内外生性。因此，使用 VAR 模型进行计量经济学检验具有很强的客观性和准确性。

VAR 模型由自回归模型（AR）扩展而来。为了建立 VAR 模型，先从 AR 模型开始。

设 X_{it} 为平稳时间序列，则自回归模型（AR）为（J. D. Hamliton，1994）：

$$X_{it} = \alpha_{i0} + \alpha_{i1} X_{it-1} + \alpha_{i2} X_{it-2} + \cdots + \varepsilon_{it} \tag{6-1}$$

式中，α_{i0} 为常数；α_{i1}，α_{i2}，…，α_{ik} 为参数；ε_{it} 为白噪声；k 为滞后步长。

当模型中包含多个相互关联的时间序列时，这个 AR 模型就扩展为了 VAR 模型。对于包含 M 个时间序列的 VAR 模型，表达如下：

$$X_t = \mu + \theta_1 X_{t-1} + \cdots + \theta_k X_{t-k} + v_t \tag{6-2}$$

式中，$X_t = (X_{1t}, X_{2t}, \cdots, X_{Mt})^T$，$\mu = (\mu_1, \mu_2, \cdots, \mu_{Mt})^T$，$v_t$ 为脉冲值（impulses），其均值为零，对于所有的协方差矩阵 $\Sigma_v = E[v_t v_t^T]$，当 $t \neq s$ 时，v_t 与 v_s 不相关，k 为滞后步长，

$$\theta_i = \begin{bmatrix} \theta_{11,i} & \cdots & \theta_{1M,i} \\ \vdots & \ddots & \vdots \\ \theta_{M1,i} & \cdots & \theta_{MM,i} \end{bmatrix}$$ 是（M×M）系数矩阵。

为了研究货币政策在我国东、西部效果的差异，本书将使用基于向量自回归（VAR）模型的格兰杰因果关系检验法进行检验。由于我国在 1992 年召开的十四大确定了社会主义市场经济体制改革的目标，此后，货币政策传导就逐渐通过市场渠道来实现。因此本书选取 1992~2015 年中央银行年度月平均利息率变化率为自变量，东、西部[①]名义 GDP 环比增长率为因变量，建立 VAR 系统。本书涉及的数据运算软件包括 Excel® 2007、S-Plus® 8.0 和 S+FinMetrics® 2.0 等。

VAR 模型的估计结果依赖于滞后阶数 k 的值，一般而言，由 AIC、BIC 以及 HQ 等判别准则可确定 k 的最优取值。然而，在本书的样本数据中，由于不同区域、不同省市 VAR 系统的最优 k 值并不一致，大部分处在 1~4 的取值范围内，为避免模型设定差异引起的比较结论偏误，我们对所有 VAR 系统均取同样的 k 值。Diebold 和 Nerlove 的研究结果（X. D. Francis & N. Marc，1988）表明，对小样本数据而言，滞后步长 $k = \sqrt[4]{T}$ 是较为理想的取值标准，其中 T 为样本容量。就本书而言，$k = \sqrt[4]{T} = \sqrt[4]{24} = 2.213363839 \approx 2$，故选取滞后步长为 2。

令 i_t 和 g_t 分别代表年度月平均名义利率和名义 GDP 环比增长率。根据现有的研究成果，所有的变量都是一阶平稳的（李国平和陈安平，2004），因此可建

---

① 为了保证数据的可比性、可获得性和模型的简单性，本书没有进行各省数据区域的重新划分，而根据惯例，定义为：东部地区包括北京、天津、河北、辽宁、山东、江苏、上海、浙江、福建、广东、海南、吉林、黑龙江、山西、河南、安徽、湖南、湖北、江西共 19 个省市（自治区）；西部地区包括内蒙古、陕西、宁夏、甘肃、新疆、重庆、四川、贵州、云南、广西、青海和西藏共 12 个省市（自治区）。

立以下向量自回归模型：

$$\begin{pmatrix} i_t \\ g_t \end{pmatrix} = \begin{pmatrix} c_1 \\ c_2 \end{pmatrix} + \begin{pmatrix} \pi_{11}^1 & 0 \\ \pi_{21}^1 & \pi_{22}^1 \end{pmatrix} \begin{pmatrix} i_{t-1} \\ g_{t-1} \end{pmatrix} + \begin{pmatrix} \pi_{11}^2 & 0 \\ \pi_{21}^2 & \pi_{22}^2 \end{pmatrix} \begin{pmatrix} i_{t-2} \\ g_{t-2} \end{pmatrix} + \begin{pmatrix} \varepsilon_1 \\ \varepsilon_2 \end{pmatrix}$$

式中，$\begin{pmatrix} c_1 \\ c_2 \end{pmatrix}$ 为常数项，$\begin{pmatrix} \varepsilon_1 \\ \varepsilon_2 \end{pmatrix}$ 为白噪声。

最终确定模型由两个方程组成，分别为东部、西部地区 GDP 与对应年份的名义利率之间的线性组合。方程组如下：

$$\begin{cases} \begin{pmatrix} i_t \\ g_{e,t} \end{pmatrix} = \begin{pmatrix} c_1 \\ c_2 \end{pmatrix} + \begin{pmatrix} \pi_{11}^1 & 0 \\ \pi_{21}^1 & \pi_{22}^1 \end{pmatrix} \begin{pmatrix} i_{t-1} \\ g_{e,t-1} \end{pmatrix} + \begin{pmatrix} \pi_{11}^2 & 0 \\ \pi_{21}^2 & \pi_{22}^2 \end{pmatrix} \begin{pmatrix} i_{t-2} \\ g_{e,t-2} \end{pmatrix} + \begin{pmatrix} \varepsilon_1 \\ \varepsilon_2 \end{pmatrix} \cdots\cdots(1) \\ \begin{pmatrix} i_t \\ g_{w,t} \end{pmatrix} = \begin{pmatrix} c_1 \\ c_2 \end{pmatrix} + \begin{pmatrix} \pi_{11}^1 & 0 \\ \pi_{21}^1 & \pi_{22}^1 \end{pmatrix} \begin{pmatrix} i_{t-1} \\ g_{w,t-1} \end{pmatrix} + \begin{pmatrix} \pi_{11}^2 & 0 \\ \pi_{21}^2 & \pi_{22}^2 \end{pmatrix} \begin{pmatrix} i_{t-2} \\ g_{w,t-2} \end{pmatrix} + \begin{pmatrix} \varepsilon_1 \\ \varepsilon_2 \end{pmatrix} \cdots\cdots(2) \end{cases}$$

2. 数据检验

通过 S-Plus® 和 S+FinMetrics® 软件运算，得到以下结果。

（1）单位根检验。由 ADF 检验可知，在 10% 的显著性水平上，所有的变量通过单位根检验，即它们的一阶差分是稳定的。

（2）协整关系检验。在 10% 的显著性水平上，所有变量之间的协整关系不明显，因此在此不考虑误差修正。

（3）格兰杰因果关系检验。名义利率的变化显著影响了东、西部地区的经济发展，是它们的格兰杰原因。

按照 Eric Zivot 和 Jiahui Wang（E. Zivot & J. Wang，2005）介绍的方法，求得脉冲响应函数的各个函数值（见表 6-3），并画出动态反应图（见图 6-1）。

表 6-3 脉冲响应函数系数表

	1	2	3	4	5	6	7	8	9	10
东部	0.037278	0.025518	0.009722	0.00418	0.002873	0.002119	0.00145	0.000971	0.00066	0.000453
西部	0.032454	0.01859	0.003096	-0.0029	-0.00331	-0.00256	-0.00213	-0.00199	-0.00184	-0.00162
	11	12	13	14	15	16	17	18	19	20
东部	0.000311	0.000214	0.000146	0.0001	0.000069	0.00005	0.0000324	0.0000222	0.0000152	0.0000105
西部	-0.00136	-0.0011	-0.00088	-0.0007	-0.00055	-0.00042	-0.00032	-0.00024	-0.00018	-0.00013

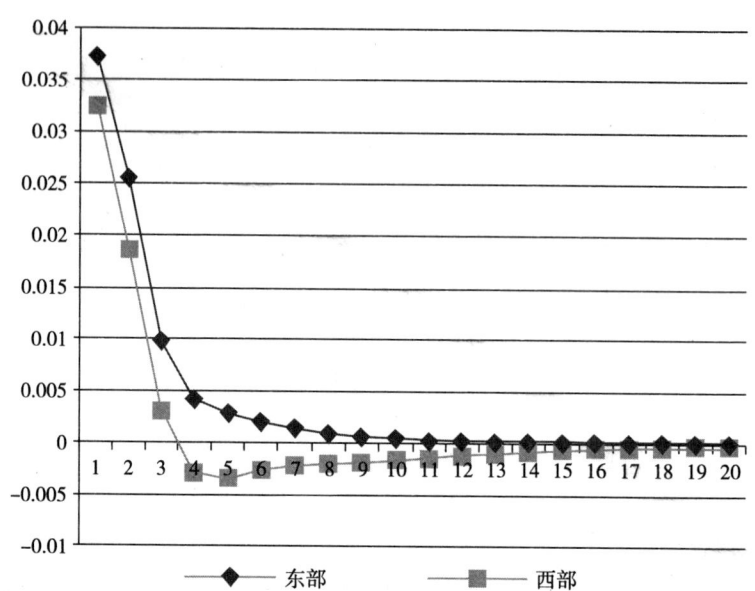

图 6-1 东、西部地区 GDP 变化率对于名义利率变化率的动态反应图

图 6-1 是东、西部地区 GDP 环比增长率对一次名义利率变化率的动态反应。纵轴是响应数值,在这里即名义利率一次变化冲击以后,名义 GDP 环比增长率变动占总变动的百分比,负号表示反方向的变动。横轴是对冲击响应的时滞步长。从图 6-1 中可以清晰地看出:①货币政策的变化造成的冲击会对我国东、西部经济产生波动性影响。冲击初始的影响较大,随后以阻尼振荡方式逐渐降低。②货币政策变化对我国东、西部经济的影响有其差异性,政策冲击对东部的初始影响明显大于西部地区,东部地区经济增长对货币政策的变化比西部地区更为敏感,即我国货币政策在东部地区的效果强于西部地区。③在冲击调整阶段,可能由于西部地区经济总量小,自我恢复能力差,因此西部地区超调现象更加明显,东部地区表现较为稳定。

(三) 我国货币政策效果存在东、西差异的原因分析

改革开放以来,我国整体经济的同质性已被地区差异性替代,传统的区域经济运行由均衡走向非均衡,使我国东、西部经济发展水平存在很大的差距。

始于 20 世纪 80 年代初的中国社会主义经济体制改革,是政府主导的渐进式改革道路。经济市场化的过程是分领域、分地区各个突破,分步推进的。在我国

的"七五"计划中,根据各省市的经济发展水平和阶段,提出了东、中、西三大经济地带的地域划分及国土开发实施由东向西逐步推进的"梯度发展战略"。这就导致了改革开放以来,我国整体经济的同质性已被地区差异性替代,传统的区域经济运行由均衡走向非均衡。从而,各地区由于历史原因、人力资源、地理位置,以及政策倾斜程度等不同发展不平衡,东部地区由于先开发,已经发展起来了,在经济、政治、文化上处于领先地位,中部其次,西部最落后。结合最优货币区理论,得出是以下原因最终导致了统一的货币政策产生不同的地区差异。

1. 经济总量的差异

2005年东部11个省市GDP为117933.65亿元,中部8省为46362.07亿元,西部12个省市为33493.31亿元,从表6-4中可以看出,中部和西部相较于东部有较大差距。

表6-4 2005年我国各地区国内生产总值　　　　　　　　　　　单位:亿元

地区	GDP总值
东部	117933.65
中部	46362.07
西部	33493.31

数据来源:《中国统计年鉴(2006)》,国家统计局网站。

2. 经济结构的差异

(1) 产业结构和工业化的差异。三类产业在地区间的分布很不均衡,以2003年为例(见表6-5)。东部地区第二、第三产业较发达,而西部地区第一产业所占比例相对较高。

表6-5 2003年我国各地区国民生产总值的构成　　　　　　　　单位:%

地区	第一产业	第二产业	第三产业
东部	11.5	48.2	40.3
中部	18.7	45.9	35.4
西部	20.0	41.8	38.2

资料来源:《中国经济景气月报》。

（2）开放程度上的差异。以各地区进出口额来衡量开放程度，从表6-6中可以看出，我国东、中、西部地区的对外贸易存在很大的差距，东部地区的对外贸易额无论是出口总值还是进口总值都超过了中、西部地区之和，而进出口贸易差额更是远远超过了中、西部地区之和，这也间接反映了三大地区经济开放度的差异性。

表6-6 2005年我国各地区进出口额　　　　　　　　　　　　单位：亿元

对外贸易	进口额	出口额	进出口总额
东部	7032.4	6159.3	13191.7
中部	329.5	246.5	576.0
西部	257.5	193.8	451.3

数据来源：《中国统计年鉴（2006）》，国家统计局网站。

3. 金融结构的差异

从金融机构数量来看，除了国有金融机构按省、区设立分支行外，新兴的商业银行和外资银行多集中于东部地区。东部城市商业银行机构数分别都是中部和西部的2倍多；东部外资银行代表处数分别是中部和西部的80倍和29倍，而外资保险机构几乎全部在东部；光大银行、民生银行、广东发展银行、深圳发展银行、招商银行、中信实业银行、兴业银行、浦东发展银行等新兴银行基本都只在东部沿海地区设立分支机构；全国唯一的两家证券交易所分别在东部的上海和深圳，中西部地区还没有形成区域性的资本市场。从近年发展趋势来看，国有商业银行从资金盈利性和安全性出发，略增东部地区的机构数，而纷纷精简中、西部地区机构数。2002~2004年央行减少机构数43个，中国工商银行减少机构数7122个，其中大部分精简在中、西部，而东部则略增。相反，外资银行近年在华机构剧增，2003年比上年增加70个，增长50%，2004年增加到206个，增长97%，绝大部分增加机构在东部。

我国东、西部的上述差异归根到底属于经济发展水平的差异，东、西部经济发展水平的差距会导致东、西部社会公众收入阶层构成的差异，如东部发达地区的富裕型人口和小康型人口占的比重相对较大，而西部落后地区温饱型人口和贫困型人口占的比重相对较大。

东西部社会公众收入阶层构成的差异会导致东、西部货币需求构成的差异。按照西方主流经济学的划分，货币需求由交易性货币需求、预防性货币需求、投机性货币需求构成。东、西部社会公众收入阶层构成的差异会导致东、西部货币需求构成的差异，是因为人们对其拥有的有限的货币收入安排是有先后顺序的，这就是：人们对其有限的货币收入首先用于交易动机，当交易性货币需求的满足水平达到一定高度之后，随着人们货币收入的进一步增加，才会产生预防性货币需求；当人们交易性货币需求和预防性货币需求的满足水平都达到一定高度之后，随着人们货币收入的再进一步增加，人们才会产生投机性货币需求。

另外，构成货币总需求的交易性货币需求、预防性货币需求、投机性货币需求三者之间有一个比例结构的问题，三者分别占货币总需求量的比重存在此消彼长的依存关系，它是随着经济的发展而不断变化的。在经济发展水平很落后，人们收入水平非常低下的时候，交易性货币需求占的比重非常大，预防性货币需求和投机性货币需求占的比重非常小。随着经济的发展和人们收入水平的提高，人们就能产生预防性货币需求，并使它占货币总需求的比重趋于提高。当经济的发展水平达到一定高度后，人们交易性货币需求和预防性货币需求都得到较高程度的满足时，人们收入的进一步增加就会产生投机性货币需求，而且其所占比重也是趋于提高的。

以上分析说明，由于东、西部经济发展水平差异导致的收入阶层构成的差异必然导致东、西部的货币需求的构成存在差异。在东部地区，投机性货币需求所占比重相对较大；在西部地区，交易性货币需求所占比重最大。

我国东、西部货币需求构成的差异必然导致东、西部货币政策的效果存在差异。笔者的已有研究①表明：在人们生活水平没有越过温饱线时，交易性货币需求只由自主交易性货币需求构成，不存在引致交易性货币需求，更不存在预防性货币需求和投机性货币需求。因而，利息率无法对交易性货币需求产生影响，更不能对预防性货币需求和投机性货币需求产生影响，从而利息率无法调节货币需求的比例结构，因而此时货币政策几乎没有效果。当人们生活水平越过了温饱线以后，利息率开始对交易性货币需求产生影响，引致交易性货币需求开始产生，预防性货币需求也开始产生。然后随着人们收入水平的进一步提高，当交易性货币需求和预防性货币需求的满足水平达到一定高度时，就会产生投机性货币需求，此时利息率不仅对交易性货币需求产生影响，而且对预防性货币需求和投机性货币需求都产生影响，即货币政策已经能调节货币需求的构成，因而货币政策能产生效果。但只要人们收入水平没有达到小康和富裕阶段，预防性货币需求和

---

① 杨小勇，龚晓莺．再探交易性货币需求的决定［C］．复旦学报（社会科学版），2001（6）．

投机性货币需求所占比重很小,货币政策调节货币需求构成的空间就不大,货币政策的效果就不会很大。只有当人们收入水平达到小康和富裕阶段,预防性货币需求和投机性货币需求,尤其是投机性货币需求所占比重达到相当高度时,货币政策调节货币需求构成的空间才大,货币政策的效果才大,而且随着经济的发展,货币政策也将越来越有效。

由于我国的贫困型人口和温饱型人口主要集中在西部地区,因而在西部地区,交易性货币需求所占比重最大,投机性货币需求所占比重很小,货币政策调节货币需求构成的空间不大,因而货币政策的效果较差。而在东部地区,由于小康型人口和富裕型人口所占比重比西部地区大,投机性货币需求所占比重相对较大,货币政策调节货币需求构成的空间较大,因而货币政策的效果较好。

造成东、西部货币政策效果差异的原因,除了经济发展水平差异所导致的货币需求构成的差异之外,还有以下几方面的原因:

一是货币政策传导机制的差异。东部地区货币政策传导机制相对完善,西部地区货币政策传导机制相对落后。

二是金融业发达程度的差异。东部地区金融业相对发达,西部地区金融业相对落后。

三是市场化程度的差异。东部地区市场化进程相对较快,西部地区市场化进程相对较慢。东部地区的微观经济主体在市场化方面的意识和素质相对较高,对货币政策的反应相对敏感,西部地区的微观经济主体在市场化方面的意识和素质相对较低,对货币政策的反应相对迟钝。

第四节　本章小结

货币政策效果是指货币政策目标的实现程度。

当一个社会交易性货币需求的比重很大,预防性货币需求和投机性货币需求的比重很小时,货币政策的效果就较差;当交易性货币需求所占比重较小,预防性货币需求和投机性货币需求的比重较大时,货币政策的效果就较好。

从名义 GDP 增长率的变动方向与货币政策调控方向的一致性、名义 GDP 增长率的利率弹性、货币政策的时滞性三个角度观察我国经济转型期的货币政策的效果可以发现,我国的货币政策的效果总体上是趋于提高的。

经过经验分析和模型分析发现,我国货币政策在西部地区的效果比东部地区差。

造成东西部货币政策效果差异的原因主要是经济发展水平差异所导致的货币需求构成的差异,此外还有货币政策传导机制的差异、金融业发达程度的差异、市场化程度的差异等。

第七章

中国经济转型期货币政策建议

第一节 基于中国经济转型期货币政策整体效果的政策建议

第一,大力提高我国中下等收入阶层的收入水平,使他们的收入在满足了交易性货币需求之后,还有越来越大比重的收入用于满足预防性货币需求和投机性货币需求,从而改善我国货币需求的构成,提高我国货币政策的效果。当前我国收入分配两极分化严重,特别是受前期全球金融危机的影响,使我国失业率(农民工返乡)提高,使收入分配向富人倾斜,工资在 GDP 中的比重大幅度下降(柳欣,2010),富人的收入增量大多转化成了投机性货币需求,富人的投机性货币进一步使其财产收入成倍上升。从这些情况可得出以下判断:我国当前在中下等收入阶层的货币需求构成中,交易性货币需求所占比重很大,投机性货币需求所占比重很小,其货币需求结构调整的余地不大;富人阶层的交易性货币需求所占比重偏小,投机性货币需求所占比重偏大,其货币需求结构调整的余地也不大。从我国整体货币需求构成来看,由于收入分配向富人倾斜,我国当前整体交易性货币需求所占比重偏小,整体投机性货币需求所占比重偏大,货币需求结构调整的空间不大。这种情况使我国货币政策调节货币需求构成的余地已经不大,使货币政策的效果已经很小。要改变这种情况,可行的办法是通过大幅度提高中下等收入阶层的收入改善货币需求结构,从而扩大货币政策发挥作用的空间。当前我国已经具备大幅度提高中下等收入阶层收入的条件,因为我国财政收入多年来一直以高于 GDP 增速若干倍的速度增长,有关部门认为,我国已具备实施"收入倍增计划"的条件。

第二,将货币需求以及货币需求结构作为我国货币政策可选择的中间目标。

当宏观经济体系出现经济过热和通货膨胀时，表明货币需求很旺，这时可考虑通过货币政策工具的运用降低货币需求。从结构的角度来说，货币政策应该调节货币需求的构成，当产品市场出现物价过快上升时，表明交易性货币需求所占比重偏大，货币政策调控的中间目标之一就是，将一部分交易性货币需求转化为预防性货币需求和投机性货币需求；当产品市场出现市场疲软，需求不足时，货币政策调控的中间目标之一就是将一部分预防性货币需求和投机性货币需求转化为交易性货币需求；当证券市场出现严重泡沫时，货币政策调控的中间目标之一就是将一部分投机性货币需求转化为交易性货币需求和预防性货币需求。

在当前全球经济处于复苏过程的背景下，根据我国当前的宏观经济情况，我国目前需要通过扩大交易性货币需求所占比重来扩大产品市场的有效需求，但由于结构扭曲使我国当前通过货币政策调节货币需求构成的空间不大，所以当前应注重发挥财政政策的作用。财政政策可以通过对中下等收入阶层实施财政转移支付，"收入倍增计划"，加大政府对廉租房、经济适用房的投资和供给，提高农民工和低收入阶层的住房补贴等手段，大幅度提高交易性货币需求所占比重和产品市场的有效需求，从而保持经济的快速发展。

第三，保持货币政策的相对稳定性。货币政策的效果具有时滞性，前面的论述表明，虽然货币政策在当年也能发挥一定的作用，但其作用的充分发挥都要滞后 1~3 年或更长时间，一方面，是由于货币政策传导本身需要一个过程，另一方面，是由于货币需求的构成不会随货币政策的调整及时做出改变。根据这种情况，货币政策应着眼宏观经济的长远发展，因而应保持相对稳定性。我国过去曾实行频繁调整的所谓"灵活的货币政策"是缺乏科学依据的，甚至违背货币政策发挥作用的客观规律。如我国 2008 年上半年实行频繁调整力度越来越大的紧缩货币政策，下半年却因全球金融危机爆发实行频繁调整力度越来越大的扩张货币政策，这必然会造成前后完全相反的货币政策作用力相互摩擦和相互抵消，因而造成货币政策的效率损失。虽然我国在 2009 年第 1 季度的名义 GDP 增长率迅速回升，但这在很大程度上得益于 4 万亿元的政府投资等财政政策，如果没有此前频繁调整的方向相反的货币政策，我国宏观经济应该回升得更加稳健。

第四，为了便于监测，我国应在科学界定交易性货币需求、预防性货币需求、投机性货币需求内涵的基础上，尽快建立有关货币总需求、交易性货币需求、预防性货币需求、投机性货币需求等统计指标体系。当前可考虑将全社会销售收入除以货币流通速度所得数据作为交易性货币需求量，将商业银行的日平均活期存款量作为预防性货币需求量，将存入证券市场和期货市场的日平均货币量作为投机性货币需求量。

第五,建立复合型货币政策传导机制,即在现有货币供给传导渠道的基础上,增设货币需求传导渠道。货币需求传导渠道可表示如下:货币政策工具—货币需求总量、货币需求结构—产品市场价格、货币市场利率—消费、投资、出口—GDP。

第二节 基于中国经济转型期货币政策效果存在东、西部差异的政策建议

一、充分发挥货币政策在实施西部大开发战略中的作用

自改革开放以来,国家采取非均衡发展战略,鼓励一部分有条件地区和个人先富起来,然后先富带动后富,逐步实现共同富裕。按照这一战略,国家实行了向东部地区倾斜的政策,使东部地区得到的优惠政策远多于西部,使东西部发展差距越来越大。到20世纪90年代末,应该是先富带动后富的时候了,于是,中央提出了西部大开发战略。实施西部大开发战略是党中央总揽全局作出的重大决策,关系到国家经济发展、社会稳定、民族团结和国防巩固。

实施西部大开发战略需要解决融资问题,关于西部大开发所需资金量有资料测算,假定未来10年西部经济按8%速度增长,净资本按10%的速度增长,则西部地区所需总投资约为10万亿元,年均在1万亿元左右以上。如果考虑西部地区的基础设施建设工程量大、地理地质条件复杂,投资成本高,周期长,具有资本高密集和不可分性等特征,则实际需要的资金量可能还要高于上述的测算。总之,巨大的资金需求和缺口是一个十分现实的问题。在传统计划经济体制下单一的财政主导型融资方式逐渐让位于转轨经济体制下银行主导型融资方式后,除国家和地方对基础建设进行必要投资外,一些项目和企业必然主要依靠贷款。因此,西部开发实际上为金融机构发挥作用提供了平台,我国的金融服务将在西部大开发中得到全面发展。① 对此,货币政策应该而且能够发挥应有的作用。

---

① 张瑶. 实施西部大开发战略的金融支持问题 [J]. 广西农村金融研究, 2001 (1).

我国自1984年中国人民银行正式行使中央银行的职能算起，中央银行的体制已建立30多年，我国具有真正意义上的货币政策的历史只有短短20多年。在这20多年里，我国改革开放不断向纵深推进，经济运行体制、机制和经济运行环境不断发生变化，货币政策在宏观调控中的地位也越来越重要。随着我国西部大开发的不断推进，对于货币政策如何促进西部经济的发展提出了前所未有的挑战。在由计划经济向市场经济转变的过程中，基于市场基础、原始积累和区位优势等因素的不同，我国地区经济发展差距也在逐渐扩大，根据经济总量、金融资源、经济主体偏好、城乡居民收入、消费能力与需求以及人均资源占有量的不同特点，我国形成了东部、中部、西部以及东北等不同的经济带。在这种情况下，货币政策就不能只表现为总量政策，而且还应表现为结构调整政策。若一味地照搬发达国家的货币政策，对经济运行状况不仅可能起不到应有的控制和推进作用，还有可能起到消极的反作用。因此，在制定国家或地区的货币政策时，必须从国家或地区的实际经济情况出发才能够制定出有效的货币经济政策。区域经济的不均衡发展在中国这样一个正处于转型经济体制之中的发展中国家表现得格外显著。因此，在制定货币政策时，应根据不同的经济及地理特征划分不同的经济带，从而有针对性地对不同经济带的特征采取不同的货币政策措施，避免因全国一盘棋而导致厚此薄彼或顾此失彼的现象。

二、对我国东、西部实行差别性货币政策

（一）对我国东、西部实行差别性货币政策的基本构想

为了发挥货币政策在缩小我国东、西部经济发展差距上的作用，货币政策工具的运用除公开市场业务全国统一外，其他工具的运用应按区域实行差异化。在根据宏观经济形势确定了我国总体的货币政策及对应的货币政策工具运用水平之后，按照中部比东部宽松，西部比中部宽松的原则分别确定东部、中部和西部的货币政策工具水平。

1. **我国实行东、中、西部差别性的货币政策工具**

（1）再贴现率。按照总体的货币政策及对应的再贴现率水平以及中部地区比东部地区低若干百分点、西部地区比中部地区低若干百分点的级差，测算出东、中、西各区域的再贴现率水平，以此作为我国特定时期东、中、西各区域执行的再贴现率水平。

（2）存款准备金率。按照总体的货币政策及对应的存款准备金率水平以及中部地区比东部地区低若干百分点、西部地区比中部地区低若干百分点的级差，测算出东、中、西各区域的存款准备金率水平，以此作为我国特定时期东、中、西各区域的法定存款准备金率水平。

（3）存贷款利率。在商业银行存贷款利率尚未市场化之前，按照总体的货币政策及对应的存贷款利率水平以及中部地区比东部地区低若干百分点、西部地区比中部地区低若干百分点的级差，测算出东、中、西各区域的存贷款利率水平，以此作为我国特定时期东、中、西各区域实行的存贷款利率水平。

各种货币政策工具在东、中、西部的级差根据特定时期宏观经济形势和区域经济发展的需要来确定。

2. 我国东、中、西部实行差别化货币政策存在的风险

对我国东、中、西部实行差别性的货币政策，在技术上是很容易操作的。可能的风险是一些投机者利用差别性货币政策套取利差，破坏金融秩序。

（1）再贴现率。在我国，再贴现率的变化在操作上只涉及中国人民银行和商业银行两大行为主体，在目前国有商业银行占商业银行绝对主体地位的条件下，国家要求国有商业银行严格贯彻国家货币政策意图是水到渠成的事，而且再贴现率高低由中国人民银行决定，中国人民银行只需根据经济发展需要对各商业银行在我国东、中、西部的分行使用不同的再贴现率即可。在监管上只需确保中国人民银行在东、中、西部三种不同再贴现率水平下向各商业银行发放贷款的比例分别与各商业银行实际投放在东、中、西部微观经济主体的贷款的比例一致即可。由于再贴现率的变化只涉及中国人民银行和商业银行两大主体的利益变化和行为变化，只要商业银行不再对我国东、中、西部实行差别性再贴现政策情况下产生套利行为，就不会出现金融秩序问题和金融风险问题。

（2）存款准备金率。存款准备金率的变化在操作上也只涉及中国人民银行和商业银行两大行为主体，对我国东、中、西部实行差别性的存款准备金政策只会影响各商业银行在东、中、西部分行的资产业务的规模和相应的利益，各商业银行在全国整体上的资产业务的规模和利益不会因为存款准备金率政策的区域差异而产生太大改变。因而，对我国东、中、西部实行差别性存款准备金率政策也不会出现金融秩序问题和金融风险问题。

（3）存贷款利率。存贷款利率的变化在操作上涉及商业银行和几乎所有微观经济主体，会直接影响商业银行和几乎所有微观经济主体的利益和行为，对我国东、中、西部实行差别性存贷款利率政策有可能产生金融秩序问题和金融风险

问题。比如一些微观经济主体以西部投资者的身份获取享受西部地区待遇的低利率贷款后，将贷款转移到东部地区投资，或转让给东部地区投资者以套取利差，从而引发金融秩序问题和金融风险问题。这是实行区域差别性货币政策有可能产生问题的症结所在，但只要完善和加强相关立法和执法，严格商业银行对投资者的身份鉴别、信用评估和贷款去向的监管，该问题是可以避免的。

（二）对我国东西部实行差别性货币政策的现实意义

实行差别货币政策对顺利实现西部大开发的目标具有重要现实意义。

第一，对西部实行更为宽松的差别性货币政策，可拓宽西部开发资金供给渠道，缓解资金供需矛盾。长期以来，西部地区经济发展所需资金主要依赖于中央财政和银行信贷资金投入，但后者在融资条件对等而投资回报很低的情况下，与东部地区相比则明显不足，且流失严重。直接融资量由于资金市场不发达则更是微乎其微。据测算，西部地区近年来获取的银行信贷资金量不足全国的20%。今后，中央财政通过转移支付将进一步加大对西部地区开发的支持，但仍难以满足西部开发中大规模基础设施建设、优势资源开发项目建设和生态环境改善等所需的大量资金，资金供需缺口仍将很大。要解决西部开发中资金供需矛盾，就必须通过采取切实有效的更为宽松的货币政策，引导资金流向西部地区。

第二，对西部实行更为宽松的差别性货币政策，有利于提高资金的运用效率。提高资金使用效率、改善资金循环是西部地区经济发展的客观现实要求。当前，西部地区基本上仍沿袭传统的高投入、低产出的粗放型经济增长模式，资源浪费严重，资金使用效率不高，经济效益低下，资金的内生机能差，资金运行处于高投入—低效益—低积累—低产出的低水平循环状态。对西部实行更为宽松的差别性货币政策，不仅可扩大资金投入，增加输血量，而且可通过金融资金运用中内在的成本效益约束机制和资金价格调节导向功能作用的发挥，有效地培植优势产业和新的经济增长点，从而提高资金使用效率，打破西部地区资金低水平运行状况，增强其自我积累能力和"造血"功能。

第三，对西部实行更为宽松的差别性货币政策，有利于改善西部投资环境，实现物力、财力、人力、技术、信息等资源的充分合理配置，有利于加快西部地区基础设施建设和生态环境建设，培育和发展优势产业。不仅能改善西部地区投资环境，增强投资吸引力，引导国内外投资流入这一地区，而且可通过资金的流入带动人才、技术、信息等相关资源的流入，并使西部地区经济发展所需的各类

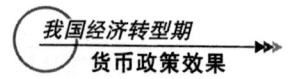

资源在更高层次上得到充分、合理配置。

第四,对西部实行更为宽松的差别性货币政策,有利于加快西部优势产业的发展,促进经济结构的调整优化,有利于防范和化解地区性金融风险,增强金融业发展后劲,实现金融业可持续发展,有利于提高金融对西部大开发战略的进一步支持能力。

(三) 对我国东西部实行差别性货币政策的配套措施

1. 灵活运用货币政策工具,提高货币政策操作水平

实施东西部差别性货币政策,在客观上要求货币政策工具的运用具有充分的灵活性。当前,应继续坚持以公开市场操作、存款准备金、利率作为主要工具,再贴现、指导性信贷计划、信贷政策和窗口指导作为辅助工具。要提高操作的灵活性、及时性和微调性。从中国货币政策实践来看,不同时期的货币政策短期目标会发生变化,因此中央银行必须根据变化的形势,灵活地做出调整,及时调整应变措施。另外,中央银行的操作时机和操作力度对货币政策效果也有很大的影响,因此必须同时注意政策工具运用的及时性和小幅调整,以保持政策的连续性。

在加强各种货币政策工具的组合运用的基础上,要进一步加强货币政策与财政、产业、外贸、金融监管等政策的协调配合,多管齐下实现多目标调控。要特别注意调控政策的协同效应问题,我国宏观调控关注多个经济目标,这使央行在政策的协同和配套上需要更多的艺术性。比如提高准备金率和利率均是紧缩性政策,为了巩固我国宏观调控的成果,继续实施稳健的货币政策是央行的政策导向,但升息又将提高人民币在国际市场的比价吸引力,加速国际资金的涌入,加剧国内市场的流动性过剩问题。资本市场特别是股票市场对流动性的关联影响预计还将显现和强化,这将对准备金率等数量型政策工具的运用产生更多的影响。因此,研究货币政策的协同和配套,谋划取得同向的效应,在我国宏观控制更加注重内在和结构的趋势之下显得更为重要。[①]

2. 中央银行要提高定量分析技术水平,以增强决策的科学性

实施东西部差别性货币政策,要求货币政策工具在我国东、中、西部的差异化定量水平必须与宏观经济形势确定的我国总体货币政策保持一致。为此,中央银行必须提高定量分析技术水平,改变以往主要靠经验实施货币政策的做法,以

---

① 袁明男. 当前央行货币政策工具运用对商业银行的影响 [J]. 企业经济, 2007 (7).

加强决策的前瞻性、计划性和预测性。要加强对周期性波动的预测，提高对经济形势的预测能力；加强对货币政策最终目标、中间和操作目标、传导机制、政策工具的定量研究，以提高货币政策运用的合理性；要加强货币政策时滞、货币政策作用效果和反馈机制研究，以便对货币政策进行适时调整，以适应经济形势的变化。同时，作为发展中国家，我国的货币政策还不够成熟，经验也欠丰富，货币政策本身就一直处于调整之中，随着近年来金融全球化浪潮的出现，中央银行必须清楚地看到金融创新在中国的发展态势，并据此不断调整货币政策，以适应金融形势不断变化的需要。

3. 建立科学的货币政策监测体系

为了确保定量分析的科学性，必须获取有关真实数据，为此，建立货币政策监测体系。国内外经济形势在不断变化，无论实际现金投放、实际贷款额，还是货币供应量增长率都有可能偏离预定的调控目标，而且这种偏离往往反映了经济周期的波动。目前中国仍处于体制转轨时期，体制环境的变化对货币乘数和货币流通速度的冲击不仅明显，而且不确定性强，对货币供应量和信贷总额的事先预测和调控就更加困难。利率目前还不宜独立承担我国货币政策中间目标的重任，直接依靠货币政策最终目标的做法也不符合我国国情。那么建立以利率为中心，包括现金、贷款规模和货币供应量等货币政策监测体系，将为我国近期货币政策的适时调整提供定量分析依据。现金作为我国专门设定的一个货币供应量层次（M_0），在我国经济生活中至今有着非常重要的作用。现金作为基础货币的重要部分，其变动对货币供应总量具有乘数效应；我国目前处于信用经济的初始阶段，信用工具比较单一，现金流通量的变动反映整个社会物价的状况和商品流通的状况；我国目前现金和企事业活期存款在流通范围上有明确的划分，现金收支主要用于与个人有关的消费领域，现金数量的多少直接关系到零售物价指数和人民的实际生活水平。长期以来，我国中央银行一直把现金作为一项指令性计划指标来执行，现在虽然改进了现金的控制方法，更多地利用间接调控进行管理，但现金的发行作为指令性计划指标还没有取消。现金应该作为一个辅助性指标纳入我国货币政策的中间目标监测体系。虽然我国已于1998年取消了对贷款规模的直接控制，但作为一个衡量社会信贷总规模的货币变量，还不能取消。贷款规模既然可以通过行政手段直接控制，也可以通过政策手段间接调控。逐步改进对贷款规模的管理，使之成为一个反映国内信用增加额的辅助性中间变量，纳入我国货币政策中间目标监测体系。我国在缺乏一个灵敏、有效的市场利率体系的情况下，货币供应量在货币政策中间目标监测体系中的重要性还将存在。因此，必须合理界定和调整货币供应量的层次和各自的统计范围,以适应货币调控的需要。我国目前实际上已经将现金、信贷规模、货币供应量纳入了中央银行的中间目标监控体系。利率目前独立承担我国货币政策中间目标的条件虽然尚不成熟,但是从市场经济的角度将货币供应量和利率比较,利率对生产过程具有更直接的作用。这是因为,在市场经济中,企业总是根据企业利润率的高低来决定如何生产的,在借款时一般总是考虑利息率和一般利润率水平的高低。因此,随着我国市场化改革的深入和市场化利率体制的确立,利率最终必将独立承担我国货币政策中间目标的重任。①

由于我国东、西部货币政策效果的差异主要是东、西部经济发展水平的差异所决定的货币需求构成的差异造成的,所以有必要将我国总体的货币需求、交易性货币需求、预防性货币需求、投机性货币需求以及东、中、西部的货币总需求、交易性货币需求、预防性货币需求、投机性货币需求纳入货币政策监测体系。

4. 加快现代金融体系的建设

要发挥差别性货币政策的效果,必须建立完善的现代金融体系。包括金融机构和金融市场在内的金融体系是货币政策传导的主渠道,对于间接型货币政策工具而言,商业化经营的金融机构和结构完善、种类齐全的金融市场是必要的前提。当前我国的国有商业银行经营管理水平与市场经济的要求还有一定距离;我国的金融市场离一个发达市场的要求还有很大差距,特别是货币市场落后,市场主体较少、各个子市场之间缺乏联动机制、利率决定不合理等问题都是我国当前金融市场的严重缺陷。因此,必须加快推进现代金融体系的建设。

5. 深化商业银行改革

加快地方性、区域性中小型金融机构建设。尽快建立商业银行现代金融企业制度,提高商业银行对人民银行货币政策间接调控的敏锐性。督促商业银行完善对分支机构的考核体系,避免货币政策信号在商业银行内部传导过程中失真。改变目前商业银行信贷管理过于集中的局面,适当放权给基层商业银行,保证他们拥有一定的信贷权限,能够自主地结合当地经济发展现状和产业结构调整对资金的合理需求,及时发放贷款,支持当地经济发展。另一方面,要加快地方性、区域性中小银行的建设。目前我国四大商业银行无论从存贷款市场份额、机构数所占比例等各方面来看,都在银行业占有不可撼动的地位。因此,四大商业银行成为中央银行货币政策传导的主渠道,甚至在一定程度上左右了中央银行的货币政

---

① 侯超惠. 论中国的货币政策 [D]. 中央民族大学博士学位论文, 2005.

策。从这个意义上来看，为提高货币政策传导效率，需要增加传导的支渠道，削弱目前四行独大的主渠道作用。因此，有必要培育和发展一定量的地方性、区域性中小银行，使央行货币政策传导渠道更多、更顺畅。①

6. 完善金融监管体系，保持金融业的有序运行

为防止一些人利用东西部差别性货币政策进行套取利差的行为，保持良好的金融秩序，防范和化解金融风险，就必须健全金融监管体系，强化金融监管力度。为此要着重做好以下方面的工作：第一，加强银行监管中的立法和执法，严惩利用东西部差别性货币政策进行套利的行为。第二，在充分预测、分析西部地区金融风险类型和形式机理的基础上，将各类风险进行量化，形成完整的、有针对性的并便于测度和实施监控的金融风险监测指标体系，并制定切实有效的风险防范措施。第三，建立现代化的金融风险监测系统和预警系统，并设立西部地区风险监测、预警中心，以保证区域内风险数据信息的及时收集、测度和监控措施有效实施。

7. 制定有利于西部银行发展的优惠政策

在东西部经济差距日益扩大的情况下，东、西部银行的基础条件也形成较大差异，西部银行经营环境较之东部相差甚远，如果实行统一的银行政策，东西部银行发展会出现更大的不平衡，西部银行的发展将受到制约，其结果是多数分支机构被迫撤销，业务萎缩，支持西部开发的能力下降，这既与西部金融机构的发展目标不符，也不符合国家实施西部大开发战略。因此，应制定有利于西部银行发展的政策，鼓励西部银行积极支持开发事业。首先是通过实行宽松的财务政策，包括增加西部分行资本营运资金，降低资金占用利率，调整利润考核指标，放松财务管制，增拨改善办公条件的投资等来改善西部分支机构的服务手段和提高职工收入水平。在呆坏账的核销及不良资产剥离方面也应向西部分支机构倾斜，尽快对西部分支机构的呆坏账和不良资产予以核销和剥离。调整统一的存贷比例，实行有差别的存贷比例管理，适当提高西部分支机构的存贷比例，以增强对西部大开发的支持能力。中央银行应适当延长对西部商业银行再贷款期限，支持西部国有企业改革发展出现的临时性、季节性资金需求。要利用全国同业拆借市场对进入西部地区的资金降低或免收佣金、手续费，对流出西部银行的资金征收高额佣金和手续费。要大力改善和提高金融服务质量。西部开发不仅需要信贷支持，金融服务也很重要。金融服务既要增加品种，又要改善手段。要根据客户

---

① 张晓东. 当前基层货币政策传导机制中存在的几个问题 [J]. 广西金融研究，2005（1）.

需求开发新产品，最大限度地满足大开发的需求，同时从提高服务质量和效益出发，加快电子化建设，以提高资金划汇、结算、取兑的速度，保证西部开发资金的及时、准确、安全到位。要利用银行网络优势，为西部大开发提供金融信息服务，将金融信息与企业和市场信息对接，提高信息利用率。通过优化金融服务，提高银行经营管理水平。要培育和发展西部资本市场。目前我国仅有的两个证券交易所均集中在东部，西部资本市场不发达将直接影响到大开发的顺利进行。因此，要积极发展西部区域性证券交易中心，作为深沪两市的补充，西部地区的区域性证券交易中心应既面向大型企业股票上市，国有股流通、法人股流通和国债交易，又面向地方政府发债。应大力促进西部地区债券市场发展，包括发行地方政府债券、专项开发债券。支持西部地区企业产权制度的创新，支持其更多地利用证券市场筹集资金，允许西部一些规范的、效益好的非上市公司的股票进行柜台交易，并建立规范的场外交易市场。在西部个别中心城市设立二板市场和上海、深圳证券交易所的异地交易中心，培育区域性金融中心，以支持西部地区经济的快速发展。[1]

三、提高货币政策在西部地区的效果的保障措施

如果东西部差别性货币政策在近期不能实施，在全国继续实行统一货币政策的情况下，就要设法提高货币政策在西部地区的效果，为此，应采取以下措施：

（一）推进西部地区国有企业改革，大力发展西部非公有制经济，完善西部金融宏观调控的微观基础

货币政策工具系统能否充分发挥作用，关键在于微观经济主体能否对货币政策工具的操作产生足够的敏感性。货币政策在西部地区效果较差的一个重要原因是西部地区国有经济所占比重比东部地区高，而西部地区国有企业的改制滞后于东部地区，西部地区国有企业的现有体制使其缺乏对货币政策以及其他市场信号做出灵敏反应的积极性。所以，要提高货币政策在西部地区的效果，必须加快西部地区国有企业改革，将其改造成适应市场经济要求的能对货币政策以及其他市场信号做出灵敏反应的微观经济主体。因为构建适应市场经济要求的微观经济主体，是间接调控体系正常发挥作用的前提。无论宏观政策的运行机制如何，其最

---

[1] 张瑶．实施西部大开发战略的金融支持问题［J］．广西农村金融研究，2001（1）．

终效果必须通过微观主体的经济行为来体现。只有商业银行、企业成为合格的市场经济主体，中央银行调整货币供给量，特别是调整利率水平等宏观调控的操作效能才能及时有效地向实体经济传导，才能保证宏观调控最终目标的实现。

因此必须不断改进操作环境，逐步培育经济主体的政策预期和政策适应性，积累必要的宏观调控经验，保障间接型货币政策工具传导机制的通畅。为此，一方面，需要继续推进和深化西部地区国有企业改革，完善西部地区国有企业的法人治理结构，推进西部地区国有企业投资主体多元化，促进西部国有企业真正成为合格的市场竞争主体，从机制上保证企业能对中央银行的货币政策做出灵敏的反应。

要大力发展西部非公有制经济。非公有制经济主体对货币政策和市场信号的反应比国有企业要灵敏，发展和壮大西部非公有制经济对提高货币政策在西部地区的效果具有重要作用。所以，要积极扶持西部地区民营企业的发展，建立健全民营企业信用担保体系，使其享有与公有制企业同等金融服务待遇，提高对其贷款额度，完善信用担保体系和相应的金融服务体系。此外，要配合财税、工商和政府有关部门，支持引进外资企业。

(二) 发展和完善中西部金融市场

西部地区货币政策效果较差的另一重要原因是西部地区货币政策传导机制不完善，而西部地区货币政策传导机制不完善的主要表现之一就是缺乏完善的中西部金融市场。所以，要提高货币政策在西部地区的效果，必须发展和完善中西部地方金融市场，疏通民营企业直接融资渠道，推进信贷创新，积极发展票据贴现融资和金融租赁融资等。同时，要积极推动中西部信用体系建设，为货币政策的有效实施创造良好的社会环境。要建立信用建设的工作目标和社会信用监督机制，争取在较短的时间内改善中西部的信用环境。

当前应着力完善西部货币市场基础设施建设。货币市场的发展是资本市场发展的前提和基础，应加快发展和完善西部货币市场的各个子市场。票据市场是货币政策传导的重要渠道，是银行与企业密切联系的纽带，所以要大力发展西部票据市场。同时，要积极培育和逐步扩大市场主体，放宽市场准入限制、加快金融工具创新。为了增强资本市场与货币市场的联动，金融当局应把工作重点转向培育市场机制上，同时加强监管、规范市场行为、扩大市场覆盖面，真正促进两个市场的活跃和发展，充分发挥各个金融市场在货币政策传导中的沟通。继续健全支付清算体系，活跃中介机构，推动机构代理，提高西部货币市场的发达程度；同时，建立多层次的证券交易体系，建立优胜劣汰和正常的退市机制，加强市场监管、抑制过度投机。保护证券市场平稳发展,利用资本市场的财富效应和托宾效应传导货币政策,提升有效性。

增设一些区域性商业银行机构,解决西部地区资金的内引外联,打通与疏导融资渠道。积极引进中信、民生、光大、招商、交通等全国或区域性股份制商业银行和外资银行,扩大其在西部地区分支机构的设立范围;积极发展西部地区城市商业银行等地方性金融组织;积极改革和发展农村合作金融组织,使其更好地为发展农村经济服务。鉴于西部地区中小企业发展滞后的情况,可考虑组建西部地区中小企业发展银行,并在此基础上建立中小企业信用担保组织,直接为中小企业发展提供融资服务。

(三) 强化货币政策与财政政策等其他宏观经济政策的配合

货币政策的效果与经济发展水平有关,货币政策在西部地区效果较差的最重要的原因就是西部地区经济发展水平落后,在这种情况下,不能对货币政策产生太多的依赖,应更多地发挥财政政策、产业政策等其他宏观经济政策的作用。但是,如果加强货币政策和财政政策的协调配合,能提升货币政策的效果,当前可将用于西部大开发的政府债券的发行作为货币政策和财政政策的结合点。可考虑发行专门用于西部大开发的国债,增加财政资金对西部公用事业的投入力度;同时,不断完善国债的品种和期限结构,增加短期国债发行和比重。此外,货币政策还要与其他宏观经济政策相配合,包括产业政策、税收政策等,其中最重要的是产业政策。货币政策要与产业政策相配合,通过信贷政策加强对西部基础设施、技术创新、高新技术产业的政策支持。

(四) 加大对西部地区扶贫力度,大幅度提高西部人口的收入水平

西部地区货币政策效果差,还与西部地区收入阶层构成有关。相对东部地区,西部贫困型人口和温饱型人口所占比重较大,这些人口的货币需求结构单一,大多表现为交易性货币需求,不会因为货币政策的变化而对支用习惯、货币需求结构做太大的调整。所以,要提高货币政策在西部地区的效果,必须加大对西部地区的扶贫力度,大幅度提高西部人口的收入水平,从而改变西部地区货币需求的构成,为货币政策调节西部地区货币需求的构成创造空间。为此可采取以下措施:一是改革收入分配制度,缩小贫富差距。中国经济的高速发展,也造成了居民收入的两极分化,并有继续扩大的趋势。只有进一步完善收入分配制度,实现初次分配注重效率、二次分配注重公平,提高全社会的整体收入水平,才能

提高货币政策的实施效果。二是完善社会保障制度。目前，我国需要提供社会保障的人口主要集中在西部地区，中国虽已实施了对城镇居民及部分地区农村居民的最低生活保障制度，但这是在有就业需求但没有就业岗位、存在大量下岗职工的情况下实施的。只有继续深化养老、医疗等社会保障制度改革，提高保障水平，提高即期和预期收入水平，才能扩大即期消费，从而缩短货币政策时滞，提升货币政策的有效性。

（五）设立西部开发银行，加大对西部金融支持力度

从国外开发落后地区的经验看，设立专门的银行为开发地区提供金融服务较为普遍。我国西部开发是一项极其宏大的工程，少则几十年，多则几百年，而且与国外相比更具艰巨性和长期性，在开发初始阶段主要应靠国家投入，以此引导资金流向，带动各种资金向西部倾斜。鉴于西部开发的特殊性，其一，应设立政策性金融机构，使其成为政府资金支持的主渠道，专门为西部大开发的基础设施建设和社会公益事业建设融通资金和提供金融服务。西部政策性开发银行的资金来源问题，可借鉴日本政策性银行的经验，将邮政储蓄划归西部开发银行运用，同时可以面向社会保障基金、商业保险基金和商业银行发行金融债券融资，还可在国际资本市场上融通资金作为补充资金。其二，要增加现有三大政策性银行对西部地区的信贷投入。政策性银行应与国家支持西部大开发的取向一致，也应拿出70%左右的信贷资金投向西部。其三，建立地方性股份制银行，促进西部地方金融业发展，在经济发展上要发挥地方金融的作用，打破国有商业银行处于典型的寡头垄断地位，大力发展股份制商业银行，形成区域金融竞争局面。对西部商业银行设置原则与条件、利率、准备金等方面实行优惠倾斜。西部股份制商业银行应承担省、自治区内重点支持项目的融资任务，为乡镇企业和其他中小企业服务，为西部大开发提供金融支持。其四，鼓励外资银行在中国西部地区设立银行，提前放开外资银行经营人民币业务，利用东西部开放人民币业务的时间差来吸引外资银行进入西部地区。鉴于专门设立金融机构增加开办费和机构运行费用，应借助四大国有独资商业银行调整机构之机，将其分支机构整体重组，以接管方式进行新银行的组建。四大国有商业银行为适应西部开发需要，也可将部分省区分行切块合并组建西部开发银行，使其脱离母体，重新整合，借此探索国有商业银行改造的路子。[1]

---

[1] 张璠. 实施西部大开发战略的金融支持问题 [J]. 广西农村金融研究, 2001 (1).

(六) 完善西部大开发金融政策支持体系，为西部地区经济、金融发展奠定政策制度基础

第一，根据西部地区经济特点和发展要求，在进行全面预测和规划的基础上，制定产业金融政策，以引导西部地区经济结构调整，促进西部经济增长。①

第二，采取适当倾斜性货币信贷政策和优惠的贷款和再贷款利率政策，扩大对西部地区的货币资金供给，并适当提高商业银行存贷比例，提高中长期贷款比例和专项贷款额。同时，针对西部地区国有经济比重大、包袱重的问题，提高呆账准备金比例。②

第三，放宽直接融资限制，促进西部资本市场的发展。一是建立为西部大开发直接融资的区域性资本市场，扩大融资渠道和融资能力；二是鼓励西部地区证券机构根据西部地区经济发展的特点和要求，积极进行制度创新、工具和交易手段方式创新以及市场创新；三是适当放宽西部企业股票上市条件，允许更多股票在全国上市；四是允许西部区域内投资公司通过国内甚至国外发行债券为西部地区大型基础设施建设项目或优势资源开发利用项目进行直接融资，也可通过国家统一发行特殊西部开发债券等筹集资金，扩大对西部各省区的投资；五是扩大西部地区各类投资基金的设立，并放宽其上市条件。③

第四，适度采取对西部地区的金融自由政策，放松金融机构业务限制，以吸引更多的国内外金融机构进驻西部地区，开展金融业务。

(七) 加强金融投资的可行性论证，提高金融投资决策科学性

金融投资的决策科学与否，直接影响着金融支持的有效性和资金的运用效率，间接影响着货币政策的最终效果。在目前全国实行统一的货币政策的情况下，西部落后的投、融资环境使其融资能力大大落后于东部地区，如果有限的金融投资因为错误决策失败，会使本来就落后的西部经济的发展雪上加霜，使货币政策的效果更差。所以，必须加强金融投资的可行性论证，提高金融投资决策科学性，以提高西部地区金融投资的成功率。为做到金融投资科学决策，必须做到四个方面的结合：一是必须将金融投资决策与西部地区的产业政策结合起来，使金融投资目标方向体现国家产业政策，从而有效地引导西部地区产业发展和结构

---

① 阮银兰．西部大开发中的金融支持 [J]．兰州大学学报 (社会科学版)，2002 (5)．
② 张文华，杨红英．对强化西部大开发金融支持的几点思考 [J]．经济问题探索，2004 (4)．
③ 杨云开．中国西部大开发的融资思考 [D]．广西大学博士学位论文，2001．

调整；二是必须将金融投资决策与金融政策有机结合起来，从而有效传导倾斜性金融政策对地区经济的支持力；三是要把金融决策与地方政府和有关部门整体规划、实施方案和政策措施结合起来，从而做到政策配套、措施协调；四是把金融决策与地区经济的特点结合起来。在此基础上，结合决策管理程序，对产业、企业、产品进行分类排队，筛选出支持的投资领域和项目，并制定相应的体现扶优限劣、主次有序的金融措施。今后金融支持的重点应放在以下几方面[①]：一是加大改善农牧业生产条件为主的生态保护和建设的资金投入，支持农田、水利、草场为重点的农牧业基础设施建设，加大对农牧业科技投入，发展西部地区特色农业，培育农副产品加工企业，促进农业产业化发展；加快小城镇建设步伐，推动农村经济向多元化方向发展。二是在优势资源开发利用方面，要着力支持资源的综合利用和资源加工工业的发展，完善地区内第二产业内部分工体系，推动优势资源的开发利用向规模化、高值化方向发展，从而壮大西部地区依托优势资源的支柱性产业。三是支持商品流通业、金融保险业、旅游业和信息服务业等第三产业的发展，并形成合理的规模和内部结构。四是重点支持能充分利用资源优势、经济效益和发展前景好的企业跨地区组建企业集团，并积极推荐有发展潜力的企业上市募股。五是支持亏损企业培育盈利增长点。对有销路、有订单、有效益的亏损企业要专门管理，发放封闭贷款，予以扶持，从而达到通过扶持一个产品、一条生产线，盘活挽救一个企业的效果。六是加大企业技改投入，提高技术改造在工业投资中的比重，提高技术改造的科技含量和项目整体技术水平，同时要引导企业走"产、学、研"相结合的道路，提高企业的科技创新能力，有效防范和化解金融风险。七是加大对住房建设和个人消费的支持力度，促进住宅业和消费领域成为新的经济增长点。八是加大对西部地区交通、通信、能源、环保等基础设施建设的投入，鉴于基础设施建设周期长、投资大的特点，今后应在中央加大对西部地区基础设施建设财政投入的基础上，金融部门通过以下方面进行筹资融资：组织银团贷款，就某建设项目进行融资；通过设立专项投资基金进行融资；通过在国内乃至国外发行基础建设项目债券募集资金，债券的种类可采取可转换债券、利率浮动债券和附有金融资产认购权的债券等；通过发行股票筹集资金，发行范围既可在国内发行，也可在境外市场上发行。

(八) 应采取的其他相关配套措施

第一，努力培养德才兼备、高素质的金融经营管理人才。在对现有在职职工

[①] 李曦辉．民族地区产业经济学 [M]．北京：中央民族大学出版社，2004．

队伍进行多渠道、多形式培训的基础上，通过公平竞争、择优选用、引进、培养和造就一批熟悉国际惯例、金融法规、现代金融管理理论和现代化管理技术的复合型金融业人才，并充实到重要业务职能部门和领导岗位上，全面提高金融业经营管理水平。①

第二，支持西部地区加快基础设施建设。一是金融机构应根据国家西部大开发战略的总体要求，在资金总量及结构上积极支持对公路、铁路、机场、天然气管道、水利设施以及电网、通信、广播、电视等基础设施的建设，做好对西部经济区内已经确定为国家或省（区）级重点基础设施和重点工程建设项目工程的配套信贷资金的落实工作。二是运用灵活多样的信贷方式，采取多渠道的融资手段，支持西部地区的基础设施建设。如组织银团贷款，就某一建设项目进行融资；通过设立专项投资基金进行融资；通过在国内乃至国外发行西部地区基础建设项目债券募集资金；国家开发银行等政策性金融机构发行专项金融债券，增加西部地区的基础建设贷款。②

第三，积极开拓适应西部地区经济发展需要的新金融业务。③ 不仅要做好在东部和中部地区已经成熟、在西部地区尚未开展起来的业务，还要结合西部地区的特点和西部大开发的需要，打破发展常规，进行金融业务创新，率先在西部开办一些尚未在东中部开展的新型金融业务，打造高水平金融服务新平台。

第三节　本章小结

第一，大力提高我国中下等收入阶层的收入水平，使他们的收入在满足了交易性货币需求之后，还有越来越大比重的收入用于满足预防性货币需求和投机性货币需求，从而改善我国货币需求的构成，提高我国货币政策的效果。

第二，应将货币需求以及货币需求结构作为我国经济转型期货币政策可选择的中间目标。

第三，基于货币政策发挥作用的时滞性，应保持货币政策的相对稳定性。

第四，应建立复合型货币政策传导机制，即在现有货币供给传导渠道的基础上，增设货币需求传导渠道。

---

①② 叶红.论西部大开发中的金融支持 [J].湖北民族学院学报（哲学社会科学版），2003（3）.
③ 周青.对西部大开发金融支持的思考 [J].中共福建省委党校学报，2002（2）.

第五，为了便于监测，我国应在科学界定交易性货币需求、预防性货币需求、投机性货币需求内涵的基础上，尽快建立有关货币总需求、交易性货币需求、预防性货币需求、投机性货币需求等统计指标体系。

第六，要充分发挥货币政策在实施西部大开发战略中的作用。

第七，货币政策工具的运用除公开市场业务全国统一外，其他工具的运用应实行按区域差异化，即对我国东、中、西部实行差别性的货币政策。在根据宏观经济形势确定了我国总体的货币政策及对应的货币政策工具水平之后，按照中部比东部宽松，西部比东部宽松的原则分别确定东部、中部和西部的货币政策工具水平。

第八，实施东、西部差别性货币政策应采取以下配套措施：①灵活运用货币政策工具，提高货币政策操作水平；②中央银行要提高定量分析技术水平，以增强决策的科学性；③中央银行要提高定量分析技术水平，以增强决策的科学性；④建立科学的货币政策监测体系；⑤加快现代金融体系的建设；深化商业银行改革；完善金融监管体系，保持金融业的有序运行；制定有利于西部银行发展的优惠政策。

第九，如果东西部差别性货币政策在近期不能实施，在全国继续实行统一货币政策的情况下，就要设法提高货币政策在西部地区的效果，为此，应采取以下措施：推进西部地区国有企业改革，大力发展西部非公有制经济，完善西部金融宏观调控的微观基础；发展和完善中西部金融市场；强化货币政策与财政政策等其他宏观经济政策的配合；加大对西部地区扶贫力度，大幅度提高西部人口的收入水平；设立西部开发银行，加大对西部金融支持力度；完善西部大开发金融政策支持体系，为西部地区经济、金融发展奠定政策制度基础；加强金融投资的可行性论证，提高金融投资决策科学性。

参考文献

[1] 邓乐平. 中国的货币需求——理论与实证的考察［M］. 北京：中国人民大学出版社，1992.

[2] 杜巨澜. 中国货币需求的微观基础研究［M］. 上海：复旦大学出版社，1998.

[3] 戴维·莱德勒. 货币需求：理论、证据和问题. 戴国强译. 1989 年出版，在超星数字图书馆阅读，SS 号：10345454.

[4] 戴国强. 中国货币需求分析. 1995 年出版，在超星数字图书馆阅读，SS 号：10017264.

[5] 李春琦. 中国货币政策有效性分析［M］. 上海：上海财经大学出版社，2003.

[6] 汪红驹. 中国货币政策有效性研究［M］. 北京：中国人民大学出版社，2003.

[7] 胡庆康. 现代货币银行学教程［M］. 上海：复旦大学出版社，2001.

[8] 曾宪久. 货币政策传导机制论［M］. 北京：中国金融出版社，2004.

[9] 李念斋. 中国货币政策研究［M］. 北京：中国统计出版社，2003.

[10] 格哈德·伊宁. 货币政策理论——博弈论方法导论［M］. 杨伟国译. 社会科学文献出版社，2002.

[11] 刘锡良. 中国经济转型时期的货币政策研究. 1998 年出版，在超星数字图书馆阅读，SS 号：10017284.

[12] 郑先炳. 西方货币理论. 成都：西南财经大学出版社，2001.

[13] 马根发. 最优货币区理论与我国区域货币政策选择［J］. 当代经济研究，2005（9）.

[14] 杨晓，杨开忠. 中国货币政策影响的区域差异性研究［J］. 财经研究，2007（2）.

[15] 郑超愚. 中国货币需求函数的计量分析：层次递归系统与动态调整方法［J］. 金融研究，2000（10）.

[16] 汪建坤，何碧青. 费里德曼货币需求模型的改进与中国通货紧缩原因

的探讨 [J]. 数量经济与技术经济研究, 2000 (7).

[17] 谢富胜, 戴春平. 中国货币需求函数的实证分析 [J]. 金融研究, 2000 (1).

[18] 王劲松. 利率对货币需求影响的理论与实证分析 [J]. 经济师, 2002 (10).

[19] 汪红驹. 用误差修正模型估计中国货币需求函数 [J]. 世界经济, 2002 (5).

[20] 石建民. 股票市场、货币需求与总量经济: 一般均衡分析 [J]. 经济研究, 2001 (5).

[21] 王曦. 经济转型中的货币需求与货币流通速度 [J]. 经济研究, 2001 (10).

[22] 施建淮, 朱海婷. 中国城市居民预防性储蓄及预防性动机强度: 1999-2003 [J]. 经济研究, 2004 (10).

[23] 胡少维. 货币政策有效性分析及探讨 [J]. 新视野, 2000 (3).

[24] 陆磊. 货币政策机制选择及其宏观经济后果 [J]. 金融研究, 2000 (10).

[25] 欧阳矩华. 我国货币政策有效性的实证分析 [J]. 上海金融, 2001 (6).

[26] 赵进文, 闵捷. 央行货币政策操作效果非对称性实证研究 [J]. 经济研究. 2005 (2).

[27] 吕江林. 我国的货币政策是否应对股价变动做出反应? [J]. 经济研究, 2005 (3).

[28] 赵进文, 闵捷. 央行货币政策操作政策拐点与开关函数的测定 [J]. 经济研究, 2005 (12).

[29] 何运信. 我国货币政策中介目标研究 [D]. 湖南大学金融学院, 2004, 1-98.

[30] 谢平. 中国货币政策分析, 1998~2002 [J]. 金融研究, 2004 (8): 1-19.

[31] 丁文丽, 刘学红. 中国货币政策中介目标选择的理论研究与实证分析 [J]. 经济科学, 2002 (6).

[32] 杨小勇, 龚晓莺. 再探交易性货币需求的决定 [J]. 复旦学报 (社会科学版), 2001 (6).

[33] 姚志宏. 我国货币政策目标分析 [J]. 甘肃农业, 2006 (4).

[34] 于辉. 西方国家货币政策最终目标选取及启示 [J]. 经济咨询, 2006 (5).

[35] 殷杰, 程谨. 我国货币政策传导机制研究 [J]. 浙江金融, 2007 (8).

[36] 王渝梅. 对我国货币政策传导机制的分析 [J]. 经济研究导刊, 2007 (3).

[37] 张宝诚. 我国货币政策传导机制的障碍分析 [J]. 海南金融, 2006 (12).

[38] 代军勋. 利率市场化与我国货币政策传导机制的有效性 [J]. 生产力研究, 2006 (10).

[39] 蔡逸仙. 论转轨经济时期我国货币政策工具的选取 [J]. 中国科技信息, 2005 (16).

[40] 刘旭东. 我国货币政策工具的优化分析 [J]. 北方经贸, 2006 (5).

[41] 江宇. 合理选择货币政策工具提高货币政策有效性 [J]. 福建金融, 2006 (8).

[42] 胡列曲. 货币政策中介目标选择的发展与中国实践 [J]. 经济理论与经济管理, 2006 (8).

[43] 魏晓兰, 晏齐. 我国货币政策中介目标的选择 [J]. 商场现代化, 2006.

[44] 李雪涛. 我国货币政策中间目标的选择 [J]. 海南企业与科技, 2005 (7).

[45] 赵尚海. 中国货币政策中间目标的演变及选择 [J]. 齐鲁学刊, 2003 (5).

[46] 张海成. 中国货币政策目标选择的回顾 [J]. 陕西审计, 2004 (3).

[47] 王进. 开放经济条件下我国货币政策目标 [J]. 商业研究, 2005 (13).

[48] 蒋瑛馄, 赵振全, 刘艳武. 中国货币需求函数的实证分析——基于两阶段（1978~1993、1994~2004）的动态检验 [J]. 中国软科学, 2005 (2).

[49] 李建军. 基于货币吸收分析与GDP修正数据的未观测货币规模估算：1978—2005 [J]. 财贸经济, 2006 (1).

[50] 李钧, 鲍凡露. 中国股市长期低迷的原因分析 [J]. 财经界. 2006 (11).

[51] 刘斌, 邓述慧, 王雪坤. 货币需求的分析方法与实证研究 [M]. 北京：

经济科学出版社，1999.

[52] 毛定祥. 我国货币需求的协整分析与误差校正模型 [J]. 上海大学学报，2003（8）.

[53] 万光彩，刘莉. 中国货币需求函数的协整检验与误差校正模型. [J]. 云南财经学院学报，2002（3）.

[54] 吴卫华. 中国货币需求函数的协证分析 [J]. 上海财经大学学报，2002（1）.

[55] 李国平，陈安平. 中国地区经济增长的动态关系研究 [J]. 当代经济科学，2004，26（2）.

[56] 刘巍，饶光敏. 中国货币供给的内生性：理论分析与实证评述 [J]. 海南金融，2006（1）.

[57] 黄秋如，李满华. 我国货币政策效果的实证分析 [J]. 井冈山师范学院学报（哲学社会科学），2004，25（2）.

[58] 万解秋，徐涛. 货币供给的内生性与货币政策的效率——兼评我国当前货币政策的有效性 [J]. 经济研究，2001（3）：40-45，50.

[59] 杨小勇. 再探预防性货币需求的决定 [J]. 社会科学研究，2002（6）.

[60] 杨小勇. 投机性货币需求的决定 [J]. 经济理论与经济管理，2007（3）.

[61] 易行健. 经济开放条件下的货币需求函数：中国的经验 [J]. 世界经济，2006（4）.

[62] 朝克图，周亚军. 西方货币需求理论研究述评 [J]. 现代管理科学，2011（7）.

[63] 徐长生，马克. "中国货币之谜"：基于货币需求视角的解释 [J]. 经济学家，2015（8）.

[64] 蒋瑛琨，赵振全，刘燕武. 中国货币需求函数的实证分析——基于两阶段（1978~1993、1994~2004）的动态检验 [J]. 中国软科学，2005（2）.

[65] 胡新智. 论金融创新与货币需求的影响 [J]. 上海金融，2004（1）.

[66] 崔晓蕾. 论金融创新对货币需求的影响 [J]. 上海金融，2008（9）.

[67] 庞家兰，李伟林. 中国货币需求函数研究的文献综述 [J]. 理论探讨，2009（5）.

[68] 李楠，黄旭，谢尔曼. 支付体系变革对中国货币体系的影响 [J]. 金融论坛，2014（11）.

[69] 杜浩然，黄桂田. 金融创新、资本市场与中国的货币需求——基于1993~2013年季度数据与Divisia货币总量的经验分析[J]. 经济学动态, 2016 (2).

[70] 姜波克，陈华. 证券市场和货币需求：一个新货币需求函数的探讨[J]. 世界经济文汇, 2003 (1).

[71] 付岱山，李倩，高丽峰. 佣金对交易性货币需求的影响——库存理论研究[J]. 沈阳工业大学学报, 2004 (3).

[72] 段军山. 交易性货币需求理论的发展演变及其启示[J]. 上海立信会计学院学报, 2005 (3).

[73] 杨冀超，杨维，李冀玢. 我国转型期交易性货币需求决定的实证分析[J]. 生产力研究, 2014 (7).

[74] 陈莹，李淑锦. 第三方互联网支付对预防性货币需求影响的实证研究[J]. 金融与经济, 2017 (3).

[75] 约翰·梅纳德·凯恩斯. 就业、利息和货币通论[M]. 高鸿业译. 北京：商务印书馆, 1999.

[76] 王宇伟. 转型期货币需求的稳定性研究[M]. 北京：商务印书馆, 2013.

[77] 刘旺霞. 货币政策调控与经济周期的实证研究：1984年以来中国反周期货币政策的实证分析[M]. 武汉：武汉理工大学出版社, 2016.

[78] 李春琦. 增强货币政策有效性的几点建议[J]. 福建论坛（经济社会版）, 2000 (6).

[79] 刘金全，范剑青. 中国经济周期的非对称性和相关性研究[J]. 经济研究, 2001 (5).

[80] 周英章，蒋振声. 货币渠道、信用渠道与货币政策有效性——中国1993~2001年的实证分析和政策含义[J]. 金融研究, 2002 (9).

[81] 周素彦. 20世纪西方货币政策理论发展与评述[J]. 金融教学与研究, 2005 (2).

[82] 方先明，裴平，张宜浩. 外汇储备增加的通货膨胀效应和货币冲销政策的有效性——基于中国统计数据的实证检验[J]. 金融研究, 2006 (7).

[83] 路继业. 货币理论与货币政策的演变及其最新进展[J]. 金融纵横, 2008 (5).

[84] 刘旺霞. 凯恩斯以来货币政策与经济周期相关论研究[J]. 生产力研

究，2009（5）．

［85］刘金全，王雄威．我国货币政策周期与经济周期之间的关联性研究［J］．上海经济研究，2012（1）．

［86］胡文莲．宏观经济周期波动与货币政策调控关系［J］．西部金融，2012（7）．

［87］苏飞．市场预期在我国货币政策传导机制中的作用研究——基于结构因子向量自回归模型［J］．国际金融研究，2012（8）．

［88］袁振兴，许静等．货币政策影响企业融资的传导机制及其影响因素——一个国内研究文献的综述［J］．石家庄经济学院学报，2013（12）．

［89］马勇，陈雨露．经济开放度与货币政策有效性：微观基础与实证分析［J］．经济研究，2014（3）．

［90］王爱俭，王璟怡．宏观审慎政策效应及其与货币政策关系研究［J］．经济研究，2014（4）．

［91］郭平．经济周期波动中的货币政策效力变动——基于39个工业行业数据的实证研究［J］．上海金融，2015（2）．

［92］冯春阳，赵晓辉．对货币政策理论变革的系统思考［J］．现代管理科学，2016（1）．

［93］谭华清，王大中，陈瑞．经济转型与货币政策有效性实证研究［J］．商业研究，2016（2）．

［94］刘元春，李舟．后危机时代非常规货币政策理论的兴起、发展及应用［J］．教学与研究，2016（4）．

［95］张远．创新驱动经济增长模式对我国货币政策提出结构性要求［J］．上海金融，2016（5）．

［96］马德功，韩喜昆．后危机时代中国货币政策的有效性研究——基于2008~2016年月度数据的实证分析［J］．云南师范大学学报（哲学社会科学版），2017（1）．

［97］范志勇．货币政策理论反思及中国政策框架转型［M］．北京：中国社会科学出版社，2016.

［98］刘旺霞．货币政策调控与经济周期的实证研究——1984年以来中国反周期货币政策的实证分析［M］．武汉：武汉理工大学出版社，2016.

［99］张璠．实施西部大开发战略的金融支持问题［J］．广西农村金融研究，2001（1）．

[100] 袁明男. 当前央行货币政策工具运用对商业银行的影响 [J]. 企业经济, 2007 (7).

[101] 侯超惠. 论中国的货币政策 [D]. 中央民族大学博士学位论文, 2005.

[102] 张晓东. 当前基层货币政策传导机制中存在的几个问题 [J]. 广西金融研究, 2005 (1).

[103] 阮银兰. 西部大开发中的金融支持 [J]. 兰州大学学报 (社会科学版), 2002 (5).

[104] 张文华, 杨红英. 对强化西部大开发金融支持的几点思考 [J]. 经济问题探索, 2004 (4).

[105] 杨云开. 中国西部大开发的融资思考 [D]. 广西大学博士学位论文, 2001.

[106] 叶红. 论西部大开发中的金融支持 [J]. 湖北民族学院学报 (哲学社会科学版), 2003 (3).

[107] 周青. 对西部大开发金融支持的思考 [J]. 中共福建省委党校学报, 2002 (2).

[108] 马根发. 最优货币区理论与我国区域货币政策选择 [J]. 当代经济研究, 2005 (9).

[109] Baumol, W., The Transition Demand for Cash: An Inventory Theoretical Approach, Quanrterly Journal of Economics, Nov., 1952 (66).

[110] D. Fisher, Money Demand and Monetary Policy. Oxford Martn Robertson, 1978.

[111] Friedman, M., The Optimum Quantity of Money in the Optimum Quantity of Money and Other Essays, ed. by Milton Friedman. Chicago: Aldine Publishing Company, 1969.

[112] Friedman, Benjamin M., Targets and Instruments of Monetary Policy, in Handbook of Monetary Economics, ed. by B. M. Friedman and F. H. Hahn., 1990, 2: 1185-1230.

[113] Tobin, James, A General Equilibrium Approach to Monetary Theory, Journal of Money, Credit, and Banking, 1969, 1 (1): 15-29.

[114] Woodford, M., Optimal Monetary Policy Inertia, The Manchester School Supplement, 1999 (67): 1-35.

[115] Baba, Y.; Hendry, D. F.; Starr, R. M., The Demand for M1 in the U. S. A., 1960 – 1988 [J]. The Review of Economic Studies, 1992, 59 (1): 25-61.

[116] Engle, R. F.; Granger, C. W. J., 1987, Co-Integration and Error Correction: Representation, Estimation, and Testing. [J]. Econometrica, 55 (2): 251-76.

[117] Goldfeld, S. M.; Duesenberry, J.; Poole, W., The Demand for Money Revisited. [J]. Brookings Papers on Economic Activity, 1973 (3): 577-646.

[118] Gujarati, D. N., Basic Econometrics [M]. Boston: McGraw Hill, 2003.

[119] Johansen, S. Likelihood-Based Inference in Cointegrated Vector Autoregressive Models [M]. New York: Oxford University Press, 1995.

[120] King, R. G.; Plosser, C. I.; Stock, J. H.; Watson, M. W., Stochastic Trends and Economic Fluctuations [J]. The American Economic Review, 1991, 81 (4): 819-840.

[121] Ng, S.; Perron, P. Lag Length Selection and the Construction of Unit Root Tests with Good Size and Power [J]. Econometrica, 2001, 69 (6): 1519-1554.

[122] Perron, P.; Ng, S., Useful Modifications to Some Unit Root Tests with Dependent Errors and Their Local Asymptotic Properties. [J]. The Review of Economic Studies, 1996, 63 (3): 435-463.

[123] Schwert, G. W., Tests for Unit Roots: A Monte Carlo Investigation [J]. Journal of Business & Economic Statistics, 1989, 7 (2): 147-159.

[124] Hamliton, J. D., Time Series Analysis. Princeton: Princetion University Press, 1994.

[125] Sims, C. A., Macroeconomics and Reality [J]. Econometrica, 1980 (48): 1-48.

[126] Zivot, E., Wang, J., Modelling Financial Time Series with S-Plus. New York: Springer-Verlag, 2005.

后 记

对货币需求和货币政策效果问题进行研究的想法，早在 2001 年上半年笔者攻读博士学位期间选修胡庆康教授讲授的货币银行学研究课程时就产生了，在一次有关货币需求的讨论课中我做了发言，我的发言得到了胡老师的肯定，胡老师鼓励我深入研究下去，我就撰写了《再探交易性货币需求的决定》和《再探预防性货币需求的决定》两篇文章，这两篇文章分别在《复旦学报》（社会科学版）2001 年第 6 期和《社会科学研究》2002 年第 6 期发表。后来为了撰写博士学位论文，就中断了这项研究。2003 年博士研究生毕业后，先后主持了多项属于应用性对策研究的省级课题，仍没有时间研究货币问题，直到 2005 年下半年才决定重拾货币问题的研究。

本书的主体内容是我于 2007 年完成的博士后出站报告——《我国货币政策效果的东西部差异研究——基于货币需求决定的视角》，该报告是在我的博士后导师胡庆康教授的精心指导下完成的，报告从选题到框架设计以及观点表述，都凝聚着导师的辛劳，尤其本出站报告的一些学术观点早在 2001 年就得到了导师的指导，在此我要向导师表示衷心感谢。在该出站报告写作过程中，我还得到了姜波克教授、苏东水教授、谢识予教授、陈学彬教授和伍华佳老师的指导和帮助，他们对该报告所提出的宝贵意见，使我拓宽了思路，也使出站报告的逻辑性得到进一步增强，在此，我要向老师们表示衷心感谢。

博士后出站报告完成后没有马上出版，主要原因是检验规范研究结论的实证分析所需数据的时间跨度太短，为进行该出站报告的实证分析，实际收集到的时间序列数据为 1992~2005 年的数据，在 2005 年，我国向社会主义市场经济转型的任务还远未完成，所以担心实证分析结论不可靠。时间过去 10 多年后，能用于实证分析的时间序列数据增加了近 1 倍，现在距离发挥市场在调节资源配置中的决定性作用的市场经济体制改革取得决定性成果的目标时间 2020 年只有两年了，此时重新进行实证分析所获得的结论应该可靠了。

本书终于出版了，作者要感谢为本书研究和出版提供帮助的单位和朋友。

首先，感谢同济大学马克思主义学院为本书的出版提供了资助。

其次，本书是在前人已有研究的基础上产生的，理论界与本书有关的已有成果给本书撰写带来了很大的帮助,在此,要向本书所提到的所有专家、学者表示感谢。

再次,感谢经济管理出版社王光艳老师对本书出版所做的推介工作以及经济管理出版社各位老师所做的有关审稿、校对、印刷、发行等工作。

最后,感谢我的学生。我在贵州大学经济学院指导的2006级硕士研究生申珊丹、董弋、姜军参与了本书前期成果——博士后出站报告的实证研究;我在同济大学马克思主义学院指导的研究生为本书所做的工作分别是:2015级博士研究生徐寅负责完成了数据更新后的重新的实证分析,2016级博士研究生王文娟参与了本书文献综述的撰写,2017级博士研究生乔文瑄、2016级硕士研究生陈京、我夫人龚晓莺教授指导的同济大学马克思主义学院2016级博士研究生陈健、2016级硕士研究生梁雪等参与了本书实证分析所需数据的收集工作。

本书构建了一个货币需求结构——货币政策效果的理论框架,在此基础上分析了我国经济转型期货币政策总体效果的演变规律和我国货币政策效果的东西部差异,据此提出了相应的政策建议,这些成果具有一定的创新性,创新的具体程度留待读者评鉴。

由于作者水平有限,本书的错漏在所难免,敬请读者批评指正。

货币流通已进入纸币交易、电子货币交易、无纸化交易并存的时代,且无纸化交易全面取代纸币交易的趋势日益明显。在这种情况下的货币、货币需求、货币需求结构等都需要重新定义,货币政策发挥作用的机制也会出现新的特点,货币需求与货币政策效果的关联会产生新情况和新问题,这些问题有待进一步探索,期待更多的学者参与这些问题的思考和讨论。

杨小勇

2018年12月28日于上海连城新苑